ANDREA SCHWARZ

Und jeden Tag mehr leben

W0087321

ANDREA SCHWARZ

Und jeden Tag mehr leben

JAHRESLESEBUCH

Mit zwölf illustrierten Monatsseiten
von Thomas Plaßmann

HERDER

FREIBURG · BASEL · WIEN

Ein altes Wasserschloss nördlich von Osnabrück, der Zauber eines Ortes,
das Geheimnis unseres Glaubens, das in einer Kirchenscheune gefeiert wird –
und Ordensschwestern, die mit ihrem Leben dafür einstehen...
Weil ich weiß, dass es das gibt, fällt es mir manchmal ein wenig leichter,
jeden Tag neu leben zu lernen...
Deshalb widme ich dieses Buch voll Dankbarkeit den Benediktinerinnen
 der Abtei St. Scholastika in Dinklage – und dem Segelschiff »Jane«, Heimat-
hafen Wismar.
Ohne euch wäre ich nicht da, wo ich heute bin.

Neuausgabe 2008
Dritte Auflage der Gesamtauflage

© Verlag Herder GmbH, Freiburg im Breisgau 2003
www.herder.de

Umschlagmotiv: Pablo Picasso, Colombe avec Fleurs, 1957
© Succession Picasso / VG Bild-Kunst, Bonn 2008
Foto: © Private Collection / The Bridgeman Art Library, Berlin

Gesamtherstellung:
CPI – Clausen & Bosse, Leck

Gedruckt auf umweltfreundlichem, chlorfrei gebleichtem Papier
Printed in Germany

ISBN 978-3-451-32169-6

Ein Vorwort, das man nicht unbedingt lesen muss – das aber erklärt,
warum dieses Jahreslesebuch mit dem 1. Dezember anfängt

Lieber Leser, liebe Leserin,

wenn Autoren ein Jahreslesebuch veröffentlichen, dann fängt das in der Regel am 1. Januar an – und das ist sicher auch ganz richtig so.

Als der Verlag Herder mich dazu einlud, »mein« Jahreslesebuch zu machen, dachte ich spontan: »Das müsste eigentlich mit dem 30. November beginnen!« Der 30. November, das ist der Tag des Apostels Andreas – und damit mein Namenstag. Und mit diesem Tag fing für mich schon als Kind das »Eigentliche« im Jahr überhaupt erst an.

Meine Familie kommt väterlicherseits aus Schlesien, und da wurde der Namenstag gefeiert. Und so gab es an diesem Tag ein kleines Geschenk – und die Aussicht, dass eine Woche später der Nikolaus kommt – und da war der Zauber der Adventswochen, die Vorfreude auf Weihnachten und das große Fest.

Der 30. November war für mich mit viel mehr Gefühlen besetzt als Silvester und Neujahr. An Silvester war das »Eigentliche« schon längst vorbei – das war dann eher so eine Art »event«, wie man es so schön heute sagt, man machte Krach und schoss Böller in die Luft. Aber der Zauber und das Geheimnis, der Anfang, das war schon längst gewesen! In den letzten Jahren habe ich mich viel mit meinem Christsein auseinander gesetzt, mit Liturgie und Kirchenjahr – und spannenderweise fand ich mich mit meinem persönlichen Erleben bestätigt. Das »Eigentliche« beginnt mit dem 1. Advent – und eben nicht mit dem 1. Januar. Das, was für uns Christen das »Eigentliche« ausmacht, die Sehnsucht, das Hoffen, das Erwarten, beginnt damit, dass Gott zur Welt kommt – das ist der Anfang, nicht das Ende. Und warum soll »mein« Jahreslesebuch nicht da anfangen, wo es für mich anfängt?

Ich möchte Sie mit diesem Jahreslesebuch einladen zu einem Weg, der dort beginnt, wo es beginnt – bei einer Verheißung, einer Zusage, einem bedingungslosen »Ja« unseres Gottes an uns Menschen. Deshalb beginnt dieses Jahreslesebuch dort, wo es für uns Christen anfängt – im Advent und mit unserer Sehnsucht.

(Warum die Tagestexte trotzdem mit dem 1. Dezember beginnen und nicht mit dem 30. November – das steht wiederum im letzten Tagestext dieses Buches!)

Ich möchte Sie mit diesem Buch einladen zu einem Weg, zu dem, was mir aus meinem Glauben heraus für das Leben und den Alltag wichtig geworden ist – zu einem Weg, der damit beginnt, dass Gott Mensch wird.

Aus dem Grund ist das Buch auch nicht nur eine Sammlung von Texten – sondern ein Weg, mein Weg. Das heißt aber auch: Nicht jeder Schritt, den ich gehe, muss der Ihre sein. Nicht jeder Text muss so für Sie stimmen – und wenn er Ihnen nichts zu sagen hat, dann legen Sie ihn einfach zur Seite.

Dieses Jahreslesebuch ist auch ein »kirchliches« Jahreslesebuch – und manchmal tauchen Feiertage auf, die ihren Ort in der katholischen Kirche haben. Aber da komm ich nun einmal her, und da gehör ich hin. Und wenn es »mein« Jahreslesebuch ist, dann will ich Sie auch zu diesen Erfahrungen mitnehmen.

Verstehen Sie es als Einladung – so wie dieses ganze Buch überhaupt. Und denken Sie daran: Einladungen muss man nicht unbedingt annehmen.

Aber – wenn ich ganz ehrlich bin: Ich würde mich freuen, wenn Sie mitkämen!

Inhalt

Dezember

Die Sehnsucht wachsen lassen

Für die meisten Menschen ist der Advent einfach die Zeit vor Weihnachten. Das sind die Wochen vom 1. Adventssonntag bis zum Heiligabend, eine Zeit mit Plätzchen und Einkaufen und Stress und Weihnachtspost und Adventskranz und »Wir sagen euch an« und und und ...

Stimmt – und doch ist Advent mehr als eine Zeit, mehr als die Wochen vor Weihnachten. Advent – das ist eine Einstellung zum Leben, eine Haltung, und die gilt 365 Tage im Jahr. Das ist: sehnsüchtig sein nach mehr Leben und Lebendigkeit, das ist: Ausschau halten nach dem, was mehr als alles ist. Advent – das ist: staunen können. Das ist: wach sein, hellwach – und hinschauen, hinschauen auf mein Leben, auf diese Welt. Das ist: warten und lauschen, ob sich irgendwas tut. Das ist: suchen und sich auf den Weg machen. Das ist: mitten im Dunkel den Stern sehen und ihm trauen. Das ist: träumen und wünschen, hoffen und sehnen. Das ist: sich nicht zufrieden geben mit dem, was ist – sondern sich ausstrecken nach dem, was noch nicht ist – aber was sein könnte.

Alle Zeichen und Symbole, die ursprünglich mit dem Advent verbunden sind, wollen darauf hindeuten – und die Lieder des Advents sind Lieder der Hoffnung und der Sehnsucht. Dumm wären wir, diese Sehnsucht nach Leben auf einige Wochen im Jahr zu begrenzen, die zudem noch oft genug geprägt sind von Umtrieb und Hektik. Adventlich leben – 365 Tage im Jahr.

Und doch geht uns immer wieder diese Sehnsucht im Alltag verloren – und deshalb brauchen wir die Zeichen, die biblischen Texte der Verheißung, das Licht der Kerzen, die Lieder des Advents, um uns zu erinnern – an das, was sein könnte. Wir brauchen den Advent, um adventlich leben zu lernen – 365 Tage im Jahr. Wir brauchen diese Tage, wir brauchen die Lieder, wir brauchen die Zeichen, um uns neu einzuüben in diese Haltung – um Himmel und Erde miteinander zu verbinden.

Die Sehnsucht wachsen lassen

Adventlich leben lernen – warum eigentlich?

Der Grund ist ein Kind, klein, schwach, ohnmächtig. Ein Kind, in Windeln gewickelt, in einem armseligen, schmutzigen Stall zur Welt gebracht, ein Kind, nicht mehr und nicht weniger. Und doch – der Grund ist Gott. Der Grund ist Gott, der sich uns Menschen zuwendet, dessen Liebe uns umfängt und umhüllt. Der Grund ist ein Gott, dem wir so am Herzen liegen, dass er in unsere Kleinheit, in unsere Schwachheit, in unsere Angst und unsere Furcht, in unsere Freude und Hoffnung, hineinkommt. Der Grund ist ein Gott, der uns so sehr liebt, dass er selbst Mensch wird. Der Grund ist ein Gott, der so stark ist, dass er nicht an seiner Gottheit festhalten muss, sondern der sich entäußert, der sich selbst in unser menschliches Dunkel hineinbegibt – um uns ganz nahe zu sein. Um uns nahe zu sein bis hin in den Tod – um uns dann an die Hand zu nehmen und zum Leben zu führen.

Gott nimmt uns unser Dunkel nicht – und jede Religion, jeder Guru, der das verspricht, lügt. Wir Menschen sind ohnmächtig und schwach – und wir kommen an Grenzen und wir leiden und wir sterben. Gott nimmt uns unser Dunkel nicht – aber er kommt zu uns in unser Dunkel, er kommt zu uns in unsere Nacht.

Das ist das Geheimnis von Weihnachten – Gott wird Mensch mitten in unsere Nacht hinein.

Und es geht in diesen Tagen darum, diesem Geheimnis entgegenzuleben.

11. September 2001 – und man sagt, dass nach diesem Tag nichts mehr so sein wird, wie es mal war. Ein Tag, der die Welt verändert hat.

Ja – es gibt das Böse und das Dunkle, das in unser Leben hereinbricht, plötzlich, unvorhersagbar, unberechenbar. Es gibt Tage, die alles, aber auch wirklich alles im eigenen Leben verändern. Wer offene Augen hat, begegnet solchen Einbrüchen im eigenen Umfeld. 3. März : eine Mutter von zwei Kindern, Diagnose Krebs, unheilbar – wie lange noch? 28. Mai: ein 18-Jähriger aus der Gemeinde, Tod durch Unfall – warum? 14. Oktober: nach elf Jahren Beziehung verlässt ein Mann seine Frau – sie fragt, was habe ich falsch gemacht?

Tage, an denen das Dunkel über uns hereinbricht ...
Ja – das ist so. Und das kann einem niemand abnehmen. Da ist das Dunkel, die Verzweiflung, die Gottverlorenheit. Da sind die Fragen, die Zweifel, die Klage, der Protest – und das Verstummen und der stille Schrei. Und es wird auch immer wieder so sein. Warum? Wie lange noch? Was habe ich falsch gemacht?
Und da ist eine Sehnsucht, endlich wieder heil zu sein und heil zu werden. Da werden wir selbst zum Schrei, wir selbst sind Sehnsucht!

O komm, o komm, Immanuel – befrei dein armes Israel! Wolken, regnet ihn herab, tauet, Himmel, aus den Höh'n – o Heiland, reiß die Himmel auf, herab, herab vom Himmel lauf, führ uns mit starker Hand vom Elend zu dem Vaterland!
Das ist Advent. Das ist nicht der hell strahlende Weihnachtsbaum, »süßer die Glocken nie klingen« und der »holde Knabe im lockigen Haar«.

Advent – aus hartem Weh die Menschheit klagt! Und nur aus solchen Tiefen, aus einem solchen Dunkel heraus kann die Sehnsucht wirklich wachsen, wird der Ruf an Kraft gewinnen, können Visionen Mut machen zum Leben – hier und jetzt. Zu einem Leben gegen und mit dem 11. September, mit den Tagen, an denen das Dunkel in mein Leben eingebrochen ist – und nach denen nichts mehr so sein wird, wie es mal war.

Vor einigen Jahren las ich in einer Zeitung den Leserbrief einer älteren Dame. Darin beklagte sie sich, dass die kleine Gemeinde, in der sie wohnte, nicht wie sonst üblich, bereits am ersten Advent einen Weihnachtsbaum auf dem Marktplatz aufgestellt habe. Sie brauche das Licht und den Trost dieses Weihnachtsbaumes gerade in diesen dunklen Dezembertagen.

Ich fand diesen Leserbrief symptomatisch für uns und unsere Gesellschaft – wir sind nicht mehr in der Lage, die »Erschütterung des Advents« (Alfred Delp) auszuhalten, sondern feiern ab dem ersten Adventssonntag bereits Weihnachten. Nichts gegen die wachsende Vorfreude auf das Fest, aber wir verlegen es immer weiter nach vorn: Im September gibt es schon Lebkuchen in den Geschäften, im Oktober erscheinen die Zeitschriften zum Thema »Geschenke zum Selbermachen«, im November werden die Straßen mit Tannengrün und Lichtern geschmückt, Anfang Dezember finden bereits Weihnachtsfeiern statt, in den Kaufhäusern werde ich von Weihnachtsmusik eingelullt, in den Schaufenstern mit Heerscharen von Engeln und Nikoläusen konfrontiert ...

Der Advent ist für viele keine Zeit des Fastens und der Neubesinnung, sondern bereits Fest und Feier – und wird damit zu einer Flucht vor der Radikalität des Weihnachtsfestes. Statt Erschütterung ist Bestätigung angesagt und die Flucht in die heile Kinderwelt, die aber so heil inzwischen auch schon nicht mehr ist.

Ich brauche den Advent, die Tage der Erschütterung und des Dunkels, um mich wirklich auf Weihnachten einlassen zu können, um das Licht in meinem Leben aufscheinen zu lassen, um das Fest des Lebens feiern zu können, um die Radikalität dieses Festes wirklich verstehen zu können.

Und es mag sein, dass ich dieses Fest nur dann feiern kann, wenn ich das Dunkel, die Sehnsucht, das Hoffen, das Erwarten aushalten kann.

Die Sehnsucht wachsen lassen

Das ist Advent – das Dunkel in mir und in dieser Welt aushalten, mich nicht flüchten in die bunte Welt der Vierfarbprospekte, nicht vorschnell Lichter anzünden, nicht so tun als ob, nicht der billige Trost von Friede, Freude, Plastikwelt ...

Advent – das ist das Dunkel, in dem ich überhaupt erst den Stern sehen und erkennen kann. Advent – das ist die Gebrochenheit, aus der heraus ich eine Hoffnung auf Heil-Sein bekommen kann. Advent – das ist das Warten darauf, dass etwas geschieht. Advent – das ist die Sehnsucht nach dem ganz Anderen ...

Advent – das ist die Zeit, in der etwas in mir heranwachsen kann, etwas, was wirklich wichtig ist, etwas, was wirklich zählt. Advent – das ist die Zeit, die mich zum Aufbruch herausfordert, zum Aufbruch meines Herzens. Das ist die Zeit, in der ich mich neu öffnen kann für das Andere in meinem Leben ...

Advent heißt eben gerade nicht, dass alles nur licht und hell und schön ist. Advent – das ist das Dunkel, das Schweigen, die Nacht, in der wir vor die letztendlichen Fragen unseres Lebens gestellt sind. Advent – das ist aber auch der Stern, der aufgeht, das Wort, das das Schweigen bricht, die Sehnsucht, die dem Leben entgegenwächst ...

Advent – das ist zugleich die Chance, sich im Dunkel, im Schweigen, in der Einsamkeit berühren zu lassen von dem ganz Anderen. Advent, das ist die Mitte der Nacht – und die Mitte der Nacht ist der Beginn eines neuen Tages – an dem nichts mehr so sein wird, wie es einmal war.

Dazu sind wir eingeladen – und das ist die Chance – den Advent leben, den Stern aufgehen lassen, das Wort hören, der Sehnsucht Raum geben – und der leisen Stimme, die da sagt: Fürchte dich nicht!

Die Sehnsucht wachsen lassen

Wir mögen das Dunkel nicht – und doch brauchen wir es. Erst dann kann die Sehnsucht in mir wachsen, kann in mir so kraftvoll werden, dass sie mich zum Aufbruch treibt.

Die Nacht ist die Zeit der Konzentration, des Sammelns. Nicht länger abgelenkt von den zahlreichen Außeneindrücken des Tages, kann ich mich neu auf das Wesentliche besinnen. Die Nacht, das ist die Zeit, in der ich lassen kann. Das ist die Zeit, in der Fragen unbeantwortet bleiben, aber vielleicht einer Antwort entgegenwachsen. Das ist die Zeit, in der ich warte, und offen bin für die unerwartete Anfrage Gottes. Das ist die Zeit, in der ich ins Hören komme ...

Nur in der Stille kann ich hören.

Das Dunkel ist Teil unseres Lebens – und es gilt, dieses Dunkel auszuhalten. Wir werden zurückgeworfen auf uns selbst – das Außen, die Aktivitäten, das Tun lenkt nicht mehr ab – wir werden neu verwiesen auf das Sein. Das Wesentliche kann hervortreten, von Äußerlichkeiten befreit. Erst dann kann Weihnachten in mir wirklich geschehen, kann Gott in mir zur Welt kommen.

Die Flucht in Aktivität und grelle Lichter mag diese Sehnsucht für einen kurzen Moment betäuben, rastloses Beschäftigtsein mag die Stille verhindern, in der mich die Stimme Gottes erreichen könnte. Aber all das wird den Hunger nicht wirklich stillen – es bleibt die Sehnsucht und das Ahnen.

Eine solche Sehnsucht kann unruhig machen. Sie ist Heimweh nach einer noch nicht erfahrenen Heimat, von deren Vorhandensein ich nur ahne; sie ist die Lust am Anderen, die mich aufweckt und aufrüttelt aus meinem Alltag, mich aus dem Gewohnten herausholt; sie ist die dunkle Hoffnung, dass es noch mehr geben mag als das, was ich erlebe, erfahre, spüre.

Eine solche Sehnsucht kann nur im Dunkel wachsen, in Zeiten, in denen ich mich dem Dunkel hingebe, es zulasse, mich loslasse.

Rainer Maria Rilke sagt es schlicht und einfach und zugleich voll Vertrauen: »Ich glaube an Nächte.«

Ja – weil in ihnen die Sehnsucht geboren wird.

Advent – das Dunkel, die Gebrochenheit, die Verlassenheit, die Grenze ...

Weihnachten – das Heil wird in das Dunkel, die Verständnislosigkeit, die Heimatlosigkeit hineingeboren. Meine Sehnsucht wird Kind in einem armseligen Stall, in der Gesellschaft von Ochs und Esel, kein Platz in der Herberge, kaum geboren und schon auf der Flucht.

Kein Gott von Glanz umhüllt und strahlenmächtig, stark und golden prächtig – klein und schwach und unscheinbar gesellt er sich zu uns, kommt zu uns in unser Dunkel, in unsere Einsamkeit hinein. Und erweist gerade darin seine Größe – und zeigt gerade darin seine Solidarität und seine Liebe.

Und das ist der Tag, nach dem nichts mehr so ist, wie es mal war. Gott wird Mensch – damit wir Menschen Mensch sein können und dürfen.

Weil Gott selbst in unser Dunkel herabsteigt, ja, sich selbst in das Dunkel hineinbegibt, dürfen wir das Dunkel in unserem Leben zulassen – in der absoluten Gewissheit, dass uns Gott nirgendwann und nirgendwo näher ist als gerade dann. Wir brauchen uns nicht zu maskieren, irgendwelche Rollen zu spielen, mit unendlicher Kraft zu versuchen, jemand zu sein, der wir gar nicht sind – wir dürfen das Dunkel, das Schweigen, die Verlassenheit zulassen, weil Gott selbst sie mit uns teilt.

Wir dürfen unsere Gebrochenheit zulassen, weil Gott sich selbst brechen lässt, damals am Kreuz und immer wieder neu in jeder Feier der Eucharistie.

Das ist die Botschaft der Befreiung! Wir dürfen Mensch sein mit all dem, was uns ausmacht und bestimmt – weil Gott selbst Mensch wird. Wir brauchen nicht zu sein wie Gott – weil Gott Mensch wird.

Wir dürfen leben, endlich leben! Weil Gott sich ganz klein macht, um in unser Leben hineinzupassen, weil er Mensch, ja weil er ein Kind wird, um uns aus unserem Dunkel, unserem Schweigen, unserer Verlassenheit hinzuführen zum Licht, zum Heil, zum Leben – weil da einer mit uns geht.

Adventlich leben – von Maria zu lernen. Mensch sein – bereit für Gottes Ruf, für sein Einbrechen in den Alltag. Stehen bleiben, auf Gott schauen, ihn auf mich zukommen lassen – und »Ja« sagen – voll Zweifel, voll Hoffnung und doch voll Liebe. Sehnsüchtig sein nach dem, was noch nicht ist, suchen, hoffen, erwarten. Lauschen, hinschauen, zu verstehen versuchen, Neues probieren, mich berühren lassen – aufbrechen. Meinen Weg gehen im Namen dessen, der mit mir geht. Das Leben probieren, weil es mir einer zugesagt hat. Die Lebendigkeit nicht verkaufen, bloß weil es dann einfacher und billiger wäre. Mich berühren lassen auf die Gefahr hin, dass ich verletzt werde. Zart sein können, weil Gott selbst mich umarmt. Mit meinen Schwächen stark sein, weil Gott mich liebt. Mich von meiner Angst nicht überwältigen lassen, weil meine Hoffnung größer ist. Glauben, dass der Tod nicht das letzte Wort hat. Vertrauen, weil die Liebe immer noch lebt.

Der Grund ist Gott. Der Grund ist ein Kind. Der Grund ist, dass Gott sich ganz klein macht, damit er in unser Leben hineinpasst. Der Grund ist, dass er unser Leben weit macht und zu neuen Horizonten führt, unsere Grenzen übersteigt. Der Grund ist, dass Gott Mensch wird, damit wir Menschen endlich Mensch sein können.

Und das allein ist Grund genug.

»**Alles beginnt mit der Sehnsucht**«, so sagt es die Dichterin Nelly Sachs. Sehnsucht – das ist ein seltsames Wort für mich, irgendwas wird da ganz tief in mir berührt. Da spüre ich ein bisschen Traurigkeit in mir, da ist ein Ahnen, eine Gewissheit, aber auch Angst. Da leuchtet etwas auf von Zusage, von Hoffnung auf etwas, das mich ganz erfüllt – und da ist zugleich ein Bangen, was denn wohl geschehen mag, wenn ich dieser Sehnsucht wirklich in mir Raum geben würde? Ich ahne dunkel darum, dass dies zwar mögliche Erfüllung, aber wohl auch Veränderung bedeuten mag, dass dann nichts mehr so sein wird, wie es einmal war. Wer sich sehnt, der beginnt zu suchen. Wer aber zu suchen beginnt, der kann nicht am warmen Kachelofen sitzen bleiben. Dieser Sehnsucht Raum zu geben, das bedeutet Aufbruch – und jeder Aufbruch ist zugleich ein Sich-aufbrechen-Lassen. Und bei aller Zusage – es bleibt ein Aufbruch ins Ungewisse.

Maria war eine Frau, die ihrer Sehnsucht nach Gott so viel Raum schenkte, dass er in ihr Leben einbrechen konnte. Sie hat die Tür zu ihrem Herzen geöffnet, ist bereit zum Hören auf das, was Gott von ihr will. Sie lässt die Sehnsucht in ihr Hand und Fuß fassen, lässt sie leibhaftig werden.

Manchmal ahne ich auch heute etwas von dieser Sehnsucht, die sich ganz unversehens in mir eingenistet hat und jetzt anklopft. Aus einem solchen Ahnen heraus kann ich den nächsten Schritt wagen. Ich traue der Sehnsucht, traue Gott – und sage »Ja« – voll Hoffnung, voll Angst, voll Zittern und Beben, voll Ahnen und Gewissheit – und setze mich damit aufs Spiel. Zugegeben, der Einsatz ist hoch – ich setze mich ein.

Aber allein die Möglichkeit, dass die Zusage gilt, rechtfertigt den Einsatz.

Sich auf den Weg machen

ein Wort
ein Klang
ein Bild

eine Hoffnung
eine Sehnsucht
ein Ahnen

nicht mehr
zufrieden sein
mit dem was ist

mehr wollen
anders sein
getrieben werden

und aufbrechen
losgehen
den Träumen trauen

dem Stern in der Nacht
dem Wort im Schweigen
dem Kind in der Krippe

Die Sehnsucht wachsen lassen

Weihnachten – das ist das Unfassbare, dass Gott zu uns Menschen kommt. Er liebt uns so sehr, dass er uns entgegenkommt, dass er zum Kind, zum Gekreuzigten wird. Er liebt uns so sehr, dass er in unseren Alltag einbricht. Längst bevor wir uns Gott zuwenden, ist er bei uns. Längst bevor wir Gott lieben, liebt er uns. »Im Anfang war das Wort – und das Wort war bei Gott. Und das Wort ist Fleisch geworden und hat unter uns gewohnt.« Gott kommt zu uns, um uns nahe zu sein. Wenn er zu uns kommt, dann brauchen wir nicht mehr zu flüchten in billige Ausreden, faule Lügen, erfundene Geschichten. Wenn er uns so sehr liebt, dass er zu uns kommt, dann können wir endlich unsere Masken ablegen, dann brauchen wir uns nicht mehr zu verstecken, nicht mehr vor uns selbst zu flüchten. Da liebt uns einer, so wie wir sind. Da liebt uns einer so sehr, dass er uns zuvorkommt. Und wir dürfen sein und uns beschenken lassen – von unserem Gott.

Da ist sein Wort – und da ist unser Gott. Und wir sind eingeladen, Antwort zu geben, Antwort zu sein. Wir sind eingeladen, Mensch zu sein.

Kommt, lasst uns unserem Gott entgegengehen! Kommt, lasst uns aufbrechen – lasst uns wie Maria »Ja« sagen, lasst uns wie die Hirten auf dem Feld der Botschaft des Engels glauben und wie die Heiligen Drei Könige dem Licht in unserer Dunkelheit glauben – lasst uns aufbrechen und ihm entgegengehen!

**Viel
leicht**

eine Verheißung
in den Ohren
einen Stern
vor Augen
meine Gaben
in den Händen

mache ich mich auf

den Weg

und weiß nicht

wo ich
ankommen werde

Das Wort »Sehnsucht« gibt es in dieser Form nur im deutschen Sprachraum – und der Wortteil -»sucht« kommt von dem alten Wort »siech«, also »krank« sein. Das mittelhochdeutsche Wort »senen« bedeutet »sich härmen, liebend verlangen«. »Sehnsucht« – das meint krank sein, schwach sein vor lauter liebendem Verlangen. Eine solche Sehnsucht ist größer. Sie befreit aus Gefängnissen, die ich mir selbst baue und von anderen bauen lasse. Sie setzt auf etwas, was mit unserer Wirklichkeit nicht zu erfassen ist. Sie weiß darum, dass anderes wichtig ist in unserem Leben als das, was uns oft genug angepriesen wird.

Wer sehnsüchtig ist, der spürt den Hunger in sich – einen Hunger, der mit Brot nicht zu stillen ist. Der spürt, dass es etwas gibt, das über meine eigene, manchmal so begrenzte Wirklichkeit hinausreicht. Das es etwas geben mag, geben muss, das alles andere relativ macht. Etwas, das mehr ist, als diese Welt bieten kann. Dieses »mehr« mag die unterschiedlichsten Namen tragen, bei uns Christen trägt es den Namen »Gott«. Christen, das sind Menschen, die wie alle anderen auch Hoffnungen und Wünsche, Bedürfnisse und Interessen haben – aber darüber hinaus erwarten sie noch ein bisschen mehr.

Augustinus schreibt: »Das unruhige Herz ist die Wurzel der Pilgerschaft. Im Menschen lebt eine Sehnsucht, die ihn hinaustreibt aus dem Einerlei des Alltags und aus der Enge seiner gewohnten Umgebung. Immer lockt ihn das andere, das Fremde. Doch alles Neue, das er unterwegs sieht, kann ihn niemals ganz erfüllen.

Seine Sehnsucht ist größer. Im Grunde seines Herzens sucht er ruhelos den ganz Anderen, und alle Wege, zu denen der Mensch aufbricht, zeigen ihm an, dass sein ganzes Leben ein Weg ist, ein Pilgerweg zu Gott.«

Zu einer solchen Sehnsucht sind wir gerade in diesen Tagen eingeladen – zu mehr nicht, aber auch nicht zu weniger …

Und wir sind eingeladen, dieser Sehnsucht nachzugehen.

Die Sehnsucht wachsen lassen

Es mag nicht von ungefähr kommen, dass der heilige Josef der Patron der ganzen Kirche ist. Josef ist der Mann, der sich in Dienst nehmen lässt und immer wieder aufbricht, losgeht. Er glaubt den Träumen und ihrer Botschaft – gegen allen Augenschein, allen Widerständen zum Trotz. Er vertraut und glaubt und handelt. Er bekommt seine Aufgabe – und er erfüllt sie. Er trennt sich von seinen Bildern und Vorstellungen, lässt sich seine eigenen Pläne durchkreuzen. Und bleibt doch ganz im Hintergrund ...

Alfred Delp sagt es so: »Er ist der Mann, der sich eine bergende Häuslichkeit im stillen Glanz des angebeteten Gottes bereiten wollte und der geschickt wurde in die Ungeborgenheit des Zweifels, des belasteten Gemütes, des gequälten Gewissens, der zugigen und windoffenen Straßen, des unhäuslichen Stalles, des unwirtlichen fremden Landes. Und er ist der Mann, der ging.«

Es geht darum, den Träumen zu trauen, den Träumen einer besseren, anderen Welt, in der Liebe, Freiheit und Hoffnung lebt. Und es geht darum, dass wir selbst Hoffnungszeichen dieser neuen Welt sind – weil wir hoffen gegen alle Hoffnungslosigkeit, vertrauen gegen alle Resignation, glauben gegen alle scheinbare Realität – so wie Josef geglaubt und vertraut hat.

Und all das fängt bei mir an. Ich bin gefragt, meinen Träumen zu trauen, ihnen eine Gestalt zu geben. Ich bin gefragt, mich zur Verfügung zu stellen, mich einzusetzen, mich zu engagieren. Ich bin gefragt, mit meinem Leben Zeugnis von der Hoffnung zu geben, die mich erfüllt.

Ich bin gefragt, aufzubrechen und loszugehen – aufgrund einer Verheißung dem Leben entgegen.

von einem
zu lernen

da nimmt sich
einer zurück
damit anderes
werden kann

da tritt einer
an den Rand
damit andere
vortreten können

da hört einer
die Stimme
und handelt
schweigend

da lässt sich einer
sein Denken durchkreuzen
und traut
dem Traum

da lässt einer
Gott wirken
und hält
stand

da geht einer mit
und fragt nicht
da bietet einer Schutz
und fordert nichts

da ist einer
grundlos treu
und glaubt
bedingungslos

da hofft einer
abgrundtief
und liebt
himmelweit

da gibt sich einer
der Verheißung
und lässt sich
und alles

da nimmt einer
den Esel am Zügel
und leuchtet mit der Laterne
den Weg

hält den Rücken frei
und steht hin
ist bereit
und geht los

aufgrund einer Verheißung
dem Leben entgegen

*In jener Gegend lagerten Hirten auf freiem Feld
und hielten Nachtwache bei ihrer Herde.*

LUKAS 2,8

Ausgesetzt

schlecht brennt
das Feuer heute Abend

das Dunkel
ist irgendwie dunkler

der Job
irgendwie schwieriger

ich fühl
mich

unbehaust und
ungeborgen

verloren
heimatlos

und höre
fürchte dich nicht

und würde es
so gerne glauben

Immer wieder tauchen in den Weihnachtsgeschichten Engel auf. Das Wort »Engel« kommt von dem Wort »angelus« – und das bedeutet »Bote«. Die Engel sind Boten zwischen Gott und den Menschen, zwischen Himmel und Erde. Aus der Liebe Gottes heraus sind sie den Menschen verbunden – und vertreten doch zugleich den Anspruch Gottes. Sie verbinden diese beiden Sphären, ohne sie dabei aufzuheben. Sie nehmen dem Menschen das Handeln nicht ab, aber sie stehen ihm mit Rat und Tat zur Seite. Ein Engel ist einer, der mir den Rücken stärkt, der mir aber das Handeln nicht abnimmt. Ein Engel ist einer, der mich auf meinem Lebensweg begleitet, der mir aber das Selber-Gehen nicht erspart.

Engel sind Mittler zwischen den Welten – und immer dann und dort, wo diese andere Welt in unsere Welt hereinbricht, wir uns von dieser anderen Welt berühren lassen, könnten wir eigentlich von Engeln sprechen, die diese Begegnung, diese Berührung verkörpern. Mit den Engeln, diesen Boten Gottes in unsere Welt, haben wir ein Bild, mit dem wir unsere Erfahrungen mit dieser anderen Welt bruchstückhaft in Sprache fassen können. Damit aber müssen wir Abschied nehmen von unseren herkömmlichen Bildern von Engeln: »Es müssen nicht Männer mit Flügeln sein, die Engel«, so sagt es Rudolf Otto Wiemer. Und dann kann Rainer Maria Rilkes Aussage durchaus schon wieder stimmen: »Ein jeder Engel ist schrecklich!« Es mag seinen Grund haben, dass Engel den Menschen immer mit dem Gruß »Fürchte dich nicht!« begrüßen. Sie muten uns diese andere Welt zu, sie künden von Gott, sie ringen mit dem Menschen um Ziel und Weg, in Gottes Namen – und sind zugleich so diskret und dezent, dass sie sich zurückziehen, wenn wir ihnen keinen Platz in unserem Leben einräumen. Und deshalb ist durchaus eine Entscheidung angesagt – meine Entscheidung: Will ich dem Engel wirklich eine Chance in meinem Leben geben? Will ich wirklich, dass diese andere Welt meine Welt berührt, ja vielleicht sogar in sie einbricht?

Zartherb

geahntes Geheimnis
im Dunkel verborgen

verzauberndes Flüstern
und neu hinhören

einen Augenblick Mut haben
und sich verlassen
wiederfinden

das Licht einer Kerze
ein Duft
ein Klang

ein Ahnen
nichts wird mehr so sein
wie es mal war

die Nacht ist rau
der Wind geht hart
kein schützendes Dach
und nur wenig Gepäck

ein tanzender Stern
ein Wort
die Umarmung eines Engels
und die Sehnsucht wächst

ein wenig rascher
als die Angst
Tränen
wissen um Abschied

Altes löst sich
Neues ist verletzbar
Tanz und Traum
und eine rote Rose
von irgendwem geschenkt

und wachsende Gewissheit
und Schmerz
und Erkennen
und Lassen
und Geben

Gott
bricht
ein

Zusage

du brauchst nicht
das Unmögliche
möglich zu machen
du brauchst nicht
über deine Möglichkeiten
zu leben
du brauchst dich nicht
zu ängstigen
du brauchst nicht
alles zu tun
du brauchst
keine Wunder zu vollbringen
du brauchst dich nicht
zu schämen
du brauchst nicht
zu genügen
du brauchst Erwartungen an dich
nicht zu entsprechen
du brauchst
keine Rolle zu spielen
du brauchst nicht immer
kraftvoll zu sein

und du brauchst nicht
alleine zu gehen

In unsere menschliche Gebrochenheit, in unsere Verletzbarkeit, in unser Dunkel kommt das Licht, kommt die Kraft Gottes, liebt uns seine Liebe hin zu mehr Leben. Und das eben nicht nur grad so ganz allgemein, nein – sondern ganz persönlich. Da nimmt mich einer an die Hand und führt mich über Abgründe hinweg, da hält mich einer, bevor ich in die Tiefe stürze, da birgt mich einer unter seinen Flügeln. Mitten in meiner Gebrochenheit ist da einer, der sich ganz persönlich um mich bekümmert, mir nachgeht, mich trägt und hält. Man könnte auch Schutzengel dazu sagen ...

»Der Engel ist gleichsam der persönliche Gedanke, mit dem Gott mir zugewandt ist. Er ist das personhafte Gedenken Gottes an mich und so Ausdruck dafür, dass Gott auch um mich ganz unmittelbar bekümmert ist« (Joseph Kard. Ratzinger).

Ja, ich glaube daran, dass Gottes Liebe ganz persönlich mich und dich und Sie meint. Ich glaube daran, dass seine Kraft und seine Macht in mein Leben hineinreichten – und dass dies seinen Ausdruck in meinem Schutzengel findet.

Auch mein Schutzengel wird mir nicht die Grenzen, die Tiefen und die Abgründe meines Lebens nehmen können – aber er nimmt mich an die Hand, er geht mit mir, er bewahrt mich und behütet mich.

Vom Flügel
des Engels
sanft
berührt

wächst
der Mut
zum Leben

Mutter Nacht

Nur in den dunklen
Stunden der Nacht
bekommen Visionen
Hand und Fuß
haben Träume
ein Gewicht
werden Märchen
Wirklichkeit

und verwundert
lauscht der Morgen
unbekannten Melodien

Erwarten – ein Wort, das zur Sehnsucht dazu gehört. Aber so wie die Sehnsucht zur Stillung der eigenen Bedürfnisse verkommen kann, so kann auch das Erwarten unfrei machen statt zur Lebendigkeit zu befreien. In der deutschen Sprache wird das ganz deutlich: ich kann erwartend sein oder Erwartungen haben. So ähnlich sich beide Formulierungen anhören mögen, so stehen doch zwei vollkommen verschiedene Lebenshaltungen dahinter.

Ich erwarte von dir, dass du deine Socken nicht im Badezimmer herumliegen lässt, dass du mir Bescheid sagst, wenn du nicht zum Essen kommst, dass du immer für mich da bist, wenn ich dich brauche.
Ich übertrage meine Vorstellungen, meine Wünsche und Bedürfnisse auf einen anderen – und er oder sie möge dem bitte entsprechen. Wir tragen ein Bild in uns, wie der andere zu sein hat, was er zu tun und zu lassen hat – und wehe, wenn nicht!

»Erwartend zu sein«, das meint etwas ganz anderes: Ich erwarte dich! Das sagt das junge Mädchen am Telefon, wenn der Freund anruft und sagt, dass er im Stau stehe und nicht genau sagen könne, wann er jetzt eigentlich käme. Ich erwarte dich! und nicht: Ich erwarte von dir! Sie ist erwartend, sie ist da, bereit, offen für alle Möglichkeiten.

Wer Erwartungen an Gott und das Leben hat, dem werden sie durchkreuzt werden, der wird Gott nicht treffen. Ich erwarte von Gott, ich erwarte vom Leben – da projiziere ich meine Bilder und Vorstellungen in Gott und das Leben hinein. Er möge bitte so und so sein und das und das tun – und wehe, wenn nicht. Aber Gott lässt sich nicht zwingen, nicht in Erwartungen hineinpressen. Und dem Leben fällt sowieso immer mehr ein, als ich mir ausdenken und vorstellen kann.

Wer dagegen Gott, das Leben, erwartet, der ist einfach da, der ist präsent, der ist wach für das, was geschehen soll. Er hat keine Bilder, keine Vorstellungen, der ist offen für alles Mögliche – aber er ist da.

Ich erwarte dich – und eben nicht: ich erwarte von dir!

Mitten unter euch steht der,
den ihr nicht kennt
JOHANNES 1,26b

wenn das Schwache
in mir leben darf
wenn ich mir
meine Sehnsucht eingestehe
wenn ich das Dunkel
aushalte
wenn das Leise in mir
in der Stille erklingt
wenn in mir
Neues heranwächst
und in die Welt drängt

dann brauche ich
die Solidarität dieses Gottes
der Kind wird

vielleicht war
Weihnachten
schon

Heilige Nacht

wenn ich malen könnte
würde ich ein kleines
schäbiges Haus malen

ganz klein
in ganz viel Weite
und mit ganz viel Verlorenheit

und mit ganz viel Dunkel drumherum
und der Sturm der dahinfegt
und die Kälte die zittern lässt

und die Hoffnungslosigkeit
und die Angst
und die Sorge

und dann würde ich
mitten in dieses kleine schäbige Haus
mit dem gelbesten Gelb einen Punkt setzen

und diesem Bild
würde ich dann den Titel

du

geben

Die Sehnsucht wachsen lassen

Weihnachten – das ist eine schöne Bescherung! Und zwar durchaus in der doppelten Bedeutung des Wortes ...

Das ist ein wunderschönes Fest – wir feiern, dass Gott sich uns schenkt, dass er in unser Leben hineinkommt, dass er unsere Menschenwege mitgeht.

Aber: Weihnachten ist auch eine »schöne Bescherung«! Da warten Menschen auf einen großen und starken Gott – und da kommt in einem Stall ein Kind zur Welt. Kein Wunder, dass sogar die drei Weisen aus dem Morgenland erst mal die falsche Adresse angelaufen haben. Und die meisten Menschen in Bethlehem verschlafen das Ereignis sogar. Nur die Ärmsten der Armen, die bei ihren Herden Nachtwache halten, hören den Chor der Engel – und so besonders laut kann der ja dann wohl auch nicht gesungen haben! Und die Flucht nach Ägypten! Gott kommt zur Welt – und muss flüchten, damit ihn nicht irgendwelche machtgierigen Herrscher kaltblütig ermorden! Schöne Bescherung ...

Könnte es sein, dass da was gründlich schief gegangen ist?

Mag sein, dass da nach menschlichem Denken wirklich was schief gelaufen ist. Wir wollen gerne einen großen und mächtigen Gott – wenn wir an den glauben, dann haben wir ja vielleicht ein wenig teil an dessen Größe und Macht und Herrlichkeit! Deshalb möge dieser Gott bitte auch unserem Bild von ihm entsprechen.

Weihnachten aber ist die Einladung zu einem anderen Weg. Er mag unseren Vorstellungen nicht entsprechen – aber vielleicht einer tiefen, inneren Sehnsucht. Er mag manche gesellschaftlichen Erwartungen nicht erfüllen, aber vielleicht einen leisen Traum. Es geht nicht um Macht, sondern um Dienen, es geht nicht um Status und Prestige, sondern um Hingabe, es geht nicht um Paläste, sondern um den Stall, die Krippe, die armselige Hütte.

Das ist nun wirklich eine schöne Bescherung ...

irgendwann
irgendwo

ein Mensch
von Gott
berührt

und
nichts ist mehr so
wie es mal war

ein Kind
eine Krippe
ein Stall

unscheinbar
unbedeutend
unwichtig

jetzt
heute
hier

und
nichts wird mehr sein
wie es ist

Gott
du großer Gott
ein Kind im Stall

du brichst in mein Dunkel herein
teilst meine Ohnmacht
stellst dich mir Schwacher
zur Seite

du weckst meine Sehnsucht
färbst meine Träume
wartest mit mir auf den Anbruch
des Morgens

du lehrst mich suchen
machst Mut zum Aufbruch
lädst ein zum Leben
und gehst mit

Weihnachten

ein Weg fängt an

Heilige Nächte

Endlose Weite
in die ich mich
verlieren will
und kann
am dunklen Himmel
das Sternbild des Orion
Wolkenfetzen
vom Mond geheimnisvoll erhellt
Schnee blinkt
auf den Feldern
vom Dunkel
verzaubert
und ich
lass mich
berühren
und bin
rau
karg
und herb
und doch voll Zartheit
bewegt
berührt
verletzbar
und stark zugleich

irgendwas
ist
anders
geworden

Die Sehnsucht wachsen lassen

Die Tage zwischen Weihnachten und Neujahr sind Tage, an denen alles ein wenig anders ist – fast hat man den Eindruck, als habe die laute und hektische Welt einen Mantel um sich gezogen, als tickten die Uhren einen Schlag langsamer, als seien wir noch vom Zauber der Geburt, des neuen Lebens, erfasst. Die Welt ist schwanger gegangen und hat ein Kind hervorgebracht. Jedes Kind, das zur Welt kommt, ist ein Zeichen der Liebe und der Hoffnung, des Beginns und der Kraft des Lebens. Jetzt aber geht es noch darüber hinaus: »Und das Wort ist Fleisch geworden und hat unter uns gewohnt ...« – danach kann man nicht einfach zum Alltagsgeschäft übergehen.

Und die Nächte sind »Heilige Nächte« – irgendwas schwingt in diesen dunklen Stunden der Nacht, das berührt und anrührt. Da ist etwas, das mich liebevoll in den Arm nimmt und herausruft. Da ist es, als ob sich alles in mir darauf vorbereitet, Abschied zu nehmen, um neu zu beginnen. Da wächst in mir etwas heran, das gelebt sein will. Und dieses »etwas« braucht diese sieben Tage und wohl mehr noch die sieben Nächte, um an Kraft zu gewinnen.

Werner Sprenger hat einmal gesagt: »Es gibt einen Weg, den keiner geht, wenn du ihn nicht gehst.«

Warum eigentlich nicht?

Die Sehnsucht wachsen lassen

**Das Leben
kommt von vorn**

nachts
um halb drei

weiß
ich plötzlich

das
ist der Weg

so
stimmt es

das
geht

das ist der Schlag
der alle Knoten auflöst

das ist die Harmonie
die alle Dissonanzen verstummen lässt

das ist der Traum
der es wert ist
Wirklichkeit zu werden

jetzt
muss ich
zupacken

Die Sehnsucht wachsen lassen

**Aufgehoben
im Großen Wagen**

Sternstunden   Gott
in denen die Ehrlichkeit   bricht
herausfordert   ein

sich dem anderen
zumutet nichts
verbergen muss

man sagt
was man sonst nie
zu sagen wagte

und zuhört
und nicht erschrickt
und noch ein bisschen mehr liebt

und ein Sektkorken knallt
und man
schweigt sich zusammen

und
ist sich
ganz nah

und
ahnt
plötzlich

Die Sehnsucht wachsen lassen

Januar

Mut zum Aufbrechen

Vor
dem Wind

wenn
du
voran
kommen willst

dann musst du
den sicheren Hafen
der Bequemlichkeit
der Geborgenheit
der scheinbaren Ruhe
verlassen

wag dich
hinaus
stell dich
dem Wind

mach die Leinen los
bestimme den Kurs
richte die Segel aus
und trau dich

nur
wer losfährt
wird
ankommen

Schnitt
stelle

manchmal
muss ich loslassen
muss mich
schmerzhaft verabschieden
werde
in die Fremde gezwungen
damit Neues
Raum bekommt
der nächste Schritt
der weiter führt

Abschied
ist
Anfang
ist
Lust und Trauer
Sehnsucht und Schmerz

Abschied
und
Anfang
Schnittstellen
menschlichen Lebens

Wunden in die sich
das Leben einzeichnet

Lebendigkeit wird einem nicht geschenkt – dafür muss und kann man etwas tun. Dafür kann und muss man sich entscheiden. Sich zu entscheiden ist manchmal nicht leicht. Wenn man sich für etwas entscheidet, entscheidet man sich immer zugleich gegen etwas. Manche Menschen haben so viel Angst davor, sich gegen etwas zu entscheiden, dass sie darüber vergessen, sich für etwas zu entscheiden.

Aber wer sich nicht entscheidet, der wird auch nicht vorankommen. Der bleibt da hocken, wo er grad hockt. Und ob ihn das auf Dauer erfüllt, kann man durchaus bezweifeln. Obwohl – auch solche Menschen gibt es ... aber dann mögen sie sich bitte auch nicht über mangelndes Leben beklagen.

Und eine Entscheidung, die nicht getroffen ist, bindet Kraft. Ich muss meine Energien in verschiedene Richtungen zugleich lenken. Ist die Entscheidung getroffen, dann kann sich die Kraft auf eines konzentrieren.

Deshalb ist in allen vernünftigen Märchen auch die Zahl der Wünsche auf drei begrenzt. Wenn ich fünfzig Wünsche habe, wird meine »Wunschkraft« sich darin verlieren – aber sie kann zur Wirkung kommen, wenn sie sich auf drei Wünsche begrenzt.

Wir sind eingeladen zum Leben und zur Lebendigkeit. Das heißt, sich dem Leben zu stellen, sich herausfordern zu lassen, Neues zu wagen, alle Höhen und Tiefen des Lebens zu erleben und daran zu wachsen.

Es liegt an mir und meiner Entscheidung, ob ich das will ...

Aufgrund des Glaubens wohnte er in Zelten,
denn er erwartete die Stadt mit den festen Grundmauern,
die Gott selbst geplant und gebaut hat.

HEBRÄERBRIEF 11,9 –10

In deinen Toren werd ich stehen

Nicht sesshaft werden
nicht in die Geborgenheit fliehen
keine Mauern um mich herum errichten

erwartend bleiben
fremd in der Fremde sein
leben in aller Vorläufigkeit

der Zusage vertrauen
die Heimat suchen
das himmlische Jerusalem

glauben

losgehen

unterwegs
bleiben

Mut zum Aufbrechen

Mit dem Weg
wächst die Kraft

Umgetrieben
Aufbruch
tastende Schritte

und losgegangen
Schritt für Schritt
jeden Tag neu

und Unruhe
Sehnsucht
Hoffnung

sicher das Ziel
ungewiss der Weg
aber im Gehen

und Weg
und Kraft
und Entschiedenheit

den Grund spüren
und die wachsende
Kraft

losgelassen
erfüllt
beschenkt

und Mut
und Angst
und ganz viel Zuversicht

und ein Ahnen
und wachsende Gewissheit
und erstauntes Erkennen

und Abschied genommen
und mich riskiert
und nur noch Vertrauen

Du Gott des Weges
segne uns

sei du der Traum
der Sehnsucht zeugt
sei du die Kraft
die die Entscheidung trifft
sei du das Vertrauen
das sich stellt

segne den Aufbruch

behüte was ich zurücklasse
schütze das Neue das ich wage
begleite mich beim ersten
Schritt

segne den Weg

gib meinen Füßen Halt
sei mir Grund
stärke Geist und Leib

segne das Ankommen

sei du mein Ziel
richte meine Schritte auf dich
    hin aus
schenk mir den Mut zur
    Heimkehr in dir

Du Gott des Weges
segne uns

umgib uns mit deinem Segen
damit wir uns auf den Weg
    machen können
auf den Weg
zu dir und den Menschen

Übergang

die Auseinandersetzung
nicht scheuen
ihn
mit meinen Fragen
festhalten

mich lebendig riskieren
der Kraft vertrauen
seiner Verheißung glauben

mir
das Zeichen
als Erinnerung holen

und
den Segen
zum Aufbruch

Mut zum Aufbrechen

Suchet
und ihr werdet
finden.

LUKAS 11,9

Aufbruch

ungestillter Hunger
unerfülltes Leben
suchende Sehnsucht
hoffende Träume
unruhiges Erwarten

leises Hoffen
protestierende Kraft
sehnendes Suchen
tastendes Fragen
dunkle Sehnsucht

tastendes Suchen
verunsichertes Fragen
ungewisses Hören
zumutende Gewissheit
schreiender Protest

erwartendes Hören
fragendes Erwarten
gewisse Zumutung
erwartendes Schweigen
treibende Unerfülltheit

schweigendes Dunkel
netzende Tränen
stumme Verlassenheit
ratlose Ohnmacht

hörende Ohnmacht
rastlose Verunsicherung
verlassenes Schweigen

zögernder Schritt

Ein bisschen ratlos sitze ich in meinem Wohnzimmer – um mich herum T-Shirts, das kleine Stundenbuch, Fotoapparat, Wanderführer, Sonnencremetuben und anderes mehr. Gerade habe ich den Rucksack wieder ausgepackt – 15 Kilogramm, das ist eindeutig zuviel, damit komme ich nie zu Fuß nach Santiago de Compostela. Und dabei hatte ich doch schon bei der Erstellung der Packliste versucht, mich auf das Notwendigste zu beschränken. Es hilft alles nichts, ich muss diesen Stapel irgendwie um ein Drittel reduzieren. Grübelnd schaue ich mir das Durcheinander in meinem Wohnzimmer an. Was brauche ich für sechs Wochen Wanderung?

Plötzlich geht mir ein Licht auf. Bei der Erstellung der Packliste habe ich mich von der Frage leiten lassen: Was *könnte* ich möglicherweise brauchen? Ich habe mir alle möglichen Situationen vorgestellt, in die ich kommen könnte, und wollte mich entsprechend absichern. Und so tauchte plötzlich die Salbe gegen Zerrungen auf der Liste auf und das Blasenpflaster und das vierte T-Shirt und und und ... – es könnte ja sein, dass ...

Die richtige Frage aber müsste vielmehr heißen: Was brauche ich *jetzt* wirklich? Und will ich wirklich eine Elastikbinde quer durch Spanien tragen nur für den Fall des Falles? Mit dieser neuen Frage lässt sich der Stapel plötzlich noch mal ganz gut sortieren – und als die Waage dann elf Kilogramm anzeigt, bin ich zwar noch nicht ganz zufrieden, aber kann es mir zumindest vorstellen, mich damit auf den Weg zu machen.

Aber ich bin ein bisschen nachdenklich geworden: Könnte es sein, dass ich auch in meinem Alltagsleben manchmal zuviel Gepäck mitschleppe, weil ich meine, mich für alle Eventualitäten absichern zu müssen? Könnte es sein, dass das, was mich absichern soll, mich zugleich in meiner Bewegungsfähigkeit einschränkt?

Die Frage: »Was brauche ich *jetzt* wirklich?« könnte mir vielleicht auch in meinem Leben helfen, die Dinge neu zu sortieren.

Der Weg hat mir seine erste Lektion schon erteilt, noch bevor ich aufgebrochen bin.

Die Kirchturmuhr schlägt Mitternacht. Ich sitze auf der Steinbank vor dem Refugio, der Pilgerherberge, in Saint-Jean-Pied-de-Port.

Jetzt bin ich also auf dem Weg nach Santiago de Compostela. Fast kann ich es selbst noch nicht glauben. Die letzten Wochen vor dem Aufbruch waren schlichtweg furchtbar: Mein »Zu erledigen«-Zettel wurde immer länger statt kürzer, es gab noch so viel zu organisieren für diese doch recht lange Zeit meiner Abwesenheit.

Und jetzt sitz ich also hier und komme zum ersten Mal ein bisschen zur Besinnung. Ja, ich bin hier – und morgen geht es in die Pyrenäen. Ich bin auf dem Weg. Fast kann ich es selbst noch nicht glauben – und ich habe auch ein bisschen Angst. Manchmal kann man schon erschrecken, wenn Träume wahr werden, Wünsche sich erfüllen. Plötzlich wird es konkret – und vielleicht wird es ganz anders, als ich es mir erträumt habe? Vielleicht bleibt die Wirklichkeit hinter meinem Traum zurück, und ich bin nur enttäuscht?

Und ich zweifle ein bisschen an mir selbst. 780 Kilometer zu Fuß bis nach Santiago – wie soll das denn gehen? Das schaff ich doch nie!

Da kommt mir Beppo, der Straßenkehrer, aus der schönen Geschichte »Momo« von Michael Ende in den Sinn. Er hat eine unübersehbar lange Straße vor sich, die er fegen soll – und fast lähmt ihn das.

Wenn ich mir die 780 Kilometer vor Augen halte, dann trau ich mich gar nicht erst loszugehen.

Beppo schaut immer nur auf das Nächste, was zu tun ist, also »Schritt – Atemzug – Besenstrich« – das aber beharrlich. Das hieße für mich: Meine Schritte zwar auf Santiago ausrichten, aber für morgen nur Roncesvalles, den Zielort meiner ersten Etappe, in Blick nehmen. Mich tröstet dieser Gedanke, und er macht mir Mut.

Und ich glaube, das ist auch eine Erfahrung, die ich mir getrost einpacken kann: mich von der Größe einer Herausforderung nicht lähmen zu lassen, sondern, das Ziel vor Augen, beharrlich Schritt für Schritt gehen.

Der den Felsen gewandelt zum Weiher,
zur strömenden Quelle den Stein.

PSALM 114,8

Beipackzettel

Für den
der sich
wirklich
auf diesen Gott
einlässt

sei auf folgende
mögliche Nebenwirkungen
hingewiesen:

er stellt dein Leben auf den Kopf
er will was von dir
er will dich
er lässt dich nicht mehr los
er mutet sich dir zu
er ruft dich heraus

noch
kannst du dich entscheiden

aber
warte
nicht
zu lange

er verzaubert auch
und befreit

Nicht ihr habt mich erwählt,
sondern ich habe euch erwählt.

JOHANNES 15,16

Richtigstellung

damit ich nicht
in irgendwelchen
Sackgassen stecken bleibe

mich nicht
in irgendwelchen
Labyrinthen verirre

nicht der Maßlosigkeit
des Glaubens
an mich selbst verfalle

mich nicht täusche
über Ursache und Wirkung
und Leistung und Machbarkeit

stellst du klar
fast beiläufig nebenbei
und doch ganz einfach souverän

wer hier
bei uns beiden
das Sagen hat

vor meiner Entscheidung
war schon
deine Entscheidung

vor meiner Antwort
war schon
dein Wort

vor meinem Schritt
warst du schon
der Grund

ich bin
weil du
bist

und du rufst
und lockst
und willst mich

und ich
gebe mich
dir

Glauben Sie eigentlich überhaupt an Gott? Und wenn Sie an Gott glauben, an welchen Gott glauben Sie? Wie ist Ihr Gott – und was tut er?

Liebt Ihr Gott, oder ist er zärtlich? Geht er sonntags auch mal spazieren? Hat der Gott, an den Sie glauben, Humor? Oder sitzt er missmutig auf seinem Herrschersessel und schaut uns Menschen kritisch zu, was wir da so treiben und lassen? Welche Hautfarbe hat Ihr Gott? Und ob er wohl gerne Weintrauben mag?

Ich weiß, ich weiß, solche Dinge soll man nicht fragen. An dem alten Gesetz: Du sollst dir kein Bild von deinem Gott machen, ist schon was dran. Jedes Bild, das wir uns von Gott machen, holt ihn in seiner Unendlichkeit, in seiner Allmacht, in seiner Größe nur in die Begrenztheit unseres menschlichen Denkens hinein und macht ihn dadurch klein, weil wir einfach nicht groß genug von ihm denken können. Und doch – wir Menschen brauchen auch immer wieder Bilder und Vorstellungen von Gott – wie will man zu jemandem beten, der so groß ist, dass man sich in dieser Weite als Mensch glatt verliert? Wie soll ich Gott ansprechen, wenn ich ihm keinen Namen geben darf? Ich denke, wir dürfen auch in menschlichen Bildern von Gott sprechen – wenn wir dabei nie vergessen, dass Gott jedes dieser Bilder auch schon wieder übersteigt und solche Bilder immer nur einen ganz, ganz kleinen Ausschnitt von Gott aufleuchten lassen.

Friedrich Nietzsche, ein deutscher Philosoph, hat einmal gesagt: »Ich würde nur an einen Gott glauben, der zu tanzen verstünde.« Ein tanzender Gott? Einer, der sich der Musik, dem Rhythmus hingibt, der sich dreht und wiegt und vielleicht auch stampft und wirbelt – und möglicherweise dabei anderen auch schon mal ab und an auf den Fuß tritt?

Ob Gott tanzt, das wissen wir nicht, das können wir höchstens vermuten. Aber wenn es stimmt, dass in Jesus Christus dieser Gott aufleuchtet, weil er in ihm Mensch geworden ist, dann müssten wir einfach mal bei Jesus nachschauen. Hat Jesus Christus getanzt? Ausdrücklich erzählt uns das Neue Testament nichts davon – aber die Menschen damals haben ganz gewiss getanzt, so wie wir Menschen es zu allen Zeiten und quer durch alle Kulturen getan haben. Und dass Jesus Festen nicht abgeneigt war, das kann man schon den Evangelien entnehmen: Er ist gerne mit seinen Freunden zusammen, hält mit den Menschen Mahl – und wer würde schon auf die Idee kommen, Wasser in Wein zu verwandeln – und dann anscheinend auch noch in einen ganz hervorragenden Wein! Warum sollte Jesus also nicht auch getanzt haben?

Ein neueres englisches Kirchenlied fragt nicht lang, es sagt, oder besser: singt es: »The Lord of the Dance« (Sydney Carter) – Der Herr des Tanzes. Im Refrain heißt es: »Tanz, tanz, wo auch immer du bist. Ich bin der Herr des Tanzes, sagt er – und ich führe euch alle, wo immer ihr auch seid, und ich führe euch zum Tanz, sagt er.«

Tanzen – da erklingt Musik, da kommt einer auf mich zu, fordert mich auf – und ich folge der Einladung, lasse mich berühren, gebe mich hin, lasse mich auf Schritte und Rhythmus ein, werde selbst zum Tanz.

Und nichts anderes lesen wir in den Evangelien: Da geht Jesus auf Menschen zu, auf Simon Petrus und Andreas, auf Jakobus und Johannes, er fordert sie auf, lädt sie ein, nimmt sie mit – und sie lassen sich berühren, geben sich hin, lassen los, werden selbst zum Tanz.

Wir sind eingeladen zum Tanz des Lebens, weil Gott selbst das Leben ist. Dieser Gott kommt auf uns zu und lädt uns ein, er fordert uns auf – und da wird niemand zum Mauerblümchen, keiner bleibt sitzen – wenn er nicht sitzen bleiben will. Wir sind eingeladen, uns dem Rhythmus des Lebens zu geben, dem Auf und Ab, dem Hin und Her, dem schwindligen Wirbel und den ruhigeren Passagen. Und da ist einer, der führt, der uns berührt, der uns hält, der den Weg vorgibt, auf den wir uns einlassen können – und der uns manchmal dabei vielleicht auch auf die Füße tritt. Aber – zur Melodie des Lebens tanzen Gott und Mensch, du und ich miteinander.

Dazu braucht es das Hinhören – das Hören auf die Musik des Lebens und das Hören auf die manchmal so leise Stimme des »Komm – und folge mir! Komm mit zum Tanz des Lebens, zum Tanz der Lebendigkeit!«

Und das ist im christlichen Leben nicht viel anders als beim Tanzen: hinhören auf die Musik, die Aufforderung, Ja zur Einladung sagen, aufstehen und folgen, mich berühren lassen, mich verlieren im Wirbel der Drehung, um im Wiegeschritt wieder zu Atem zu kommen, mich einer Führung anvertrauen, mich hineingeben.

»Tanz, tanz, wo immer du auch bist!« – das ist die Einladung zur Nachfolge – jeden Tag neu.

Leichtigkeit

spielerisch
kreisen

anmutig
fliegen

kraftvoll
wirbeln

bestaunt
fasziniert

beneidet
beklatscht

bewundert
einsam

    weiß nur
    der Tänzer

    um Tränen
    und Schmerz

Der kleine Drache erwachte, als die Sonne sich schon gen Abend neigte – und, mit einem Schlag hellwach, spitzte sie die Ohren. Da war doch was ... ja, eine Melodie lag in der Luft ... eine schöne, sanfte Melodie, ein wenig melancholisch und doch voll Lebensfreude...

Was hatte Moya gesagt? »Wenn du die Melodie hörst, dann tanze ... ob du traurig oder glücklich bist, tanze ... gib dich der Melodie, warte nicht auf andere, die mit dir tanzen, vielleicht ist die Melodie vorbei, bis du sie gefunden hast ... tanze, auch wenn du ganz allein bist, wenn niemand mit dir tanzt ... kümmere dich nicht darum, was die anderen sagen oder denken mögen – es kann sein, dass sie dich nicht verstehen, dich auslachen, weil sie die Melodie nicht hören ... du aber tanze, sei, werde Melodie ...«

Und der kleine Drache tanzte ... sie wiegte sich zärtlich hin und her, streichelte die Luft, sie tanzte.

Diese Melodie im Herzen setzte sie zierlich die Pfoten auf den Boden, ganz behutsam, als wolle sie die Melodie nicht verjagen – aber je mehr sie selbst Melodie wurde, umso lebendiger wurden ihre Bewegungen, umso wilder wurde ihr Stampfen – um wieder zu einem sanften Wiegen zu werden.

Schön, dachte der kleine Drache, einfach schön. Und momentelang fühlte sie »ja, das ist es ...« – dieses Einssein mit der Melodie, das war es, wonach sie sich im Innersten ihres Herzens gesehnt hatte ...

Leise verklang die Melodie – und die Verzauberung löste sich behutsam von dem kleinen Drachen ...

Sie stand da, mitten im Wald, die Vorderpfoten weit ausgebreitet, als wolle sie das Leben umarmen – und war zutiefst glücklich ...

Einen Herzschlag lang war sie am Ziel ihrer Sehnsucht angelangt – und wusste doch zugleich, dass dies nicht »angekommen-sein« hieß, sondern neues »unterwegs-sein«.

Aber es ist gut so, dachte sie. Es lässt sich nicht festhalten, es ist nichts, das ich besitzen kann – sondern das ist diese brennende Sehnsucht im Herzen ... und eine Melodie, die unverhofft erklingt.

Singt das Lied der Erlösung

Gott – du Melodie meines Lebens
du Klang und Musik – sanft und zart
kraftvoll und stark – geheimnisvoll mich liebkosend
berührend umfassend
oft so fern – und dann wieder
in mir – Gott

Öffne meine Ohren – damit ich deinen Klang höre
streichle meine Haut – damit ich deine Berührung spüre
nimm mich in den Arm – damit mein Herz Ruhe findet in dir
damit mein Körper Antwort ist
meine Lippen Worte formen
stammelnde Töne aus meiner Kehle kommen

geborgen in dir du mein Gott
kann ich zur Antwort werden

und zögernd erklingt mein Lied
in der Welt für dich
und die Menschen
du birgst mich Gott
und ich lasse mich bergen
ich höre und bin Antwort
du spielst und ich bin Klang

und singe das Lied des Lebens

Wohl den Menschen, die Pilgerwege in ihrem Herzen tragen.
PSALM 84,6 (IN EINER ÜBERSETZUNG VON ERICH ZENGER)

Einen Augenblick lang erahnt
was Ewigkeit ist
einen Augenblick lang gespürt
was Erfüllung ist
einen Augenblick lang gefühlt
wie Gott liebt

und vorbei

und doch
gewesen
und Sehnsucht nistet sich ein
macht mich unruhig
macht mich sehnen
lässt mich suchen
macht mich schreien vor Schmerz

und so breche ich auf
und lasse mich aufbrechen
und lasse schmerzhaft los
und verlass mich
auf sein Wort
und gehe los

breche auf in mir
breche auf zu mir

gehe los
um mich zu finden

... dann schauen sie Gott auf dem Zion.

PSALM 84,8

Aufbrechen, losgehen – um mich zu finden. Das ist die Einladung zum
»Abenteuer Leben«.

Wie aber kann das Abenteuer gelingen, wie geht man (im wahrsten
Sinn des Wortes) das Leben an? Wie werde ich lebendiger?

Wer aufbrechen und losgehen will, muss ein Ziel vor Augen haben,
ein Ziel, für das es sich zu leben lohnt. Ich muss wissen, wo ich hin will,
nur dann kann ich mich und meine Schritte entsprechend daraufhin
ausrichten. Mark Twain, der amerikanische Schriftsteller, beschreibt in
der ihm eigenen Art, was ansonsten passieren kann: »Als wir das Ziel
aus den Augen verloren hatten, verdoppelten wir unsere Anstren-
gungen.« Wenn ich nicht weiß, wo ich hin will, werde ich halbherzig
einen Schritt mal in die eine, mal in die andere Richtung machen – und
doch nicht vom Fleck kommen. Wer sein Ziel vor Augen hat, der kann
gelassen sein, der braucht nicht zu hetzen, sondern kann zielstrebig
seinen Schritt, sein Tempo finden.

Ich brauche eine Vision, ein Bild einer anderen Wirklichkeit, für die
es sich zu leben lohnt, eine Vision, die meinen Schritten eine Richtung
gibt, die mich »ausrichtet«.

In der Bildersprache der Bibel ist diese Vision das himmlische
Jerusalem, das Leben in und mit Gott in einer neuen Zeit, einem neuen
Raum – auf das ich hier und jetzt zugehe.

Und nur, wenn ich ein solches Ziel vor Augen habe, kann ich entscheiden, ob ein Schritt zielführend ist, ob er mich dieser Vision näher
bringt.

Mich immer wieder neu auf diesen Gott hin ausrichten, ihn in mein Leben hereinholen, mich von ihm zur Lebendigkeit verführen lassen, all das loslassen, was mich von ihm trennt – das kann zur Richtschnur für die vielen kleinen Schritte im Alltag, für mein Handeln werden. »Auf Gott hin« – das gibt die Richtung an.

Und wenn ich mein Leben auf Gott hin ausrichte, dann hat es Konsequenzen – dann geht es nicht mehr um Besitzstandsmehrung und »Mehr haben wollen«, dann geht es nicht mehr um egoistisches Handeln, bei dem meine eigenen Interessen im Vordergrund stehen, sondern dann bin ich angefragt, mein Leben in den Dienst dieses Gottes zu stellen. Dann gilt es, Menschen, und nicht zuletzt auch mich selbst, aus fremden und selbst gezimmerten Gefängnissen zu befreien, mögen sie nun Macht, Besitz, Sicherheit oder »Geliebt sein wollen« heißen. Dann gilt es, mich zum Leben und zur Lebendigkeit befreien zu lassen, indem ich mich wieder spüre und bin.

Dazu braucht es kleine und große Schritte – ein Ziel vor Augen zu haben, nutzt nichts, wenn ich mich nicht aufmache und aufbreche. Wer sitzen bleibt, kommt nicht ans Ziel. Wer nicht bereit ist, sich selbst auf dem Weg zu erfahren, ja und auch zu riskieren, der wird sich nicht erleben. Wer in dem bleibt, was schon immer so war, weil es schon immer so war, wird das Leben verfehlen und wird sich verfehlen. Sündig zu werden kann auch heißen, nicht gelebt zu haben, aus dem nichts gemacht zu haben, was dieser Gott uns ganz persönlich und individuell mitgegeben hat. Aufbruch ist angesagt, gewagtes Leben, gelebte Lebendigkeit. Die zu gehenden Schritte müssen nicht groß sein – aber ich muss sie gehen. Über das Aufbrechen und Gehen nur zu reden und dabei doch sitzen zu bleiben, das ist so, als wenn einer das Lesen der Speisekarte mit dem Essen verwechseln würde – er bleibt hungrig.

Manche bleiben deshalb sitzen, weil sie den Weg nicht kennen. Sie wissen nicht, was sie erwartet. Sie hätten gerne Klarheit darüber, worauf sie sich da einlassen, welches Risiko sie eingehen, welche Gefahren lauern. Sie glauben durchaus an das Ziel, aber der Weg macht ihnen Angst. Sie fürchten sich, vielleicht sogar zu Recht, vor der Radikalität dieses Gottes, und geben sich mit der scheinbaren Sicherheit zufrieden – und bleiben unerfüllt.

Aber – wenn ich erst dann losgehe, wenn ich den Weg klar vor mir sehe, werde ich möglicherweise nie losgehen. Wege ergeben sich im Gehen – und ich kann nur schauen, ob der jeweils nächste Schritt so stimmt und stimmig ist. Es braucht den Mut zum Vertrauen, um loszugehen – oder anders gesagt, es braucht den Glauben.

Glaube braucht Offenheit. Ich kann diesem Gott nicht vorschreiben, wie er zu sein hat, was er mit mir vor hat, wie er meine Bitten zu erfüllen hat. Meine Bilder und Erwartungen können gerade das verhindern, was ich eigentlich suche, wenn ich festgelegt bin auf das, was ich finden möchte. Vor lauter Fixiertsein auf meine begrenzten Vorstellungen kann es passieren, dass ich das nicht sehe und wahrnehme, was ich eigentlich finden soll. Es ist eine Offenheit, die Gott Gott sein lässt und ihn eben nicht in menschliche Denkkategorien herabholt.

Das ist Glauben – Mut zum Vertrauen. Glaube ich diesem Gott und seiner Zusage? Bin ich bereit, loszulassen, auf sein Wort hin? Bin ich bereit, meine Absicherungen aufzugeben und mich wirklich auf ihn einzulassen? Lasse ich von meinen Erwartungen und bin ich offen für das ganz Andere, das mir geschenkt wird? Vertraue ich darauf, dass er nicht nur das Ziel ist, sondern auch treuer und beständiger Wegbegleiter? Und glaube ich daran, dass dieser Gott mich sucht – und dass mein Teil lediglich darin besteht, nicht vor ihm zu flüchten und mich zu verstecken, sondern mich von ihm finden zu lassen?

Mich von ihm finden zu lassen, da ergeben sich Ziel und Weg und Gehen.

Wohl den Menschen, die Kraft finden in dir,
wenn sie sich zur Wallfahrt rüsten.
Ziehen sie durch das trostlose Tal,
wird es für sie zum Quellgrund,
und Frühregen hüllt es in Segen.
PSALM 84,6–7

Sich von Gott finden lassen – Wer sich in einer solchen Weise auf diesen Gott einlässt, dem erwächst beim Gehen die Kraft. Der erlebt hautnah, dass sich das trostlose Tal zum Quellgrund wandelt, der geht und staunt und liebt und vertraut.

Der Traum
von einem anderen Land

Tränen versickern
im Wüstensand

noch einmal
vierzig Jahre

Manna für den Grashalm
der eines Tages

blüht

Nehmt nichts mit auf den Weg!

LUKAS 9,3

Vom heiligen Franz von Assisi erzählt man sich folgende Geschichte: Als der heilige Franz einmal einen jungen Novizen in seiner Einsiedelei besuchte, bedrängte der ihn mit seiner Bitte, ein Psalmenbuch besitzen zu dürfen. Daraufhin sagte Franziskus: »Wenn du ein Psalmenbuch hast, wirst du ein Brevier wollen. Wenn du ein Brevier hast, wirst du dich auf den Lehrstuhl setzen wie ein großer Prälat und deinem Bruder sagen: Bring mir das Brevier!« Und während er so in großer Leidenschaft des Geistes redete, nahm er mit der Hand Asche und streute sie sich auf seinen Kopf, indem er die Hand im Kreis über dem Kopf bewegte, wie wenn er den Kopf waschen würde, und sagte zu sich selbst: Ich bin das Brevier! Ich bin das Brevier!

Die meisten Menschen unserer Zeit greifen nicht mehr zu einem Gebetbuch, lesen nicht mehr in der Bibel. Aber die Menschen erleben Menschen, die an Gott und Christus glauben. Sie erleben uns – bei der Sparkasse, an der Käsetheke im Supermarkt, beim Gespräch über den Gartenzaun. Und dann bin ich aufgefordert dazu, Stundenbuch und Brevier, Bibel und Gesangbuch zu sein! Ich bin das Brevier! Ich bin das Stundenbuch! Ich bin die Bibel für die Menschen in unserer Zeit!

Mit meinem Leben soll ich Zeugnis geben von der Hoffnung unseres Glaubens, in der Art und Weise, wie ich auf Menschen zugehe, wie ich mit ihnen spreche, wie ich sie anschaue.

Dazu muss man nicht Theologie studiert haben, dazu muss man nicht kluge Sätze drauf haben, dazu muss man nicht die Bibel auswendig kennen. Dazu braucht es, ganz schlicht und einfach, ein offenes Herz, ein wenig Liebe und ein bisschen gesunden Menschenverstand. Und der- oder diejenige, die meint, man brauche erst die und die Ausbildung oder das und das Buch, und überhaupt, dafür wären ja schließlich die Hauptamtlichen zuständig – der hat die Botschaft Jesu falsch verstanden.

Nehmt nichts mit auf den Weg! Das, was uns beim ersten Hören als »verschärfte Bedingung« erscheint, ist eigentlich eine ungeheure Entlastung. Um die Botschaft Jesu zu leben und zu verkünden, brauchen wir nichts, kein Psalmenbuch, kein Brevier, kein Studium, keine Ausbildung!

Es geht eben nicht darum, erst etwas zu haben, um es dann weitergeben zu können, sondern es geht um eine Art und Weise des Seins, um eine Art und Weise unseres Lebens.

Macht diesen Weg nicht abhängig davon, erst etwas haben zu wollen oder zu müssen – dann werdet ihr nie losgehen, denn euch wird immer noch etwas einfallen, was euch eventuell auf diesem Weg fehlen wird.

Geht los, in Liebe, voll Hoffnung, im Vertrauen.

Du, ich, wir sind die Bibel, das Brevier, das Psalmenbuch Gottes – und wenn wir uns auf den Weg machen, dann können die Verse des Psalms Wirklichkeit werden: Wohl den Menschen, die Kraft finden in dir, wenn sie sich zur Wallfahrt rüsten. Sie schreiten dahin mit wachsender Kraft, dann schauen sie Gott auf dem Zion.

Jean Vanier, der Gründer der Arche-Bewegung, die sich für ein Zusammenleben mit Behinderten einsetzt, sagt es so: »Mit zwei Koffern in der Hand kann man Jesus nicht nachfolgen!«

Zusage

Zugegeben
zuerst hat mich
die Zumutung
ziemlich erschreckt

endlich gefunden
nur um wieder
fortgeschickt zu werden

und das unter
erschwerten Bedingungen
kein Geld
kein zweites Hemd
keine Vorratstasche

und der Erfolg
ist auch noch
zweifelhaft

ich fühl mich
nackt und
bloß und
ungeborgen

und
unglaublich
verletzbar

doch
inzwischen
ahne ich
Freiheit

alles
zurücklassen dürfen
die Angst
die Ohnmacht
die Kraftlosigkeit
den Zwang
die Erwartungen

einfach
nur sein

und
zurücklassen dürfen
die Abhängigkeit
von falscher Geborgenheit
die Überzeugung
angekommen zu sein

mir wird
die Ungeborgenheit
die Selbständigkeit
die Freiheit
zugemutet

der mutet mir
doch glatt
das Leben
zu

**Die Kraft
wächst mit dem Weg**

wenn du
Gott vertraust
seiner Zusage
glaubst
den nächsten Schritt
wagst

ohne zu ahnen
wohin der Weg führt
ohne zu wissen
wie das Ziel heißt
nur von Hoffnung
und Sehnsucht getrieben

dann wirst du
achtsam bleiben
wach mit allen Sinnen
suchen und sein
und dankbar für Zeichen und Worte
und staunen darüber

wie sich
Schritt für Schritt
ein Weg ergibt
sich das Ahnen verdichtet
der Boden trägt
und zum Quellgrund wird

Seht, ich sende euch wie Schafe mitten unter die Wölfe;
seid daher klug wie die Schlangen
und arglos wie die Tauben!

MATTHÄUS 10,16

Zugegeben – dieser Text aus dem Matthäusevangelium ist eine Zumutung – und die Tatsache, dass Jesus diese Worte im Rahmen der Aussendungsrede an die zwölf Apostel spricht, macht ihn nicht gerade erträglicher. Er vergrößert eher die Gefahr, diesen anstößigen Text schnell an die Seite zu legen und zu vergessen und am besten überhaupt nichts dazu zu sagen.

Aber – wer die Nachfolge Jesu antreten will, kann sich nicht damit trösten, dass ja mit diesen harten Worten nur ein enger Kreis der Jünger gemeint sein soll.

An Gott scheiden sich die Geister – und wer sich für Gott, wirklich für Gott entscheidet, der hat es nicht immer leicht mit dieser Entscheidung. Zu anderen Zeiten und an anderen Orten war es ein Verbrechen, Christ zu sein – und auch heute noch ist das Christentum die am meisten verfolgte Religion auf dieser Erde.

Aber wir brauchen gar nicht so weit zu gehen – wir kennen es doch, das mild nachsichtige Lächeln der Kollegen am Arbeitsplatz, wenn man sich zu seinem Christsein bekennt, die Auseinandersetzungen mit den eigenen Kindern, die mit dem Glauben nichts mehr zu tun haben wollen, die hämischen Überschriften in der Boulevardpresse oder auch das Unverständnis der Freunde, wenn man sich für die Kirche engagiert.

Wer sich für etwas entscheidet, ganz und gar, nicht nur mit halbem Herzen, der wird immer bei denen anecken, mit denen Schwierigkeiten bekommen, die eine andere Entscheidung getroffen haben – und wahrscheinlich viel mehr noch mit denen, die überhaupt keine Entscheidung getroffen haben.

Aber es gilt, eine Entscheidung zu treffen und sie durchzutragen – mit allen Konsequenzen – und es ist eine Entscheidung, die nicht nur nette, theoretische Worte erfordert, sondern mein Leben.

Manchmal hat man zu antworten, in unvorhersehbaren und unaufschiebbar
schicksalhaften Augenblicken des Lebens: hat zu antworten, auf alles.
Wer bin ich? Was habe ich vor? Gegen wen, für wen will ich sein im Leben?
Warum? Mit welchen Fähigkeiten, Instrumentarien, Mitteln, mit welchem
geistigen Rüstzeug? Und was das Wichtigste ist: mit welchem Ziel? ...
Und, antworten auf alles: Wie weit bin ich? Habe ich noch Reserven an
Opferbereitschaft, Selbstlosigkeit, oder will ich nur noch Restbestände
bewahren und retten? Das ist der Augenblick im Leben, da man zu antworten
hat. In dem eine Antwort erwartet wird; die Stille ist groß, dramatisch.
Doch dann erfährst du, wirst du gewahr, dass man auf solche Fragen nicht
mit Worten, sondern nur mit dem Leben antworten kann.

SANDOR MÁRAI

Es gilt, mit dem Leben auf die Fragen des Lebens zu antworten – und
das ist nicht immer leicht. Umso tröstlicher, dass Jesus seinen Jüngern
eine Zusage mit auf den Weg gibt.

Diese Zusage heißt: Gottes Geist wird bei uns sein und uns, ihm
zum Zeugnis, eingeben, was wir sagen sollen – wenn wir etwas sagen
sollen.

Wir brauchen unseren Weg nicht alleine zu gehen – sondern Gott
selbst wird mit uns sein.

Mut zum Aufbrechen

Jesus gibt drei Ratschläge mit auf den Weg:

Seid klug wie die Schlangen! Wir sollen nicht dumm und unbedarft in alle möglichen Fettnäpfchen hineintreten, wir können und sollen unseren Verstand gebrauchen. Christsein und Nachdenken schließen einander ein und nicht aus.

Seid arglos wie die Tauben! Auch das ist keine Einladung, die Dummheit zu leben, sondern »lauter« zu sein, ein Wort, das leider aus unserer deutschen Sprache zunehmend verschwindet. Das bedeutet, ohne »Falsch« zu sein, den anderen nicht auszutricksen, nicht unter die Gürtellinie zu schlagen, fair zu sein – in einem guten Sinne »unschuldig«.

Und nicht zuletzt: *Wenn man euch in einer Stadt verfolgt, so flieht in eine andere.* Nicht Standhalten um jeden Preis ist gefragt, sondern es gibt Situationen und Konflikte, denen man sich entziehen kann, muss und darf. Das hat eine gute Tradition – das war schon das erste Erlebnis des neugeborenen Jesus, die Flucht. Maria und Josef wussten nur zu genau, dass sie gegen die Streitmacht des Herodes nicht ankommen konnten, dass sie zu schwach waren, um sich zu wehren, die Gefahr zu groß, dass das Schützenswerte vernichtet würde, so dass sie, um gerade dies zu retten, die Flucht ergriffen. Es gibt Konflikte und Situationen, denen man sich entziehen muss, in denen Flucht der einzige Weg ist, um die eigene Entscheidung durchtragen zu können, um das Schützenswerte zu schützen. Um den Weg gehen zu können.

Aber die Zusage gilt: »Wer aber bis zum Ende standhaft bleibt, der wird gerettet.«

Ich denke, einen Versuch ist es wert.

Dem Vergangenen Dank, dem Kommenden Ja.
DAG HAMMARSKJÖLD

Letzter Tag im Januar
die Sonne wärmt schon
die Tulpen wachsen
dem Blühen entgegen
im Wohnzimmer
das Gelb blühender Narzissen
ein Brief unter dem Weihnachtsbaum

Abschied und Anfang
gestern morgen
und ich irgendwo dazwischen

losgelassen
Abschied genommen
wissen
was war
nicht wissen
was kommt

ja sagen zu
zu Aufbruch und Neubeginn

und ganz bereit
mich zu geben

Mut zum Aufbrechen

FEBRUAR

SO WIE ICH BIN

Zigeunerin
Gottes

verzaubernde Worte
der lockende Ruf der Flöte
und ich entzieh mich nicht

funkelnde Sterne
nichts was mich festhält
wenn ich den Träumen trau

eine verwandelnde Kraft
und ich geb mich
ohne zu wissen was wird

ich sehn mich
in die
Unendlichkeit

und
geh

endlich
los

So wie ich bin

Jesus wird von seinen Eltern in den Tempel gebracht, und Maria und Josef erfüllen damit die »normalen« religiösen Vorschriften der damaligen Zeit. Das Fest »Darstellung des Herrn«, vierzig Tage nach Weihnachten, erinnert noch einmal an die Weihnachtszeit. So ungewöhnlich die Vorgeschichte und die Umstände sind, wie sie von Lukas berichtet werden, die Verkündigung des Engels an Maria, die Geburt des Kindes im Stall, staunende Hirten und lobpreisende Engel – all dies scheint für Maria und Josef überhaupt kein Anlass gewesen zu sein, sich aus den Alltagsvollzügen herauszubegeben, sich als etwas Besseres oder gar Auserwähltes zu dünken. Nein, sie befolgen treu die Vorschriften, sie sind und bleiben in einem guten Sinne demütig.

Es mag sein, dass wir oft auf die ganz großen Gelegenheiten, die Glücksmomente, die intensiven Gipfelerfahrungen warten, um Gott zu erfahren, ihm zu begegnen. Und so kann es sein, dass wir manchmal Gott mitten in unserem Alltag, im Vollzug des alltäglichen Lebens gar nicht mehr wahrnehmen. Wir erwarten ihn in Verbindung mit dem ganz Großen, dem ganz Anderen – und wundern uns, wenn wir ihn nicht finden. Aber mitten im Alltag kommt Gott zu Wort, inmitten der alltäglichen Routinen kann Gott sich plötzlich Bahn brechen, so dass einem die Augen aufgehen wie Simeon, dass sich das Warten und Ausharren, der lange Atem und die Geduld erfüllen wie bei Hanna. Mitten in der Normalität unseres Alltags kann auf einmal etwas geschehen, dass uns neu ins Hören und Sehen und zum Staunen bringt.

Wichtig ist eine Treue zum Alltag, durchaus auch eine Treue zu den Routinen, die manchmal so langweilig zu sein scheinen, manchmal auch so ermüdend sind – aber genau das ist die Chance: Mitten in diesem Alltag offen und achtsam zu sein für das ganz Andere, das mir dort begegnen kann.

So wie ich bin

Endlich wieder klar

nein
ich verkaufe mein Leben nicht mehr
an nichts und niemanden
nicht für Geld und gute Worte

nein
ich lasse mich nicht mehr einsperren
von Bildern und Erwartungen
nicht durch Druck und nicht durch Drohung

nein
ich lasse mich nicht mehr lähmen
von meiner Angst, nicht geliebt zu sein
nicht durch Probleme anderer mit mir
und nicht durch Konflikte, die nicht meine sind

nein
ich verliere mich nicht mehr
in scheinbar Wichtigem
das so unwichtig ist

nein
ich will es nicht mehr
allen recht machen
und keine Zeit mehr für mich haben

nein
so will ich
nicht mehr leben

Als ich am späten Abend die Wohnung einer Freundin verließ, blieb mein Blick an einer eingerahmten Spruchkarte hängen, die direkt neben der Wohnungstür hing – und ich musste doch ein wenig schmunzeln. »Ihr sollet gegen jedweden Gastfreundschaft üben – aber nach drei Tagen könnet Ihr allmählich ein wenig nachlassen«: so stand es dort in einem etwas veralteten Deutsch – und darunter: »Regel aus dem Kloster Altenberg«.

Dieser Satz ging mir auf der Heimfahrt noch lange nach – und irgendwie brachte er für mich die langen Gespräche des Abends genau auf den Punkt. Mühsam hatte ich mir den Abend freigehalten – und als ich dann losfahren wollte, war ich eigentlich nur noch müde und hatte wenig Lust. Ich war müde von all den vielen Erwartungen, die in meiner Arbeit an mich gestellt werden, ich war es müde, irgendwelchen Bildern entsprechen zu müssen und zu sollen (die auch noch durchaus gegensätzlich waren und sind!), ich war es müde, dass Menschen sich selbst zum Mittelpunkt der Welt erklären und sich alles nur noch um sie drehen muss. Ich bin dann doch gefahren – und an dem Abend haben wir dann lange darüber gesprochen, wie weit denn eigentlich »Dienst« gehen kann, gehen muss, gehen darf.

Als ich beim Hinausgehen diesen Satz las, fühlte ich mich auf eine seltsame Art verstanden und getröstet. Das hat es also auch früher schon gegeben, dass Menschen zu viel wollten, alles als selbstverständlich ansahen, Grenzen nicht sehen konnten.

Ja, ich bin gerne dazu bereit, mich in Dienst nehmen zu lassen. Ich bin gerne bereit, da zu sein, wenn Menschen mich wirklich brauchen, weil sie in Not sind. Und dann schau ich auch nicht mehr auf Überstunden oder Wochenarbeitszeit oder Freizeitausgleich. Berufung, um dieses große Wort einmal zu gebrauchen, ist mehr als nur ein Beruf. Und ich bin dankbar dafür, dass ich für eine Arbeit bezahlt werde, die ich im Kontext dieser »Berufung« tun kann.

Mich in Dienst nehmen zu lassen – das heißt nicht, dass ich alles und jedes mit mir machen lassen muss, dass ich mir alles gefallen lassen muss, immer nur einstecken muss. Es gibt Grenzen – und es darf diese Grenzen geben.

Die alte Klosterregel machte mir aber plötzlich klar, wo die Grenze ist: Ich bin bereit, mich gebrauchen zu lassen – aber ich bin nicht dazu bereit, mich missbrauchen zu lassen. Oder um es in den Worten der Klosterregel zu sagen: Gastfreundschaft dient dazu, dem Fremden auf der Durchreise Obdach, Schutz und Geborgenheit zu gewähren, eine warme Mahlzeit, eine Unterstützung auf dem Weg. Dann und dort, wo einer diese Gastfreundschaft zu anderen Zwecken missbraucht, zum Beispiel um sich häuslich niederzulassen, kann und darf ich Grenzen setzen. Und muss es sogar, wenn ich meinen Dienst der Gastfreundschaft möglichst vielen zugänglich machen will! In ein Bett, das belegt ist, kann sich kein anderer legen – und ich kann die Zahl der anzubietenden Betten nicht beliebig erhöhen. Sicher, wenn es notwendig ist, lässt sich auch mal ein Notbett aufschlagen – aber es ist für alle Beteiligten keine dauerhafte Lösung. Dort, wo jemand übermäßig meine Kraft und meine Zeit an sich bindet, fehlt sie anderen.

Aber es gilt auch umgekehrt: Immer dann und dort, wo ich die Zeit und die Kraft anderer über Maßen für die Befriedigung meiner Bedürfnisse in Anspruch nehme, steht sie für etwas anderes nicht zur Verfügung.

Mich macht es nachdenklich: Wie lasse ich mit mir umgehen – und wie gehe ich mit anderen um?

So wie ich bin

stattdessen
will ich mir Zeit nehmen
dem Schmetterling zu folgen
und dem Zug der Vögel
dem Weg der Wolken
und dem Klang einer Melodie
dem Tanz der Blüten am Zweig
und dem Traum der Nacht

ein Glas Rotwein mit Freunden
ein Telefonanruf
ein Brief
ein gutes Wort
Gebet und Stille und Raum

und glauben
einem Stern
der Verheißung
der Zusage

und leben
endlich wieder

leben!

Wisst ihr nicht, dass ihr Gottes Tempel seid
und der Geist Gottes in euch wohnt?
1 KORINTHER 3,16

Das ist ein großer und gewaltiger Satz, den Paulus hier an die Gemeinde in Korinth schreibt: Wisst ihr nicht, dass ihr Gottes Tempel seid? Und wenn Paulus den Satz an dieser Stelle auch auf die Gemeinde hin anwendet, die er im Blick hat, so mag sich doch zuallererst eine persönliche Betroffenheit, ein ganz eigenes Berührtsein einstellen, wenn man diesen Satz hört.

Ein Tempel Gottes sein? Was ist und heißt das überhaupt?

Der Tempel Gottes, das ist der Ort, wo Gottes Geist wohnt. Das ist das Heiligtum, in dem der Mensch seinem Gott begegnet und ihn verehrt. Das ist der Ort, die Zeit, in der sich Gott und Mensch berühren. Und dieser Tempel gehört Gott.

Wenn ich Gottes Tempel bin, dann wohnt Gottes Geist in mir, dann bin ich ein Heiligtum, das Gott gehört.

Und wenn ich das so durchbuchstabiere, da wird mir doch ein wenig bang zumute. Kann ich das, will ich das überhaupt? Welch ein Anspruch – das pack ich doch nie! O Herr, ich bin nicht würdig ...

Aber zugleich – welch eine Zusage! Gott selbst wohnt in mir, ich bin ein Heiligtum Gottes! Das kann ich vielleicht glauben, erhoffen – aber Paulus erwartet noch mehr: Wisst ihr nicht!? Wenn ich es wirklich wüsste, nicht nur mit dem Kopf, sondern auch mit dem Herzen, dann könnte ich wahrlich anders hinstehen und leben und sein. Wenn ich ein Tempel Gottes bin, dann darf all das in mir leben, was Gottes ist: Liebe und Größe und Freiheit und Lebendigkeit und Hoffnung und ... – dann weiß ich um meinen Wert, dann bin ich mir selbst kostbar.

Es ist ein großes Geschenk, das Gott uns da zusagt. Er selbst erklärt uns Menschen zum Heiligtum, er will in uns wohnen. Wir sind wertvoll und kostbar für ihn. Er schenkt sich uns – und er traut uns zu, dass wir damit gut umgehen. Unser Leben soll widerspiegeln, dass wir sein Tempel sind. Unser Leben soll Gottes Geist atmen, den Geist der Liebe, der Weisheit, der Kraft, des Mutes, der Hoffnung. Und davon können wir durchaus Zeugnis geben in unserem ganz normalen Alltag, zwischen Computer und Supermarkt, zwischen Wäschewaschen und Kochen, im Sprechen und im Schweigen, im Handeln und im Lassen.

Diesen Vorschuss können wir aber auch verspielen, ich kann diesen Tempel auch verderben. Ich kann daraus eine Räuberhöhle und eine Markthalle machen, wenn ich nicht mehr Gott in mir wohnen lasse, sondern Geld und Gewinn, Besitz und Macht, Angst und Misstrauen, Enge und Hass, wenn ich nur noch darauf schaue, wie ich mich am besten verkaufe, wie ich auf meine Kosten komme.

Und ich entweihe den Tempel, wenn ich nicht achtsam mit mir umgehe, mich selbst nicht gern habe, mir mehr abverlange, als ich geben kann. Ich entweihe den Tempel, wenn ich meine eigenen Grenzen nicht akzeptiere, wenn ich das Heilige in mir nicht schütze. Ich entweihe den Tempel, wenn ich mir selbst nichts wert bin, wenn ich mich selbst nicht wichtig nehme.

Zeig mir deinen Weg

Gott, du Vater und Mutter, du hast mich geschaffen, einzigartig, unverwechselbar. Du hast geträumt von mir, hast mich gewollt und geliebt, noch bevor jemand von mir wusste. Du sagst Ja zu mir.

Vergib mir, wo ich nicht die bin, die ich hätte werden können – und bleib mir sorgend-liebend zugewandt.

Christus, du Freund, Bruder und Geliebter – oft genug bin ich vom Weg abgekommen, habe mich verirrt und verrannt, weil ich auf dich nicht hörte und nur auf mich sah. Ich habe die Sehnsucht verkauft und mich am warmen Ofen eingenistet.

Vergib mir die Schritte, die mich wegführten von dir und deiner Liebe – und bleibe mir Weggefährte auf Heimat hin.

Heiliger Geist, du Atem Gottes, du Feuer und Sturm, du Liebe und Leben, du Kraft des Lebendigen – oft habe ich mich von dir nicht entflammen lassen, oft hat deine Zartheit und Sanftheit keinen Platz in meinem Leben gehabt, oft habe ich deiner Kraft nicht vertraut und wollte alles alleine machen.

Vergib mir meinen Nicht-Glauben an dich – stärke mich und mein Vertrauen zu dir, sei du mir Kraft und Liebe, Begeisterung und Zärtlichkeit.

Du dreieiniger Gott – nimm mich an, wo ich gefehlt habe, vergib mir, wo ich schuldig geworden bin. Zeige mir deinen Weg – ich will ihn gehen in Treue zu dir.

Der Herr behütet die schlichten Herzen.

PSALM 116,6

**Einfach
werden**

mich zurückspüren
zum Eigentlichen

mich ausrichten
auf das Wesentliche

all das lassen
was ich nicht brauche

zu mir kommen
indem ich einfach werde

wahr und
aufrichtig

lauter und
ehrfürchtig

demütig und
vertrauend

spielend
und mich hineingebend

werden
indem ich einfach

bin

Denn du bist ihre Schönheit und Stärke.

PSALM 89,18

kraftvoll

aufmerksam schauen
angeschaut von dir

interessiert hinhören
erhört von dir

licht sein
erleuchtet von dir

frieden sein
gestillt von dir

trost sein
getröstet von dir

reich sein
erfüllt von dir

begeistert sein
entflammt von dir

lebendig sein
belebt von dir

in dir gegründet

aufrecht stehen

Vor-geworfen

»Ich wollte mit Ihnen sprechen – aber Sie sind ja nie zu erreichen!«
Leicht verärgert zupfte mich eine Krankenschwester unserer Sozial-
station am Ärmel, als ich den Besprechungsraum nach der Dienstbe-
sprechung, bei der ich einen Impuls zum Thema »Umgang mit Aggression« gehalten hatte, gerade verlassen wollte. Ich hielt verblüfft
inne – selten war ich so oft in meinem Büro gewesen wie in den letzten
vierzehn Tagen.

» ... aber Sie sind ja nie zu erreichen!« – es kam eindeutig als Vorwurf bei mir an. Einen Moment lang zögerte ich, war mir nun wirklich
überhaupt keiner Schuld bewusst – und das ließ mich schließlich sach-
lich und ruhig reagieren, indem ich sie einfach fragte, was sie denn
wollte. Aber – einen Moment lang war ich doch wieder in der Versuchung, mich zu rechtfertigen, mich zu verteidigen, zu erklären ...

Wir machten dann miteinander einen Termin aus – und ich bin ein
bisschen gespannt, worum es denn da nun gehen mag.

Am Abend dachte ich noch ein wenig über die kleine Situation heute
Nachmittag nach. Und da das Thema »Aggression« anstand, liefen
meine Gedanken auch in diese Richtung. Ein Aspekt heute Nachmittag
war der Gedanke, dass Grenzüberschreitungen oft mit Aggression ein-
hergehen. Ich reagiere aggressiv, wenn meine Grenzen überschritten
werden – oder auch, wenn ich an meine eigenen Grenzen stoße, meine
Ohnmacht angesichts meiner Grenzen erlebe. Und da wurde mir klar:
Ich weiß nicht, welchen Anlauf diese Frau brauchte und genommen
hat, um zum Telefonhörer zu greifen und mich anzurufen, mich irgendwie um Hilfe zu bitten, sich ihrer eigenen Grenzen bewusst zu
werden. Manchmal kann es unsagbar viel Kraft kosten, sich die eigene
Ratlosigkeit einzugestehen. Und dann packt man es endlich – und es
geht keiner ans Telefon.

Das mag »Ihres«, ihr Teil der Geschichte, gewesen sein.

»Meines«, mein Teil der Begegnung, ist: Da wirft mir jemand im wahrsten Sinne des Wortes etwas vor die Füße. Das ist durchaus okay so. Aber: Es liegt an mir, ob ich es aufhebe und mir »anziehe«. Ich kann es auch liegen lassen. Am Nachmittag habe ich mich unbewusst dafür entschieden, es liegen zu lassen. Ich habe es nicht zu meinem Problem gemacht, dass sie mich nicht erreicht hat.

Als ich Anselm Grün vor einiger Zeit das erste Mal sinngemäß sagen hörte: »Wir können nicht verletzt werden, wir verletzen uns nur selbst!«, habe ich innerlich ziemlich aggressiv reagiert. Nach heute Nachmittag verstehe ich ihn ein wenig besser. Es liegt an mir, was ich von dem, was mir vor die Füße geworfen wird, was mir vorgeworfen wird, aufhebe und an mich nehme. Ich kann es auch beim anderen lassen.

Es nimmt nichts von meiner Anteilnahme an den Menschen, am Engagement für meinen Dienst. Ich bin für die Menschen da. Das ist meines. Aber es bleibt auch meines, was ich von dem, was andere auf mich projizieren, annehme und übernehme.

Und ich erinnere mich mal wieder an eine alte Beraterweisheit. Wer hat das Problem? Wenn der andere das Problem hat, dann frag nach. Wenn du das Problem hast, sprich von dir. Aber die Probleme des anderen müssen nicht unbedingt deine Probleme sein.

So wie ich bin

Als Jesus noch mit den Leuten redete, standen seine Mutter und seine Brüder
vor dem Haus und wollten mit ihm sprechen. Da sagte jemand zu ihm:
Deine Mutter und deine Brüder stehen draußen und wollen mit dir sprechen.
Dem, der ihm das gesagt hatte, erwiderte er: Wer ist meine Mutter, und wer
sind meine Brüder? Und er streckte die Hand über seine Jünger aus und sagte:
Das hier sind meine Mutter und meine Brüder. Denn wer den Willen meines
himmlischen Vaters erfüllt, der ist für mich Bruder und Schwester und Mutter.

MATTHÄUS 12, 46–50

Ein herbes Wort Jesu, das uns da zugemutet wird – wer sind meine
Brüder und Schwestern – und wer ist meine Mutter? Fast könnte man
Jesus eine gewisse Art von Familienfeindlichkeit unterstellen, wenn
man ihn so reden hört. Ja, es würde stimmen, wenn man nur diesen
Satz hören würde. Aber da steht noch etwas: »Als Jesus noch mit den
Leuten redete, standen seine Mutter und seine Brüder vor dem Haus
und wollten mit ihm sprechen.« Und ganz ehrlich gesagt, diese Szene
kenne ich nun wiederum gut.

Manchmal sind meine Wochen mehr als gut gefüllt – und ich weiß
gar nicht mehr, wie ich noch irgendwie rumkommen soll. Und dann
ein Anruf zu Hause und die Frage meiner Mutter: »Wann kommst du
denn endlich mal wieder vorbei?« Ich mag meine Eltern sehr gerne –
aber wie soll ich denn jetzt noch einen halben Tag für die Fahrt nach
Wiesbaden herausschlagen? Oder der leichte Vorwurf eines Freundes
am Telefon: »Man erreicht dich ja überhaupt nicht mehr!« – und ich
bekomme ein schlechtes Gewissen und denk mir, na ja, so Unrecht hat
er ja nicht, ich bin im Moment wirklich viel unterwegs – aber was will
ich denn machen? Da sind Menschen, die mich brauchen, da gibt es
Dinge, die zu tun sind, ich weiß eh nicht mehr, wo mir der Kopf steht –
und da werfen mir andere vor, dass ich »im Dienst« bin. Wie soll ich da
Prioritäten setzen?

So wie ich bin

Solche Anfragen, solche Bemerkungen, solche Erwartungen verletzen mich oft auch – ich kann doch auch nicht mehr als arbeiten – und ich kann halt nun mal auch nicht mehr als an einem Ort sein. Und da gibt es viele, die Erwartungen an mich stellen, nicht nur die Familie, nicht nur die Freunde, nicht nur die Gemeinde. Und irgendeinem wird man immer nicht gerecht – und dann bleibt oft genug ein schlechtes Gewissen bei mir – und ein komisches Gefühl bei den anderen.

Ich genüge dem anderen nicht – aber es ist die Realität: Ich kann dem anderen nicht genügen. Meine Eltern würden mich am liebsten jede Woche sehen – und ich kann es sogar verstehen. Meine Freunde möchten, dass ich erreichbar bin, wenn sie mich erreichen wollen. Und für die Gemeinde, in der ich arbeite, wäre es wohl am besten, wenn ich 48 Stunden lang für sie da wäre – obwohl jeder eigentlich weiß, dass ich grad mal eine halbe Stelle hier habe.

Ich höre deshalb das Evangelium mit einem anderen Ohr – und mich befreit das: Immer dort und dann, wo ich den Auftrag Jesu erfülle, bin ich am richtigen Ort und zur richtigen Zeit, egal, ob es in Salzburg, Osnabrück, Paderborn, Münster oder Viernheim ist. Und meine Schwestern und Brüder und Freunde sind diejenigen Menschen, mit denen ich dann zusammen bin – und die auch einen Anspruch auf mich haben.

Die vielfältigen und durchaus unterschiedlichen Erwartungen können mich auch zerreißen – die Stelle aus dem Evangelium macht mir Mut, das zu leben, was ich leben und einbringen kann – nicht mehr, aber auch nicht weniger. Ich bin bereit, das zu geben und das zu leben, was ich bin – und das gebe ich ganz. Und da fühle ich mich all denen verbunden, die ihr Leben genauso leben, genauso gestalten. Die sind mir Brüder und Schwestern und Freunde und manchmal auch Vater und Mutter.

Sternstundennächte

überraschend
schön

nicht geplant
und vorgesehen

einfach so
zwischen den Terminen

ist man plötzlich
unter sich

und beieinander
und kann sein

keine Rolle
keine Maske

Nähe und Verstehen
Wärme und Vertrauen

und abgrundtiefe
Ehrlichkeit

und bedingungslose
Offenheit

und die Tiefe
des Lebens

und Freundschaft

und man sagt danke für den Grappa
und meint eigentlich was ganz anderes

aber das muss dann
schon gar nicht mehr gesagt werden

Das, was Gott von mir will, ist keine Überforderung, er will nichts Menschenunmögliches. Er kennt mich schließlich ...

Es geht nicht darum, das zu tun, was andere tun, sondern das zu entdecken, was meines ist. Es geht nicht darum, sich das Riesengroße vorzunehmen, um dann angesichts der Größe dessen schon wieder zu scheitern. Es geht nicht um den 100-Euro-Schein, sondern um das Kleingeld meines Lebens. Ein 100-Euro-Schein im Portemonnaie ist nett und beruhigend, aber was mach ich nachts um 23.00 Uhr in einem Parkhaus mit einem 100-Euro-Schein? Wir müssen die großen Worte, die wir so gerne manchmal mit unserem Leben verbinden, diese 100-Euro-Scheine, in das Kleingeld unseres Alltags umwechseln, in die kleinen 1- und 2- und 5-Cent-Stücke ..., in die Minute, in der wir eine Kerze anzünden, in der wir innehalten, an Gott denken, die kleine Geste, das freundliche Wort ...

Es muss nicht viel sein – und es muss nichts Großes sein – wenn wir uns nur Gott zuwenden, uns anschauen lassen von Gott.

Franz von Sales sagt es so: »Wünschen Sie nicht, zu sein, was Sie nicht sind, sondern wünschen Sie, was Sie sind, sehr gut zu sein. Beschäftigen Sie Ihre Gedanken damit, hierin vollkommen zu werden und die kleinen und großen Kreuze, denen Sie dabei begegnen, zu tragen. Und, glauben Sie mir, hier liegt das Entscheidende unseres geistlichen Weges und das, was am wenigsten verstanden wird.«

Wünschen Sie nicht zu sein, was Sie nicht sind, sondern wünschen Sie, was Sie sind, sehr gut zu sein.

Die 100-Euro-Scheine unserer Ideale und Vorstellungen umwechseln in das Kleingeld unseres Alltags.

So wie ich bin

Ich gewinne Identität dadurch, dass ich mich begrenze, meine Grenzen annehme, Kontur bekomme durch Gestalt. Meine Grenzen geben mir eine Form – und damit unterscheide ich mich von anderen, werde zu einem einmaligen Individuum. Aus einer »Masse Mensch« werde ich dann unterscheidbar, wenn ich meine mir eigene Gestalt habe und annehme.

In dem Wort »unterscheiden« steckt das Wort »scheiden«, das alte Wort für »trennen«. In dem Moment, wo ich mich unterscheide, trenne ich mich zugleich. Wenn mir erst meine Grenzen Kontur und Gestalt geben, dann muss ich Abschied nehmen von der Illusion, vielleicht doch grenzenlos, allmächtig, allwissend zu sein. Es ist eine Illusion, diese Grenzenlosigkeit – ohne Grenze wäre ich gar nicht ich, würde ich zerfließen. Erst die Grenze macht mich zu der, die ich bin. Erst die Grenze macht mich begreifbar – so wie meine Haut, mein Leib, der Form und Gestalt hat, mich begrenzt, überhaupt erst die Berührung ermöglicht. Und auch Reinhard Mey irrt, wenn er von der grenzenlosen Freiheit über den Wolken singt. Eine Freiheit, die keine Grenzen kennt, ist keine Freiheit, weil Grenzenlosigkeit zugleich immer Ich-losigkeit bedeutet. Ohne Grenzen bin ich nicht, kann ich gar nicht sein, weil ich dann ins Nichts zerfließen würde, so wie ein Eimer Wasser, auf den Boden gekippt, einfach versickern würde.

Ich kann und brauche nicht allen Erwartungen an mich gerecht zu werden, sondern darf mich auch bewusst abgrenzen, um mich nicht zu verlieren.

Erst die Grenze schafft Ich und Nicht-Ich, gibt mir Identität, weil es das Andere, das Nicht-Ich, gibt. Oder, wie es Martin Buber sagt: Der Mensch wird am Du zum Ich. Und es gilt auch andersherum: Mein Ich, meine Grenzziehungen, helfen dem anderen, zum Du zu werden.

Ich darf »Ja« zu mir sagen, weil Gott sein großes »Ja« zu mir gesagt hat. Ich darf zu meinen Grenzen stehen, darf meine Grenzen haben – weil ich in Gott das grenzenlose Gegenüber habe. Seine Grenzenlosigkeit umfängt das Begrenzte und hebt es zugleich in sich auf. Weil es Gott in meinem Leben gibt, darf und kann ich Mensch sein, mit allen Ecken und Kanten, mit allen Stärken und Schwächen, mit allen Höhen und Tiefen – und mit all meinen Grenzen.

Ich darf zu mir und meinen Grenzen stehen, weil Gott zu mir steht – und ich brauche dabei nicht in Allmachtsgedanken zu zerfließen, ich brauche mich nicht größer zu machen, als ich bin, aber ich brauche mich auch nicht kleiner zu machen. Mein Raum ist begrenzt und nicht unendlich – aber den Raum darf ich mir nehmen. Und ich darf zu mir und meiner Einzigartigkeit stehen.

Das, was als Botschaft in einem befreienden Sinn gemeint ist, kann manchem aber auch Angst machen – und so verzichtet man lieber auf seine ganz persönliche Freiheit und taucht lieber in der namenlosen Masse unter, um bloß nicht aufzufallen, nicht anzuecken, um keinen Ärger zu bekommen.

Es ist ein Phänomen, das auch heute weit verbreitet ist – es gibt Menschen, die bereit sind, ihre Einzigartigkeit, ihre Originalität, ihre Identität und damit ihr Rückgrat sozusagen an der Garderobe abzugeben, um Eintritt in eine scheinbar wichtige Gesellschaft zu bekommen. Man passt sich an, will um keinen Preis anders sein als die anderen, will nicht auffallen, um nicht ausgeschlossen zu werden aus bestimmten Kreisen. Man gibt die eigene Identität auf und geht sozusagen in der Masse unter. Man gleicht sich an und unterscheidet sich damit nicht mehr, man gibt die eigene Form und Gestalt auf und verliert damit die Kontur. Oder, wie es jemand einmal gesagt hat: Der Mensch wird als Original geboren und stirbt als Kopie. Man unterwirft sich dem Diktat der Mode, den Verführungen der Werbung, macht das, was gerade »in« ist, lässt sich bestimmen von dem, was man halt tut – sei es nun bei der Frage, welche Urlaubsorte gerade aktuell und angesagt sind, welche Jeans-Marke man derzeit gerade trägt und welche politische Überzeugung – und schon die Kinder müssen unbedingt genau *das* Computerspiel haben, um »in« zu sein. Man wird so, wie alle sind – und verliert dabei sich selbst. Man will es allen recht machen – und zerfließt dabei ins Nichts.

Steh auf, Jerusalem, und steig auf die Höhe!
BARUCH 5,5a

Die christliche Botschaft ist eine andere: Steh auf, Jerusalem – Gott will deinen Glanz, Gott gibt dir für immer einen Namen, Gott meint dich in deiner Einzigartigkeit – und steig auf die Höhe, stell dich und zeig dich in deiner Einmaligkeit und Schönheit! Tritt auf! Steh hin! Steh ein für Gott – so wie Johannes, der herbe und einzigartige Rufer in der Wüste aufgetreten und aufgestanden ist! Steh zu dir und deinen Grenzen und lass dich von Gottes Grenzenlosigkeit umfangen! Sei du selbst in deiner Einzigartigkeit! Bleib aufrecht und stell dich auf deine Füße, Menschensohn und Menschentochter! Gib das Rückgrat nicht her, das Gott dir geschenkt hat!

Sei, der du bist – und werde der, der du sein sollst!

Das ist die Botschaft der Befreiung, die uns zugesagt ist, die Befreiung aus allen Gefängnissen dieser Welt, den Gefängnissen, die wir uns selbst gebaut haben, und den Gefängnissen, in denen uns andere gerne sehen würden.

Meine Grenzen beschreiben mich zwar, begrenzen mich aber zugleich auch. Um Entwicklung und Wachstum in mir möglich zu machen, ist es notwendig, immer wieder meine Grenzen auch »zerfließen« zu lassen, sie aufzuheben, vielleicht auch einmal zu überschreiten: etwas ausprobieren, was ich noch nie getan habe, mich auf einen Menschen einzulassen, der mir fremd ist, die verrückten Ideen in mir endlich einmal zu tun.

Lebendigkeit hat etwas mit »sein« und »werden« zu tun. Setzte ich immerfort nur Grenzen, so würde ich mich mit der Zeit allmählich selbst einmauern, da würde aus Stabilität Starrheit, aus Begreifbarkeit Unangreifbarkeit, aus einem Gartenzaun würde eine Mauer, die mich selbst von der Welt trennt.

Ich muss immer wieder auch überprüfen, ob meine Grenzen noch stimmen, ob es nicht an der Zeit ist, die eine oder andere Grenze zu verändern, sie ganz aufzugeben – oder zumindest einmal ausnahmsweise darüber hinwegzuklettern.

Meine Grenzziehung stimmt immer nur für eine bestimmte Lebenssituation – und wenn sich meine Lebenssituation ändert, mag sein, dass ich dann auch andere, neue Grenzen ziehen muss. Wenn meine Grenzen gleich bleiben, obwohl sich meine Lebenssituation ändert, dann sterbe ich bei lebendigem Leib, dann werden Grenzen, die einmal notwendig waren, zu tödlichen Fallen.

Wenn Identität »Grenzziehung« und »sein« bedeutet, dann heißt Wachstum »Grenzen überwinden« und »werden«.

Und es braucht beides in meinem Leben – das Ziehen von Grenzen, damit ich mich nicht im Nichts verlaufe – und es braucht das Überschreiten dieser Grenzen, damit neue Schritte möglich sind und werden.

Und damit werde ich zu einem Grenzgänger zwischen Hier und Dort, Gestern und Morgen, Sein und Werden – damit werde ich zu einem Grenzgänger in Sachen Lebendigkeit.

So wie ich bin

Manchmal ist da in mir ein Ahnen und Sehnen, das mich umtreibt.

Ich erinnere mich an die Freiheit, ich erinnere mich an die lustvolle Spontaneität, ich erinnere mich an die Gelassenheit, ich erinnere mich an die Weite – und finde mich so oft wieder in der Enge meines Terminkalenders, in meinem verplanten Alltag, in den manchmal mit so wenig Lust besetzten Aufgaben, die halt zu tun sind – und in all dem fühle ich mich manchmal wie in einem prachtvollen Gefängnis.

Eigentlich kein Grund zur Klage – ich bin gut versorgt, mein Gehalt wird pünktlich überwiesen, in meinem Postkörbchen im Büro finden sich immer mal wieder ganz überraschend eine Flasche Wein, ein Glas Marmelade, ein Paar selbst gestrickte Socken. Da gibt es Menschen, die mich mögen, die mir das Beste wünschen – und mich manchmal doch mit ihren Hoffnungen und Wünschen und Erwartungen irgendwie unter Druck setzen. Und ab und an kann es sogar geschehen, dass an der Tür meines Gefängnisses das Wort »Liebe« steht – dass mich einer so sehr liebt, dass er mich »haben« und »besitzen« will – und mir gerade dadurch meine Freiheit nimmt. Und dann wieder ist eine Traurigkeit in mir, eine Traurigkeit, die von ungelebtem Leben erzählt, von verpassten Lebenschancen, von Grenzen, die ich mir selbst gezogen habe, von einem Leistungsdruck, dem ich mich selbst unterworfen habe, eine Traurigkeit, die von verratenen Träumen erzählt, dem Unversöhntsein mit mir selbst, mit meiner Angst, den Erwartungen nicht zu genügen. Manches prachtvolle und luxuriöse Gefängnis, in dem ich gefangen bin, mag ich mir selbst gebaut haben – und ich bin in meiner Gefangenheit gefangen und erinnere mich an die Freiheit. Ich spüre mich in all meiner Gebrochenheit, in all meinem Unheilsein, in all meiner Unzulänglichkeit – und in mir ist und bleibt eine Hoffnung, eine Sehnsucht, eine Erinnerung, eine Trauer.

Und da steht einer auf und sagt: »Er hat mich gesandt, damit ich den Armen eine gute Nachricht bringe, damit ich den Gefangenen die Entlassung verkünde und den Blinden das Augenlicht, damit ich die Zerschlagenen in Freiheit setze und ein Gnadenjahr des Herrn ausrufe.«

Mir sagt er das – mir gilt die gute Nachricht, ich Gefangene werde befreit, ich Blinde werde sehend, ich Zerschlagene werde in Freiheit gesetzt. Da sagt mir einer die Freiheit zu, an die ich mich erinnere und von der ich träume. Da sagt mir einer zu, dass ich neu hinschauen darf, auf mich, auf die Welt, auf Gott. Da bricht einer meine Mauern ein, da macht einer mein Leben weit, da sagt mir einer das zu, woran ich mich erinnere, wovon ich träume.

Und er steht ein für sein Wort: Er befreit, er heilt, er macht meine Finsternis hell. Und er steht mit seinem Leben ein für dieses Wort. Er macht sich so verbindlich, dass er sich darauf festnageln lässt.

Jetzt liegt es an mir und meiner Antwort. Will ich überhaupt die Freiheit, die Gott mir zusagt – oder scheue ich doch vor der Verantwortung, dem Risiko?

Will ich sehend werden? Und bin ich bereit, die Konsequenzen dafür zu tragen? Oder ist es nicht vielleicht doch bequemer, die Augen zuzumachen, nicht hinzuschauen, was wirklich ist? Will ich wirklich geheilt werden – oder ist es nicht auch ganz angenehm, das Mitgefühl der anderen gerade dadurch zu erlangen, dass ich meine, krank zu sein?

Und wie macht man das: sich auf den einzulassen, sich auf den zu verlassen, der mir die Freiheit zusagt?

Es gibt keine allgemein gültige Antwort. Was für mich gilt, stimmt für andere nicht; was für andere stimmen mag, ist nicht mein Weg. Jeder muss seinen Weg allein suchen – und vielleicht finden.

Aber: Die Zusage gilt. Er ist gekommen, um uns die Freiheit zu schenken, uns Blinde sehend zu machen, uns Zerbrochene zu heilen.

Und wir dürfen von etwas träumen, uns nach etwas sehnen, auf etwas hoffen.

Das kann die Kraft schenken, sich auf den Weg zu machen. Und der Traum, die Sehnsucht, die Hoffnung können vielleicht Wegweiser auf diesem Weg sein.

Er ist in die Vorhand gegangen. Er hat uns etwas versprochen.

Jetzt ist meine Antwort gefragt.

Jetzt ist mein Leben gefragt.

Die Zusage gilt.

die grenze leben

das haus
das ich bewohne
passt nicht mehr
ich bin hier
nicht mehr
zu hause
ich kann hier
nicht mehr
leben
ich bekomm
keine luft mehr
hab keine lust am leben
und es liegt
nicht
am leben

nun gut
dann muss ich
eben mal wieder
aufbrechen
die weite suchen
das andere probieren
das neue wagen

aber manchmal
ist in mir so viel
Sehnsucht

endlich
angekommen
zu sein

Dazwischen

Mich vortasten
Schritt für Schritt
verharren
innehalten
vergewissern

mehr ahnen
als wissen
zögernd
vorsichtig
behutsam

und doch
zielstrebig
im nicht mehr
und noch nicht
Übergang

unsicher
wissen
vertrauend
lassen
Abschied

Anfang
verheißend
hoffnungsvoll
mit Angst
besetzt

werden
sein

So wie ich bin

Es gibt eine Aufgabe des Lebens, die eigentliche Aufgabe des Lebens: die zu sein, die man ist, die zu werden, die man sein soll.

Nichts anderes zählt.

»Gott hat geträumt von mir« – so sagte es einmal eine Schriftstellerin. Ja – und in meinem Leben geht es genau darum, dass ich diesen Traum Gottes lebe. Dass ich »mich« lebe ...

Die anderen gibt es ja schon – die brauch ich nicht zu leben. Mich gibt es außer mir sonst nirgends.

Eigentlich ist das ein schöner Gedanke – ich brauche nicht zu sein wie irgendjemand, ich darf ich sein. So wie ich bin – mit meinen Ecken und Kanten, mit all dem, was meines ist. Ich bin einzigartig.

Manchmal aber macht mir das auch ein wenig Angst. Denn wenn ich einzigartig bin, dann bringt das zwar Individualität, aber auch Einsamkeit mit sich. Dann werden sich andere an meinen Grenzen stoßen – und ich werde meine Grenzen brauchen und mich doch allein fühlen. Und doch will ich mich nicht um den Preis der erkauften Gemeinschaft aufgeben. Ich will nicht auf mich verzichten um der anderen willen.

Ich will mein Leben leben – und nicht das Leben, das die anderen von mir wollen.

Und es wird nicht immer leicht sein ...

So wie ich bin

Gott
hier bin ich
aber meine Gedanken sind
    noch
bei mir und
bei diesem Tag

hier bin ich
Gott
und ich möchte so gerne ruhig
    werden
aber noch ist Unruhe in mir

hier bin ich
Gott
und möchte gerne beten
aber ich finde keine Worte

hier bin ich
Gott
und möchte auf dich hören
aber in mir ist so viel Lärm

Gott
hier bin ich
mit meinem Leben
mit meinem Tag
mit der Unruhe in mir
mit meiner Sprachlosigkeit
mit dem Lärm in mir
der die Ohren taub macht

du nimmst mich an
so wie ich bin

hier bin ich
Gott

MÄRZ

IM DUNKEL DER NACHT

Nur vorübergehend

Wir sind nur Gast auf Erden | und wandern ohne Ruh | mit mancherlei Beschwerden | der ewigen Heimat zu. – Die Wege sind verlassen, | und oft sind wir allein. | In diesen grauen Gassen | will niemand bei uns sein. – Nur einer gibt Geleite, | das ist der Herre Christ; | er wandert treu zur Seite, | wenn alles uns vergisst. – Gar manche Wege führen | aus dieser Welt hinaus | O dass wir nicht verlieren | den Weg zum Vaterhaus. – Und sind wir einmal müde, | dann stell ein Licht uns aus, | o Gott, in deiner Güte; | dann finden wir nach Haus.

GEORG THURMAIR

Schade eigentlich, dass dieses Lied fast nur bei Beerdigungen gesungen wird. Sicher, es ist ein passendes Lied für Beerdigungen – »und sind wir einmal müde, dann stell ein Licht uns aus; dann finden wir nach Haus«. Es ist für mich eines der tröstendsten Lieder, das ich kenne, ein Lied voll Zuspruch, voll Zusage, voll Bitte und Zuversicht. Dann aber stellt sich zu Recht die Frage: Enthält das Lied möglicherweise etwas, was wir auch in unserem ganz normalen Alltag dringend als Botschaft bräuchten?

Wir sind Gast auf Erden. Wir sind eingeladen zum Leben, wir dürfen das Leben feiern, aus vollen Zügen! Wir dürfen uns am Leben freuen, wir dürfen lebendig sein! Gott selbst lädt uns ein zu dem lebendigen Spiel unseres Lebens! Er selbst hat uns ins Leben gerufen, hat uns eingeladen, er ist der große Gastgeber! Wenn ich irgendwo eingeladen bin, dann feiere ich Feste, dann bin ich gerne mit den Freunden zusammen – und räume nicht alleine deren Keller auf.

Es ist die Einladung zu dem, wie es ein neues geistliches Lied sagt, »Unser Leben sei ein Fest!«

Wir sind nur Gast auf Erden ... – Die Erde gehört uns nicht, wir haben sie pfleglich und sorgsam zu behandeln, achtsam mit ihr umzugehen. Wir Menschen sind schlicht und ergreifend zu Besuch hier, wir kommen und gehen wieder. Wir müssen uns der Vorläufigkeit unseres menschlichen Daseins bewusst sein, es wird ein Ende geben. Aber dieses Ende macht zugleich das Jetzt so wertvoll. Würde ich unbegrenzt leben, dann würde ich den einzelnen Tag nicht mehr wertschätzen. Erst der Tod macht das Leben wichtig. Und es mag sein, dass dies das letzte Geschenk ist, was uns unsere Toten geben: Uns an das Leben und an die Lebendigkeit zu erinnern.

... und wandern ohne Ruh – Menschen, die ohne Ruhe wandern, die sind von einer Sehnsucht getrieben, die sind hungrig nach etwas. Der, der sich eingerichtet hat, der sucht nicht mehr, weil er schon längst meint, alles gefunden zu haben. Der sehnt sich nicht mehr, weil er längst angekommen ist. Der hat sich sein Leben und seine Antworten so zurechtgezimmert, dass er fertig ist – mit sich und der Welt.

... mit mancherlei Beschwerden – Leben ist nicht immer einfach, ist nicht immer schön. Leben in Fülle: Das sind nicht nur die Sonnenseiten des Lebens, sondern das sind auch all die Schattenseiten. Wer sich dem Leben stellt, wer empfindsam wird für das Leben, der wird auch für das Dunkle berührbar.

Aber: *... der ewigen Heimat zu* – genau das ist der springende Punkt, das Entscheidende: Ich gehe nicht um des Gehens willen, ich habe ein Ziel. Die Vorläufigkeit meines Lebens mündet in die Ewigkeit, mein Gaststatus wird zum »Bewohnerstatus« werden, meine Sehnsucht darf wachsen und blühen und wird reifen und Frucht bringen. Die Mühe wird aufgehoben sein und aufgehoben werden von dem, der alle Tränen in seinem Krug sammelt.

Glaube ist:
Feststehen in dem, was man erhofft,
Überzeugtsein von Dingen, die man nicht sieht.

<small>HEBRÄER 11,1</small>

Immer wieder erzählt die Schrift davon, dass da einer aufbricht und losgeht, auf eine Verheißung, eine Zusage hin. Er verlässt das Vertraute, richtet sich nur vorläufig ein, verwechselt nicht das Vorläufige mit dem Endgültigen. Er erwartet etwas, was hier auf Erden gar nicht zu stillen ist. Und deshalb bleibt er wach und hört hin und geht los. Er weiß darum, dass er Gast auf Erden ist – eben weil es da noch etwas anderes gibt. Das heißt, dass man sich noch etwas vom Leben erhofft, dass man daran glaubt, dass einem dieses Leben auch wirklich etwas zu bieten hat – *Glauben aber ist Feststehen in dem, was man erhofft.*

Auf eine Verheißung, eine Vermutung hin das Leben wagen, aufbrechen, losgehen, endlich den Träumen trauen. Sich des Geschenks und zugleich der Vorläufigkeit des eigenen Lebens bewusst sein und werden – sich als Gast fühlen und dankbar sein. Ausgerichtet sein auf etwas, das unsere Wirklichkeit übersteigt, auf etwas, das wir nicht sehen und hören können. Aufbrechen und losgehen können, weil uns die Sehnsucht treibt – *Überzeugtsein von Dingen, die man nicht sieht.*

Es sind existentielle Grundhaltungen des Christen: *überzeugt sein von Dingen, die man nicht sieht, feststehen in dem, was man erhofft.* Wer so lebt, wer sozusagen dieser inneren Dimension des Lebens traut, der kann getrost das tun und an sich tun lassen, was das Lied vom Gastsein auf Erden uns sagen will: Gast sein – und gerne Gast sein auf dieser Erde, das Geschenk wertschätzen und dem Gastgeber danken. Das Fest zu feiern, das es jetzt zu feiern gilt – und dabei doch die Sehnsucht nach der endgültigen Heimat nicht zu verraten, sehnsüchtig zu bleiben nach dem endgültigen Zuhause.

Gott selbst ist der Gastgeber unseres Lebens. Er lädt uns ein, auf Erden Gast zu sein, er lädt uns ein zu feiern – und verspricht uns zugleich den Himmel, die Freundschaft, die ewige Beheimatung.

Behüte mich wie den Augapfel,
den Stern des Auges,
birg mich im Schatten deiner Flügel.

PSALM 17,8

Sei du mein Gott

Du
bist mein Weg mein Ziel
meine Hoffnung die Kraft
dich suche ich
dich meint meine Liebe
dir habe ich mich anvertraut
dir habe ich mich gegeben
ich bin dein
dich bitte ich

birg mich
und schütze mich

halt mich
und lass mich nicht

hör mich
und schweige nicht

sei du
mein Gott

Der Finger des Arztes in Pamplona tippt unbarmherzig auf die Zeile im viersprachigen Patientenführer, in der steht: »Diesen Verband dürfen Sie nicht abnehmen!« Dummerweise bestand dieser Verband aus einer breiten Elastikbinde, die mein Kniegelenk vollkommen ruhig stellte. An ein Weitergehen war überhaupt nicht zu denken. Den Traum Santiago de Compostela konnte ich mir erst mal abschminken.

Es half nichts, draußen vor dem Gesundheitszentrum stiegen mir doch die Tränen hoch. Da hatte ich so lange geplant, mich vorbereitet und jetzt das. Der Abstieg von den Pyrenäen hatte wohl die Bänder im Kniegelenk überanstrengt – auf ebener Strecke ging es ja noch mit dem Gehen, aber jeder Auf- und Abstieg tat höllisch weh. So war mir nichts anderes übrig geblieben, als hier in Pamplona den Arzt aufzusuchen. Und der hatte mir jetzt also die »rote Karte« gezeigt. Aus der Traum ...

In der Beziehung hatten es die Pilger im Mittelalter einfacher – die konnten einfach eine Woche irgendwo bleiben und die Verletzung auskurieren. Wenn ich eine Woche nicht gehen darf, dann ist klar, ich kann nicht die gesamte Strecke nach Santiago zu Fuß machen. Die Zeit sitzt mir im Nacken, die Verpflichtungen zu Hause.

Mit meinem lädierten Knie ziehe ich per Autobus nach Puente la Reina um, Pamplona ist mir zu laut, und hier habe ich jetzt viel Zeit zum Nachdenken. Ich hadere noch ein bisschen mit meinem Schicksal – aber es hilft ja alles nichts, so ist es nun einmal. Ein erster Gedanke, der mir in diesen Tagen kommt: Der Körper holt sich das, was er braucht. Ich bin aus dem absoluten Stress aufgebrochen, habe sogar vorher schon zwei Kilo abgenommen. Der Körper braucht Ruhe, die Seele will nachkommen. Beides ist in diesen erzwungenen Tagen der Ruhe möglich – und sie tun mir auch gut. Ich schlafe und schreibe viel – und spüre, dass ich mich neu für das öffnen kann, was dieser Weg mir sein will. Ob das so möglich gewesen wäre, wenn ich einfach hätte weitergehen können?

In diesen Tagen aber wird mir dann noch etwas anderes wichtig. In meiner Beratungstätigkeit habe ich es oft mit verletzten und verwundeten Menschen zu tun. Wie aber kann ich mich mit ihnen zusammen auf einen Weg machen, der vielleicht zur Heilung führt, wenn ich selbst nicht weiß, was Gebrochenheit heißt, was Verletzung bedeuten kann? Ich erlebe im wahrsten Sinn des Wortes hautnah, was es heißt, gelähmt zu sein, nicht gehen zu können, in der Bewegung und im Wollen eingeschränkt zu sein.

»Helfer«, die nicht um ihre eigenen Verwundungen wissen, können nicht heilen. Sie können von oben herab Ratschläge erteilen – aber das hilft nicht. Verwundete brauchen Menschen, die mit ihnen gehen, die an ihren eigenen Verwundungen leiden, die wissen, wie sich das anfühlt, wenn es wehtut.

Es kann gut sein, dass auf meinem Weg nach Santiago dies die wichtigste Woche war, diese Tage, in denen der Körper sein Recht gefordert hat, ich mich mit meinen Verletzungen und Grenzen auseinander setzen musste. Und es kann gut sein, dass ich in der Woche lernen sollte, dass es sehr unterschiedliche Wege nach Santiago geben kann. Manchmal ist es im Leben eben so, dass ich mir zwar einen bestimmten Weg vornehme, aber es klappt nicht. Die Umstände verschwören sich gegen mich – oder ich komme einfach an meine eigenen Grenzen. Und es könnte wichtig sein, dann trotzdem das Ziel nicht aus den Augen zu verlieren, aber gegebenenfalls einen anderen Weg einzuschlagen. Unterwegs bleiben, auf das Ziel hin ausgerichtet sein – die Frage nach dem konkreten Weg ist dann erst die zweite Frage.

Du sammelst meine Tränen in deinem Krug.

NACH PSALM 56,9

Aufgehoben

keine Träne
umsonst
geweint

keine Klage
umsonst
geschrieen

kein Dunkel
umsonst
durchlebt

du bewahrst

meine Tränen
mein Klagen
mein Dunkel

bei dir
bin ich
aufgehoben

Tröster
Retter
Morgenstern

Letztendlich einsam ...

Es war eine verrückte Woche: Dankeschön-Abend für die ehrenamt-li-lichen Mitarbeiter von zwei Gemeinden, die Beerdigung von zwei Men-schen, die tödlich verunglückt sind und eine Rolle in meinem Leben gespielt haben, Betriebsausflug, ein Vortrag in Boppard, die Verab-schiedung der beiden Zivildienstleistenden, Innenstadtfest – und da-zwischen Telefonate, Begegnungen, Briefe, E-Mails und der ganz nor-male Alltag halt ...

Ich könnte nicht sagen, mit wie viel Menschen ich in dieser Woche gesprochen habe, gute, schöne, wichtige Gespräche hatte. Und es tut gut zu erleben, dass man gemocht wird, dass die Arbeit, die man macht, geschätzt wird, die Nähe zu einem gesucht wird.

Und doch – an diesem Sonntagabend macht sich ein Gefühl von Einsamkeit in mir breit. Natürlich, es gäbe x Leute, die ich jetzt anrufen könnte, bei denen ich auf ein Bier vorbeigehen könnte. Aber ich will nicht – und ich glaube, selbst wenn jetzt Dutzende von Menschen um mich herum wären, würde es mir dieses Gefühl von Einsamkeit nicht nehmen, ganz im Gegenteil.

Und es kann sein, dass es sogar so sein muss ...

Menschen, die sich in den Dienst Gottes stellen, sich von ihm wirklich mit allen Konsequenzen in den Dienst nehmen lassen, die machen sich damit selbst auch einsam. Da ist etwas zwischen Gott und mir, das »exklusiv« ist, andere ausschließt, auch den besten geistlichen Begleiter, den besten Freund – ganz zu schweigen von all den anderen, die sowieso den Kopf darüber schütteln, wie man denn so leben und arbeiten kann.

Man stellt sich der wahnsinnigen Aufgabe, Himmel und Erde miteinander in Beziehung zu setzen, Gott zu den Menschen zu bringen und die Menschen zu Gott. Berufung – das heißt auch, die Zumutung Gottes auszuhalten.

Und das ist so radikal und existenziell, das ist zugleich so einzigartig, so überwältigend, so tiefgehend und prägend, dass man es nur ganz für sich und ganz alleine erleben kann. Und die Tiefe dieser Erfahrung kann unsagbar glücklich machen, aber zugleich auch unsagbar einsam ...

Solche Abende, an denen mir die Zumutung Gottes bewusst wird, sind nicht unbedingt leicht zu leben und zu gestalten. Und die Gefahr ist groß, vor dieser Erfahrung zu flüchten – jemanden anzurufen, den Fernseher anzuschalten, noch irgendwas wegzuarbeiten.

Damit aber würde ich eine Chance vergeben, die Chance, mich auf das zurückzubesinnen, was mich wirklich trägt und hält. Die Chance, mich in all meiner Verletzbarkeit von Gott berühren zu lassen. Die Chance, mich mit allen Schmerzen und Verletzungen neu auf Gott hin auszurichten. Die Chance, an genau dieser Zumutung Gottes auch zu wachsen ...

Mag sein, dass genau das »Zölibat« meint – diese letztendliche Einsamkeit, die mich auf Gott und nur auf Gott verweist. Diese Einsamkeit des Kreuzes, ausgespannt zu sein zwischen Himmel und Erde, Gott und den Menschen.

Nie wird mir diese Einsamkeit des Kreuzes bewusster als in der Liturgie des Karfreitags, wenn der Pfarrer der Gemeinde vor diesem Gott auf der Erde liegt, ausgestreckt, hingestreckt – sich ganz Gott und seiner Zumutung übergebend. Es bleibt mir nur, Gott diese Einsamkeit des Kreuzes hinzuhalten – damit er sie zur Auferstehung wandelt.

**und da ist
so viel Müdigkeit**

die Schultern tun weh
von der Last der Tage
zehn Stunden Schlaf
reichen nicht
der Morgen
ist grau
und einsam
die Nacht

und der Wasserhahn tropft
und der Kühlschrank ist leer
und die Wohnung kalt
und überhaupt

da fehlen Hände
die zärtlich streicheln
Arme
die liebevoll halten
da fehlen Augen
die verstehen
und Worte
die sagen
alles wird gut

    manchmal
    reicht die eigene Kraft
    zum Leben nicht mehr aus

Die meisten von uns kennen sie – diese dunklen Stunden der Nacht. Stunden, in denen die Einsamkeit zu Besuch kommt, Stunden, in denen die Angst regiert, in denen man nicht mehr weiterweiß, nicht mehr weiterwill. Stunden, in denen das Leben urplötzlich einbricht aufgrund der Diagnose eines Arztes, der drängenden Anfragen in einer Freundschaft, im Erkennen, dass man versagt hat – Stunden, in denen einem der Boden unter den Füßen weggezogen wird, die vermeintliche Sicherheit zerbricht, der Alltag durchkreuzt wird. Es gibt diese dunklen Nächte im Leben eines Menschen – und da hilft kein Training in »Positivem Denken«, da hilft es nicht, künstliche Lichter anzuschalten, um das Dunkel zu vertreiben, da hilft kein Alkohol und nicht die Einschalttaste des Fernsehers. Es sind Stunden, Tage, manchmal auch Wochen und Monate, in denen wir mit den Grenzen unseres menschlichen Lebens konfrontiert werden – und diese Grenzen kann niemand, auch Gott nicht, wegnehmen, weil sie unabdingbar zum Menschsein dazu gehören. Gott kann das Dunkel unseres Lebens nicht wegnehmen, es bleiben hier auf Erden Tod und Krankheit und Einsamkeit und Angst.

Der Weg Gottes ist ein anderer. Die Liebe Gottes zu uns ist so groß, dass er sich in all unsere Dunkelheiten mit hineingibt, als kleines Kind im Stall, als Schreiender, als Verlassener, als Sterbender am Kreuz.

»Hinabgestiegen in das Reich des Todes« heißt es im Glaubensbekenntnis – hinabgestiegen, hereingekommen in unsere Dunkelheit, in das Reich unseres Todes, damit wir durch ihn das Leben haben – und es in Fülle haben.

manchmal
besucht mich
meine Traurigkeit

gestern Abend
war sie
wieder da
meine Traurigkeit

sie hatte sich
nicht angemeldet
hatte nicht
an der Tür geklopft

plötzlich stand sie
einfach da
und schaute mich
nur an

und ich
schaute weg
wandte
mich ab

aber sie
kennt mich
kennt mich gut
meine Traurigkeit

sie ist da
schaut mich
nur an
und berührt mich

und zitternd
stehe ich still
und lass mich
berühren

lass
mich

von meiner Traurigkeit
umarmen

und umarme
meine Traurigkeit

abgeschminkt

die Maske
abgenommen
das Kostüm
aufgehängt
die Schminke
abgewischt

der Clown
hat seine
Schuldigkeit getan
er kann gehn

und in der Garderobe
eine rote Rose
selbst gekauft
und zwei Briefe
die man nicht
beantworten mag

und draußen
tosender Applaus
und drinnen
die bange Frage

wie lange
halt ich

das
noch aus?

Im Dunkel der Nacht

voller schmerzen
mit krankheit vertraut

fallen
abgrundtief
bodenlos

zerbrochen
hingeworfen
ausgeblutet

tiefe
dunkel
ende

schweigen
stille
starre

und

ein leib
bäumt sich

glieder
verzerren

ein schrei
zerreißt

und
stürzt

und
verliert sich

in
mir

hinabgestiegen

in mein reich
des todes

Gott liebt uns so sehr, dass er sich selbst in unser menschliches Dunkel hineinbegibt – und dass er sich jedem Einzelnen von uns ganz persönlich und ganz direkt zuwendet. Deshalb können und dürfen wir »Du« zu unserem Gott sagen – mitten in all unserer Angst, unserer Trauer, unserer Hoffnungslosigkeit, mitten aus unserer Gebrochenheit heraus.

Dunkles Gebet

ich schreie
und du kommst nicht

ich weine
und du tröstest mich nicht

ich bettle
und du hörst mich nicht

von Gott
verlassen

aber

immer
noch

du
sagen

Zuviel

manchmal
ist es schwierig

vor lauter Leben
noch

den Überblick
zu bewahren

dann wird der Tag
ohne Wecker und Telefon wichtig

dann muss ich einmal
nichts tun müssen

dann nehm ich den Terminkalender
nicht zur Hand

damit ich
einen Schritt zurücktreten kann

damit ich mich in das Andere
zurückziehen kann

damit ich dich
suchen kann

um mich
zu finden

Gott wird alle Tränen
von ihrem Gesicht abwischen.
Offenbarung 21,4a

Seltsam getröstet

in die Wüste geflüchtet
weil in mir selbst
Wüste ist

abgeschlossen mit dem Leben
suche ich mich
im Tod

hoffnungslos verzweifelt
weine ich mich
in einen kraftlosen Schlaf

Steh auf und iss
Wasser und Brot
Einladung zum Leben

und heilender Schlaf
in dem die Kräfte wachsen
ins Morgen hinein

> vom Flügel des Engels
> sanft berührt

> wächst der Mut
> zum Leben

In den achtziger Jahren gab es ein Lied von Ina Deter mit dem etwas provozierenden Refrain: »Ich sprüh's auf jede Wand: Neue Männer braucht das Land!« Es gab damals einige deutsche Lieder, die sich mit der »Männerfrage« befassten, zum Beispiel auch Herbert Grönemeyer und sein Lied »Männer«. Wer oder was ist ein Mann? Und wie hat ein Mann zu sein? Die Frauen forderten »neue Männer«, die Männer reagierten verunsichert, provoziert, herausgefordert – und beides war wohl eine Reaktion auf die Diskussion in den siebziger Jahren im Zusammenhang mit Frauenemanzipation und Feminismus und einem neuen Bild der Frau. Die Diskussion ist inzwischen etwas abgeebbt, fast hat man den Eindruck, als probiere man sich eher anfanghaft in den neuen Rollen, als noch groß darüber zu sprechen.

Das Fest des heiligen Josef am 19. März stellt einen Mann in den Mittelpunkt, der vor zweitausend Jahren gelebt hat, der aber in seiner Art und Weise zu leben eine ganz aktuelle Antwort auf die Frage sein kann: »Was heißt es, Mannsein zu leben?« Josef, der Zimmerer aus Nazaret, der Verlobte, der Mann Marias, der »Ziehvater« des Jesus von Nazaret. Ein Mann, der nach herkömmlichen Gesichtspunkten nicht gerade das Inbild des Männlichen ist, wie es uns die Medien oft darstellen, wie es in unserer Gesellschaft oft noch verbreitet ist. Er wirkt eher unscheinbar, an den Rand gedrängt, im Hintergrund. Und wie soll das zugegangen sein, dass er mit Maria verlobt war, sie ihm versprochen war – und da kommt ein Kind zur Welt, mit dem er erst mal überhaupt nichts zu tun hat? Und dann diese seltsamen Träume und ein Engel – und er trennt sich nicht von der Frau, allem herkömmlichen Denken zum Trotz, er ist und bleibt treu. Und er nimmt sich zurück – er lässt dem Größeren, das da an ihm und mit ihm geschieht, den Vortritt. Er drängt sich nicht vor, er drängt sich nicht auf – er lässt sich in Dienst nehmen für Gott.

Was aber wäre die Geburtsgeschichte Jesu ohne den heiligen Josef? Maria hätte sich nirgendwo mehr sehen lassen können – zur damaligen Zeit schwanger ohne Mann zu sein bedeutete das gesellschaftliche Aus. Wie hätte sie den beschwerlichen Weg nach Betlehem zurücklegen sollen, wie die Abweisung an den Herbergen verkraften sollen? Wie hätte sie alleine die schmerzhafte Geburt überstehen sollen ohne einen, der sich um sie bemühte, der für das glimmende Licht in der Laterne sorgte, das kleine Feuer im Stall, vielleicht eine heiße Suppe kochte? Und dann die Flucht vor den Soldaten des Herodes, die bis nach Ägypten führte? Wie soll man als Mensch mit solchen Erlebnissen und Ereignissen fertig werden, wenn einem nicht ein Freund zur Seite steht, ein Freund, der Partner und Ergänzung ist?

Das ist Josef. Ein Mann, der es wagt, das damals übliche Bild des Mannseins aufzugeben und zu verlassen, ein Mann, der nicht auf Recht und Ordnung pocht, sondern dem Anderen, dem Nicht-Verstehbaren Raum zum Leben gibt, ja, der es sogar schützt und sich dafür einsetzt. Ein Mann, der den Träumen mehr traut als dem Augenschein, ein Mann, der Gott mehr glaubt als den Menschen, ein Mann, der sich in Dienst nehmen lässt von Gott.

Josef, das ist der neue Mann – weil er ein Mensch ist, der mit dem Herzen hört, weil er die Stimme Gottes hört, weil er da ist und da bleibt, in aller Treue, bei allem Nicht-Verstehen, mit all seinen Fragen. Maria und Josef, diejenigen, die dem Menschensohn Heimat und Obdach bieten, Schutz und Geborgenheit, in der er heranwachsen kann, um dann seine große, verantwortungsvolle und schwere Aufgabe zu übernehmen – sie sind die neuen Menschen. Und sie können zeigen, was es heißen kann, wie es gehen kann, Mann und Frau zu sein – auch heute, allen herrschenden Meinungen zum Trotz, entgegen allen Bildern – aber: dem Leben entgegen!

Der neue Mensch, das ist der, der auf die Stimme des Engels hört, der ihr traut und ihr folgt. Das ist der, der nicht nur an sich denkt, sondern auch das Leiden der anderen mit-erlebt. Das ist derjenige, der sich verweisen lässt auf den Menschen neben und mit ihm.

Der christliche Glaube ist wie keine andere große Weltreligion vor allem auf Gemeinschaft angelegt. »Wo zwei oder drei in meinem Namen beisammen sind, da bin ich mitten unter ihnen« – das ist die Zusage Jesu. Der Gott, den Jesus von Nazaret verkündet, lässt sich im Mitmenschen finden. »Was ihr einem von ihnen getan habt, das habt ihr mir getan!« – deutlicher lässt es sich wohl nicht sagen.

Das ist die Absage an all diejenigen, die Glauben für ihre Privatsache erklären wollen, die nur um sich selbst kreisen, die ihren Gott exklusiv für sich in Anspruch nehmen wollen.

Immer dann und dort, wo wir uns auf Gott verweisen lassen, verweist uns Gott wiederum auf den Mitmenschen. So wie er Josef auf Maria und Jesus verwiesen hat und ihm die Sorge für das neue Leben übertragen hat ...

Der neue Mensch ist »beteiligt« – er nimmt teil am Leben der anderen – und lässt andere an seinem Leben teilhaben. So wie Jesus am Leben der Menschen teilnahm ...

Augenblicke

Einen Augenblick lang, einen Moment nur, trifft sich der Blick. Man sieht und wird gesehen. Einen Herzschlag kurz Erkennen – und vorbei. Und doch ist irgendwas anders geworden.

Ein Augenblick, von Mensch zu Mensch, zwischen Menschen, von mir zu dir, von dir zu mir. Und einen Augenblick lang ist es völlig belanglos, wer krank oder gesund ist, wer Arzt oder Patient, wer Schwester oder Besucher ist. Einen Augenblick lang sieht man mit dem Herzen und sieht den Mensch. Einen Augenblick lang erahnt man im anderen die abgrundtiefe Einsamkeit, den stillen Mut, die sich überfordernde Hingabe, die Sehnsucht nach Ruhe, die Sorge, die zermürbende Angst, das leise Glück, die Nervosität, die laute Geschäftigkeit, die bangende Hoffnung, die zweifelnde Frage.

Einen Augenblick lang sieht man auf den Grund und ahnt. Und man wird im Grunde gesehen und weiß ...

Und vorbei.

Und doch – irgendwas ist anders geworden. Durch einen winzigen Augenblick ...

**nicht viel
oder vielleicht doch ...**

deine verletzungen
erleben müssen
deinen stillen schrei
die schmerzen

und nichts
absolut nichts
tun zu können
außer da sein

aushalten
dich nicht vertrösten
mitgehen
dich nicht verweisen

leiden daran
dass du dich zurückziehst
und es doch
so unsagbar gut verstehen

leiden
an deinem leiden
und
an meiner ohnmacht

    und ganz leise
    ganz zart
    eine Kerze anzünden

Sich erkennen

Leid Tod Schmerz
das heißt oft genug
dass einer den anderen
gehen lassen muss
dass einer nicht mitgehen kann
auf dem schweren Weg
dass man ihn alleine lassen muss
und selbst alleine bleibt

das ist
nicht immer
leicht

man spürt die eigene Ohnmacht
die Hilflosigkeit
und man ahnt Verlassenheit

und erkennt plötzlich
an die Grenze gestellt
was mir der andere ist

und was ich
dem anderen
sein kann

kostbar
wird
das Miteinander

Im Dunkel der Nacht

Sprechende Stille

Es gibt Momente
in denen man nichts mehr sagen kann
weil es nichts mehr zu sagen gibt
was in Worten auszudrücken wäre

es gibt Momente
in denen man sich unendlich viel zu sagen hat
und nichts zu sagen braucht
weil ein Blick ein Händedruck viel sprechender sind

es gibt Momente
da muss man nichts mehr sagen
weil alles was zu sagen ist gesagt ist
und man sich nur noch nahe ist

es gibt Momente
da darf man nichts mehr sagen
um die leisen Töne die schwingen
nicht zu vertreiben

es
gibt
...

Es war ein seltsamer Tag gewesen – drei Krankenbesuche quer verteilt über den Tag, dazwischen unendlich viel Kleinkram im Büro, Ablage, sortieren, noch ein Geburtstagsbesuch. Und doch war Präsenz angefragt, ich hatte »Stallwache« und damit auch das Notfall-Handy, alle anderen pastoralen Mitarbeiter waren auf Ministrantenfreizeit, im Urlaub oder krank. Und irgendwie, die ganze Woche war seltsam gewesen. Ich freute mich heute Abend auf den Gottesdienst, darüber, dass der Pfarrer wieder da war – dass die Woche ihren Schlusspunkt fand.

Als ich dann zum Abendessen beim Italiener saß, machten sich in mir ziemlich nachdenkliche Gedanken breit – in die Richtung, dass »Dienst« auch solche Wochen beinhaltet: Wochen voller Kleinkram, ohne große Höhepunkte, wo es einfach nur wichtig ist, präsent zu sein.

Als ich gerade an dem Punkt und beim Grappa angelangt war, setzte sich eine junge Frau zu mir, Anfang Zwanzig, die ich von einigen wenigen Begegnungen her kannte und schätzte. »Wie geht's?«, fragte ich interessiert. »Scheiße«, sagte sie klar und unmissverständlich.

Heute Morgen hatte ihr Vater die Interferon-Behandlung abgebrochen, die letzte Chance, die ihm die Ärzte eingeräumt hatten. Jetzt wollte er nur noch nach Hause, bei seiner Familie, den Freunden sein, den Rotwein notfalls aus der Schnabeltasse trinken, aus seinem Krankenbett im Wohnzimmer noch mal ins Kaminfeuer sehen. In aller Eile muss ein ganzer Haushalt umorganisiert werden – und eine Familie sich damit auseinandersetzen, sich ins Unvermeidliche zu fügen. Und doch – da trifft ein Mensch eine Entscheidung darüber, wie er sein Leben jetzt gestalten will, kann sagen, was er will und nicht will. Und eine ganze Familie trägt dies mit, hält das aus, schiebt ihn nicht ins Krankenhaus oder ins Pflegeheim ab.

Die junge Frau war den Tränen nahe, als sie mir das erzählte – und ich hatte keine Worte für dieses Leid. Mir blieb nichts anderes übrig, als einfach dabei zu bleiben, nicht zu flüchten, nicht zu vertrösten, nicht zu bagatellisieren. Und zu sagen: »Wenn ich irgendwie helfen kann, ruf mich an!« – und mich zu vergewissern, dass sie meine Handy-Nummer noch hatte.

Auch das ist Ostern. Ostern nimmt die Kreuze, das Leid und die Tränen nicht aus unserem Leben weg. Und das ist uns auch nie versprochen worden. Selbst Jesus Christus ist dieses Kreuz nicht erspart worden. Gott wird die Tränen abwischen und sie in seinem Krug sammeln, aber er kann sie nicht verhindern. Und, ganz ehrlich gesagt, ich möchte mir meine Tränen auch gar nicht nehmen lassen ...

Auch wir können den Menschen, die wir lieben, die Kreuze ihres Lebens nicht ersparen. Wir können nur dabei bleiben, aushalten, mittragen, mitgehen ... – aus der Kraft heraus, dass Jesus Christus sich selbst unter unser Kreuz stellt – und es mit uns trägt, einem neuen und anderen Leben entgegen ...

Ich habe heute Abend noch einmal neu gelernt, wie wichtig es sein kann, einfach da sein und da zu bleiben, allen Tränen und Leid zum Trotz. Einfach präsent zu sein, ansprechbar zu sein, auszuhalten ...

Und es mag sein, dass dies schon der erste Schritt hin zur Auferstehung ist – Ostern, geschehen an einem Werktag irgendwann in der Fastenzeit.

Ich bekenne, ich habe gelebt!
PABLO NERUDA

Hingabe

mich hineingeben
in das Leben
sein
ohne wenn und aber
mich nicht länger
höflich distanzieren
mich aussetzen
und hingeben
der Freude
dem Schmerz
dem Lachen
den Tränen
der Verzweiflung
der Hoffnung
hier und jetzt
selbstvergessen
hingegeben

schreien
singen
verstummen

sein

Ich nehme das Herz aus Stein aus eurer Brust
und schenke euch ein Herz, das fühlt.
EZECHIEL 36,26b

Schmerzhafte Berührung

dich
mit meinen Grenzen
meinen Schmerzen konfrontieren

dir
meine Ängste
nicht vorenthalten

meine Überforderung
vor dich
bringen

dich fragen
warum
wozu

und
unter Tränen stammeln

ich gehe mit

Du

wenn meine Sprache
wortlos wird

und die Bilder
in mir verblassen

wenn mich der Mut
verlässt

und die Kraft
verbraucht ist

wenn mich
das Dunkel überfällt

und ich nur noch
Sehnsucht bin

bleibt

der Schrei
nach Leben

Dunkler Segen

Segne auch du uns
dunkler Gott
du
der sich geheimnisvoll
unserem Begreifen entzieht
der sein Antlitz vor uns verbirgt
unser Fragen mit Schweigen beantwortet

segne auch du uns
dunkler Gott
du
der du uns Zumutung und
Herausforderung bist
dessen Tun unergründlich bleibt
dessen Handeln sich unserem Denken entzieht

segne auch du uns
dunkler Gott
du
der sich abwendet von uns
der uns alleine lässt
der uns leiden lässt
der uns verwirrt und beunruhigt

segne uns
du dunkler Gott
du abwesender
schweigender
unfassbarer
harter
namenloser   ➤➤➤

segne du uns
dunkler Gott
damit wir den Mut haben
das Dunkel in uns wahrzunehmen
dem eigenen Abgrund zu trauen
der Nacht zu glauben
uns auf den Grund zu gehen

segne uns
dunkler Gott
indem du Einsamkeiten nicht nimmst
Sicherheiten erschütterst
Hoffnungen nicht erfüllst
Pläne durchkreuzt
Sehnsucht nicht stillst

segne uns
dunkler Gott
indem du unsere Träume verjagst
unsere Bilder zerreißt
Geborgenheiten entlarvst
Erwartungen zerstörst
zum Aufbruch zwingst

segne uns
du dunkler Gott
segne den Aufbruch
segne den Weg

und bleibe
dunkler treuer
Wegbegleiter

APRIL

DURCHKREUZT - VERWANDELT

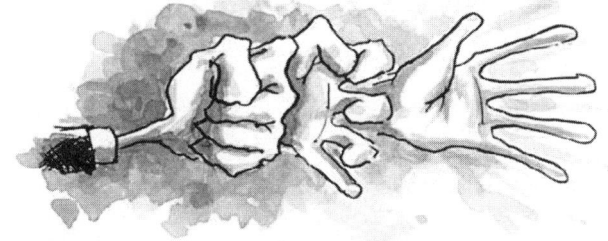

*Gott bewahre uns
vor der Hornhaut der unheilbar Gesunden,
vor jenem Menschentyp,
vor dem selbst der Geist Gottes ratlos steht
und keinen Eingang findet,
weil alles mit bürgerlichen Sicherheiten
und Versicherungen verstellt ist.*

ALFRED DELP

Wer sich auf das Leben einlässt, der kommt nicht unverletzt davon. Keiner von uns ist der unverwundbare Held wie Siegfried oder der griechische Kämpfer Achill – und sogar die haben ihre Achillesferse und ihre verwundbare Stelle zwischen den Schulterblättern gehabt.

Jeder und jede von uns hat seine Verletzungen im Leben bekommen, ist vom Leben gezeichnet.

Da mögen einem zuallererst die körperlichen Verletzungen einfallen – eine Narbe erzählt von einer Operation, das Bein, das nach einem Bruch schlecht zusammengeheilt ist, die Wunde am Daumen, in den man sich gerade gestern erst geschnitten hat. Und wohl kaum jemand hat nicht eine Narbe an seinem Körper, die eine entsprechende Geschichte erzählt – unveränderliche Kennzeichen, wie es so schön in amtlichen Papieren heißt.

Nicht ganz so offensichtlich, aber manchmal noch viel schwerwiegender sind die seelischen Verletzungen, die wir mit uns herumtragen: eine Liebe, die nicht erwidert wurde, Trauer und Einsamkeit, Heimatlosigkeit, Scheitern, Angst ... – unsere seelischen Verwundungen können viele Namen tragen.

Und gerade wegen all dieser Verletzungen, den kleineren und den größeren, den körperlichen und den seelischen, lebt in uns eine Sehnsucht nach Heil, nach Heilsein, nach Ganzsein.

Diese Situation, das Unheilsein und die Sehnsucht nach dem Heilsein, das ist die Grundgebrochenheit von uns Menschen. Die Verletzungen und die Sehnsucht gehören zum menschlichen Leben dazu – auch wenn mancher sie sich nicht eingestehen will, wenn wir Tod und Krankheit, Einsamkeit und Scheitern gerne aus unserem Leben verbannen würden, wenn wir versuchen, uns Jugendlichkeit und Glück zu kaufen. Die Flucht vor dieser Gebrochenheit kann nicht gelingen, irgendwann wird jeder von ihr eingeholt – und sei es in der letzten großen Kränkung des Menschen, dem Tod.

Deshalb müssen wir lernen, mit dieser Gebrochenheit zu leben, sie anzunehmen, sie zu gestalten. Wir müssen lernen, unsere Verletzungen und Behinderungen zuzulassen – und trotzdem der Sehnsucht zu vertrauen.

Vielleicht mehr noch – möglicherweise bergen unsere Verwundungen und Gebrochenheiten auch eine Chance in sich. Wenn einer ganz und gar heil wäre, der bräuchte nichts mehr. Wer gebrochen ist, sich als hilfsbedürftig erfährt, den Mangel erlebt, der wird empfänglich für Zeichen der Nähe, dankbar für Zuwendung, offen für die Liebe.

Leid und Schmerz können Einfallstore für die Liebe Gottes sein. So sagt Jean Vanier, der Begründer der Arche-Bewegung:

Unsere Zerbrochenheit ist die Wunde, durch die die ganze Kraft Gottes unser Wesen durchdringen und uns in ihn verwandeln kann. Wir müssen vor der Einsamkeit nicht davonlaufen, sie soll uns vielmehr zu dem Ort werden, von dem aus wir zu Gott aufschreien, wo er uns findet und wir ihn. Ja, durch unsere Verletzungen kann die Kraft Gottes uns durchdringen und zu Strömen lebendigen Wassers werden, das die dürre Erde in uns tränkt.

Um es ganz deutlich zu sagen: Es geht nicht um eine Leidensmystik, es geht nicht um eine Verherrlichung des Leidens oder gar darum, das Leiden künstlich zu vergrößern oder herbeizuführen. In unserem Leben gibt es von ganz alleine so viel Unheiles und so viel Leid. Und gerade darin brauchen wir die Nähe eines Gottes, der uns Heilung zusagt, sind wir angewiesen auf die Liebe Gottes, die sich uns zuwendet – und uns durch all unsere Verletzungen hindurch erreicht.

Diese Liebe Gottes ist keine Liebe, die sich gnädig aus seiner Vollkommenheit herab auf uns ergießt, die uns klein machen würde oder uns erniedrigen würde neben seiner Vollkommenheit. Nein, es ist die Liebe des Gekreuzigten, die Liebe von einem, der Schmerz, Leid, Verlassenheit und Tod am eigenen Leib erfahren hat. Es ist die Liebe desjenigen, der genau weiß, wovon er spricht, wenn er sagt: »Nehmt euer Kreuz auf euch – und folgt mir nach!« Es ist eine solidarische Liebe, die uns unser Kreuz nicht wegnehmen kann. Aber es ist eine Liebe, die sich unter mein Kreuz stellt – und bei mir ausharrt. Und es ist die Liebe desjenigen, der den Weg für uns vorausgegangen ist, durch den Tod hin zur Auferstehung – und der uns mit seinem »Folge mir nach!« eben nicht zum Tod einlädt, sondern zum Leben.

Das Törichte in der Welt hat Gott erwählt,
um die Weisen zuschanden zu machen.

1. KORINTHER 1,27

Christ zu sein – das ist für viele Torheit und Ärgernis – und kein so begehrenswerter Posten. Kein Wunder, dass sich nicht allzu viele um den Job bewerben. Ein Christ – ein Narr, ein Tor ...

Erinnern Sie sich noch an »Teekesselchen«? Als ich klein war, haben wir es oft gespielt: Mein Teekesselchen ist weiß und hat vier Beine, sagte der eine – und mein Teekesselchen ist manchmal gut und manchmal schlecht, sagte der andere. Gewiefte Mitspieler wussten spätestens jetzt schon, dass es den Begriff »Schimmel« zu erraten galt, das weiße Pferd einerseits, den Schimmelpilz andererseits.

»Tor« – das wäre ein Top-Wort für dieses Spiel. Ein Tor ist ein Narr, einer, der verrückte Dinge tut – aber ein Tor ist auch eine Tür, ein Eingang, ein Übergang. Man geht durch Tore und durch Türen, wenn man von einem Raum in einen anderen will, man geht von außen nach innen, oder auch von innen nach außen. Eine Tür, ein Tor eröffnet neue Räume, schafft andere Perspektiven.

Christen sind Toren – weil sie aus der Sicht der anderen manchmal ganz närrische Dinge tun: in den Gottesdienst gehen und beten, sich für das ungeborene Leben einsetzen, Sexualität als Wert verstehen, den man nicht verkaufen darf ...

Christen sind aber auch Tore. Sie leben im Übergang, in der Vorläufigkeit zwischen Himmel und Erde, Gott und Mensch. Sie ahnen etwas von der Herrlichkeit Gottes und der Ewigkeit – und können deshalb das Leben hier und jetzt anders leben. Sie können anders Mensch sein, weil es Gott in ihrem Leben gibt.

Die Torheit des Kreuzes ist für Menschen, die glauben, zum Tor des Lebens geworden, die Torheit des Glaubens wird für sie und durch sie zum Tor der Sehnsucht, der Hoffnung, der Liebe.

Und all das meine ich, zu all dem bekenne ich mich, wenn ich das Kreuzzeichen mache, wenn ich mich leibhaftig in das Zeichen des Kreuzes hineinstelle – mit Kopf, Herz und Hand. Man könnte ja auch nur einfach die Worte *sagen*: »Im Namen des Vaters und des Sohnes und des Heiligen Geistes.« – Nein: Mit der rechten Hand, der Tathand, berühre ich mich an der Stirn, dem Kopf, an der Mitte meines Leibes, dem Bauch, und an den Schultern, dort, wo die Arme angesetzt sind. Glaube braucht alle drei – den Kopf, das Herz, die Hand. Und ich gebe mich dem Leben, dem Glauben, Gott, den Menschen mit Kopf, Herz und Hand – und komme selbst dabei nicht unberührt davon.

Das Kreuzzeichen ist die Einladung, anders zu leben, weil es Gott in unserem Leben gibt. Wenn wir das Kreuzzeichen machen, dann sagen wir »Ja« zu dieser Einladung – mit ganzen Herzen, mit ganzer Seele, mit ganzer Kraft – mit Kopf, Herz und Hand. Wir öffnen uns diesem Gott, werden selbst zum Tor, zur Tür.

Wenn ich das Kreuzzeichen mache, stelle ich mich leibhaftig in das Zeichen des Kreuzes – ich stehe ein für das Leben. Das mag für manche Torheit und Ärgernis sein, für uns ist es gelebte Verheißung, gelebte Hoffnung, gelebtes Vertrauen – hier und jetzt.

Das Kreuz steht für uns Christen nicht für Tod, Ende, Hinrichtung. Für uns Christen ist das Zeichen des Kreuzes eine Zusage für das Leben trotz alldem, was wir hier auf der Erde auch an Tod und Toden erleben. Das Kreuz ist für uns das Tor, das zum Leben führt, eine Tür zwischen Himmel und Erde, jetzt und hier und dann und dort.

Wenn wir das Kreuzzeichen über uns schlagen, dann stellen wir uns leibhaftig in diese Spannung hinein – in die Spannung Gott und Mensch, in die Spannung Tod und Leben, in die Spannung von Realität und Vision. Das Kreuzzeichen erdet uns – und verweist uns doch auf das »Mehr«, das uns zugesagt ist. Und es ist zugleich ein Bekenntnis unseres Glaubens – in aller Öffentlichkeit.

Und wenn ich das lebe, woran ich glaube – Befreiung zum Menschsein, Leben in Fülle, Lebendigkeit –, und wenn ich dazu in aller Öffentlichkeit stehe, dann kann ich wiederum zu Tor und Tür werden, die andere dazu einladen, sich dem Leben, Gott zu öffnen. Wenn ich das wirklich meine – und wenn ich das wirklich will –, dann hätte das Kreuzzeichen es verdient, bewusst getan zu werden. Dann kann es keine flüchtig hingehuschte Geste mehr sein, sondern dann ist es bewusste Antwort, ist Entscheidung, ist ein Mich-hineinnehmen-Lassen. Und dann will es auch so getan sein: mit ganzem Herzen, mit ganzer Seele, mit ganzer Kraft – Christsein mit Kopf, Herz und Hand.

Hier vereinigen sich
Gott und Mensch
Himmel und Erde
Zusage und Hingabe
Lieben und Leiden
Tod, Tanz und Traum
du und ich

Trauer und Trost
Zweifel und Zuversicht
Angst und Freude
Hoffnung und Heimatlosigkeit
Kreuz und Heil
Tod und Leben

das Kreuz
vereint die Gegensätze
ohne sie aufzuheben
verbindet das Gegensätzliche
ohne es gleichmachen zu wollen

und dort
wo es sich kreuzt
ist der Punkt
um den sich alles dreht

und in dem Punkt
ist Frieden

und in dem Punkt
lebt
die Ewigkeit

tot
nicht mehr lebendig
abgeschrieben

gekreuzigt
gestorben
und begraben

endlich gibt es Ruhe im Land
endlich haben wir uns den vom Leib geschafft
endlich ist er zum Schweigen verurteilt

gekreuzigt
gestorben
und begraben

Todesstille
Grabesruhe
Reihe 4, Grab 8

gekreuzigt
gestorben
und begraben

zur Seite gestellt
fertig gemacht
abgehakt

gekreuzigt
gestorben
und begraben

am Ende

Durchkreuzt – verwandelt

Zwei Tage danach

eine geschützte Ecke im Innenhof
eine dünne Decke um mich gewickelt
das Feuer ist heruntergebrannt
das Dunkel tröstet nicht
der Wind geht rau
ein Vogel schreit

müde geweint
stumm geklagt
mich verloren gesucht

eine geschützte Ecke im Innenhof
die dünne Decke um mich gewickelt
das Feuer ist heruntergebrannt

Eiseskälte
Todesstille
Grabesruhe

das Dunkel tröstet nicht

verloren
ausgeliefert
alleingelassen

der Wind geht rau

aufs falsche Pferd gesetzt
was soll werden
tot ist tot

ein
Vogel
schreit

Durchkreuzt – verwandelt

**Als das Leben
den Tod bezwang**

war es dunkel
kalt
einsam

keine Kirchenglocken
kein Halleluja
und keine Zuschauer

du
und
ich

Tod
und
Leben

Gott
und
Mensch

nicht liegen bleiben
nicht aufgeben
nicht loslassen

im
nächtlichen Kampf
am Fluss

und gegen das Dunkel
aufstehen und leben
kämpfen und sein

das Leben fordern
dem Tod widerstehen

und verletzt
dem Leben

entgegen
hinken

Klammheimlich hat er sich nachts davon gemacht, ohne Aufsehen, ohne Lärm, ohne Fahnen und Fanfaren. Dunkel und kalt wird es gewesen sein. Und es mag Kraft und Mut gekostet haben, aufzustehen, nicht liegen zu bleiben, sich der scheinbaren Ruhe des Todesschlafes nicht hinzugeben.

Einsam mag er gewesen sein, als er den Schritt vom Tod zum Leben wagte, als er den Übergang riskierte, die Grenze überschritt. Ein Kampf war es wohl, ein Kampf mit sich selbst, mit seinem Gott, ein Kampf gegen den Tod. Liebe muss in ihm gewesen sein, eine Liebe, die aus einem unendlichen Vertrauen heraus kommt.

Und er hat gewonnen.

Das Leben hat gewonnen.

Die Liebe hat gewonnen.

Nichts von Grandiosität, Siegesfeiern, Triumph, strahlendem Sieger, Beifall klatschenden Zuschauern ...

Nein – das Leben, die Liebe, Gott, gewinnt mitten im Dunkeln, ganz leise und unauffällig, ohne Zuschauer und Fernsehshow, ohne Waffen und Gewalt. Als der Morgen dämmert, ist das Grab leer, der Stein weggewälzt – und nicht einmal die besten Freunde haben etwas davon mitbekommen.

Das ist Ostern und das ist Auferstehung – wenn einer mitten im Dunkel dem Leben traut und den Schritt wagt, den Grenzübergang riskiert. Manchmal ganz alleine, manchmal ins Ungewisse hinein.

Das ist Ostern – wenn im Dunkel plötzlich ein Funke aufglimmt, wenn sich Menschen frierend und ein wenig verloren an einem Feuer in der Nacht treffen, wenn Worte erinnern und berühren, wenn man sich hineinnehmen lässt in das Geheimnis von Verwandlung.

Ostern geschieht immer dann und dort, wo ein Mensch es wagt, dem Leben mehr zu trauen als dem Tod, den entscheidenden Schritt zu tun, die Grenze zu überschreiten, aus dem Grab herauszukommen, den Stein wegzuwälzen, der Versuchung zu widerstehen, liegen zu bleiben. Und das geschieht oft mitten in der Nacht, ganz alleine, mit viel Mut. Und es geschieht oft genug ohne öffentliches Halleluja, ohne Kirchenchor und ohne Festpredigt.

Ostern muss in mir und mit mir geschehen – oder es wird nicht geschehen.

Es mag nicht gerade an dem Datum geschehen, an dem der liturgische Kalender es vorsieht, dass wir Ostern feiern. Das ist auch nicht wichtig.

Er hat es uns vorgemacht – und er lädt uns zur Nachfolge ein.

Und das ist Ostern. Leise und manchmal fast nicht wahrzunehmen – aber doch unwiderstehlich, weil uns das Leben, die Liebe, Gott ruft ...

Als es schon Morgen wurde,
stand Jesus am Ufer.

JOHANNES 21,4

Es ist eine der schönsten Szenen des Johannesevangeliums – die Begegnung des Auferstandenen mit den Jüngern am See: Nach den dramatischen Ereignissen in Jerusalem sind die Jünger in ihren Alltag zurückgekehrt. Und sie gehen wieder ihrem Beruf nach: Sie gehen fischen. Aber der Alltag ist so mühsam wie eh und je – und bei aller Mühe bleibt doch nur Misserfolg, kein einziger Fisch im Netz. Und mitten in diese Situation tritt ein Fremder auf, der den Jüngern ihren Misserfolg auch noch peinlich vor Augen führt, indem er sie fragt: »Habt ihr was zu essen?« Und dann erdreistet er sich, der Fremde, ihnen, den Profis, den Fachleuten, einen Ratschlag zu geben: »Fahrt noch einmal hinaus und werft das Netz auf der rechten Seite aus!«

Wie würden wir wohl reagieren, wenn uns ein Wildfremder nach solch einer Nacht voll Mühe und Misserfolg so in unsere Arbeit hineinreden würde? Die Wahrscheinlichkeit ist hoch, dass wir ihn auslachen würden, an die Seite schieben würden, uns aufregen würden – was will der uns schon sagen?!

Aber das Unglaubliche geschieht – sie, die Experten in Sachen Fischfang, vertrauen einem völlig Unbekannten, fahren trotz ihrer Müdigkeit hinaus und werfen noch mal das Netz aus. Fast scheint es mir, als ob diese Tatsache das eigentliche Wunder sei – und nicht der reiche Fischfang. Ob es sein kann, dass die Begegnungen mit Jesus, ihr Beisammensein, sie eine ganz neue Offenheit gelehrt haben? Dass sie bereit sind, sich auf etwas einzulassen, dessen Ausgang völlig ungewiss, wenn nicht sogar unwahrscheinlich ist? Könnte es sein, dass sich die Jünger geändert haben?

> *Da sagte der Jünger,*
> *den Jesus liebte, zu Petrus:*
> *Es ist der Herr!*
>
> JOHANNES 21,7a

Am See beim Fischen – wieder einmal das spannende Zusammenspiel zwischen Johannes, dem Jünger, den Jesus liebte, und Petrus. Johannes erkennt in dem Fremden den Herrn, weil er ihn liebt. Wahre Liebe macht hellhörig und weitsichtig – und da muss man gar nichts wissen, da erkennt man den anderen mit dem Herzen. Eine solche Liebe ist oft sehr zurückhaltend und behutsam, sie verstummt im Erkennen, schützt das zu Schützende.

Mag Johannes eher der »Herz-Typ« sein, so ist Petrus eher der »Kopf-Typ«. Und solche Typen reagieren weniger intuitiv, sondern erst dann, wenn sie sicher sind. Und so brauchen sie manchmal ein bisschen länger, um entsprechend ins Handeln zu kommen. Aber wenn sie ins Handeln kommen, dann bitte auch gleich richtig – und nicht scheu und zurückhaltend.

Und nachdem Petrus von Johannes ein wenig »draufgestupst« wurde, dass es der Herr ist, handelt er entsprechend: Er springt in den See und schwimmt zum Herrn am Ufer – aber er wäre kein Kopfmensch, wenn er nicht vorher noch schnell das Obergewand anziehen würde. Und ein bisschen erinnert die Szene an den Wettlauf zum Grab zwischen den beiden. Sie scheinen sich und ihrer jeweiligen Persönlichkeit durchaus treu zu bleiben.

Keiner von den Jüngern wagte ihn zu fragen: Wer bist du?
Denn sie wussten, dass es der Herr war.

JOHANNES 21,12

Während die Jünger noch bei der Arbeit sind, ist das Mahl schon bereitet. Das Kohlefeuer brennt, und Fisch und Brot liegen darauf. Der Herr selbst heißt die Jünger nach getaner Arbeit willkommen und lädt ein zum Mahl.

Und dann diese seltsame Aufforderung: Bringt von den Fischen, die ihr gefangen habt! Gebt von den Früchten eurer Arbeit, damit es ein gemeinsames Mahl wird! Legt euren Teil dazu – auch der ist wichtig! Bringt das, was ihr habt! Erst im Miteinander, im Geben und Nehmen, im Teilen der Gaben Gottes und der Menschen kann Mahlgemeinschaft entstehen.

Im Morgengrauen am See, kühl mag es gewesen sein, das Feuer glimmt vor sich hin, man isst miteinander und scheint sich in einer guten Weise zusammenzuschweigen. Wenn man weiß, dass es der Herr ist, braucht man nicht mehr groß darüber sprechen. Es gibt intime Begegnungen der Menschen mit ihrem Gott, da ist jedes Wort überflüssig. Die Liebe kennt solche Momente des Berührtseins – und verstummt vor lauter Erfülltsein. Es gibt Momente, die dürfen nicht ausdiskutiert werden, da gilt es einfach zu sein. Es gibt Momente, in denen ich verstummen muss und verstummen darf. Es gibt Momente, in denen ich einfach seine Nähe genießen darf, bei ihm ausruhen kann, nichts tun muss. Momente, die allein dadurch reich sind, dass ich ihn anschaue und mich anschauen lasse von ihm.

Die mit Tränen säen,
werden ernten mit Jubel
<small>PSALM 126,5</small>

Auf dein Wort hin

trotz

meiner Fragen
meiner Verzweiflung
meiner Einsamkeit
meinem Verlorensein
meiner Heimatlosigkeit
meiner Ohnmacht
meiner Kraftlosigkeit
meiner Ratlosigkeit
meiner Traurigkeit
meinen Dunkelheiten

hinausfahren

die Netze
auswerfen

und

das Leben
an mich

ziehen

Durchkreuzt – verwandelt

Am Sonntag nach Ostern, dem »Weißen Sonntag«, wird in vielen katholischen Pfarrgemeinden das Fest der »Ersten Heiligen Kommunion« gefeiert. Es ist ein schöner Festtag – für die Kinder, ihre Familien und die Gemeinden. Und wer einmal an diesem Tag in die Gesichter der Kinder geschaut hat, wenn sie feierlich in ihren Gewändern und mit den brennenden Kerzen in der Hand in die Kirche einziehen, der ahnt und spürt etwas davon, dass auch für den größten Rabauken, die frechste Göre unter ihnen dieser Moment etwas ganz Besonderes ist.

Da fällt sogar Jens keine dumme Bemerkung mehr ein – und die Augen der kleinen Sandra leuchten auf eine ganz eigene Art. Und eigentlich ist es gar kein Wunder, denn die Eucharistie ist ein Sakrament – und alle Sakramente wollen ja Berührungen Gottes mit den Menschen sein.

Ja, ich bin mir sicher – diese Kinder sind in dem Moment dazu bereit, sich von Gott berühren zu lassen. An diesem Tag, vielleicht auch nur in dieser Stunde sind die Herzen der Kinder weit geöffnet für diese Berührung Gottes. Und ich glaube daran, dass Gott in diesem Sakrament berührt – und dass diese Berührung Spuren hinterlässt – auch wenn wir sie manchmal nicht offenkundig sehen können. Wer sich auf Gott einlässt, der kommt nicht unberührt davon. Das ist Wirklichkeit.

Durchkreuzt – verwandelt

Manche Eltern und noch mehr viele Großeltern bewegt am Tag der Erstkommunion doch auch die durchaus bange Frage: Heute mögen die Herzen dieser Kinder ja weit geöffnet sein – aber wie wird das im späteren Leben sein? Werden da vielleicht doch die Türen zum eigenen Herzen abgesperrt, die Mauern hochgezogen? Wird diesen Kindern auch in einigen Jahren ihr Glaube, dieser Gott noch etwas bedeuten?

Ich kenne diese Fragen gut – und eigentlich ist mir das Evangelium, das traditionell an diesem Sonntag im Gottesdienst vorgelesen wird, auch sehr vertraut: Die Erscheinung des Auferstandenen bei den Jüngern (Johannes 20,19–34). Aber erst neulich ist mir das erste Mal aufgefallen, dass dort, fast wie im Nebensatz, gleich zweimal erwähnt wird, dass die Jünger sich aus Furcht eingeschlossen haben – und dass der auferstandene Christus durch verschlossene Türen zu ihnen kommt.

Ob das rein faktisch so passiert ist, darüber lohnt es sich nicht zu streiten – es spiegelt in der Sprache der Bilder die Erfahrung der Jünger wider, dass Gott in der Lage ist, sich zum Menschen durch alle verschlossenen Türen, durch alle Mauern hindurchzulieben. All das ist kein Hindernis für Gott. Er liebt sich zu mir hindurch. Und möglicherweise ist gerade diese Botschaft eine Antwort auf so manche bange Frage, die an diesem Tag auch gestellt werden mag: Die Berührung Gottes hinterlässt Spuren – und wenn er will, liebt er sich durch alle verschlossenen Türen zu mir hindurch.

Agnus Dei

Du
Gott

groß
stark
allmächtig
unbegreiflich

du schenkst
mit deinem Geist

aus Liebe
in Weisheit
durch Kraft
und Macht

uns
deinen Sohn

wirst Mensch
und klein und schwach
ohnmächtig
und begreiflich

du
großer Gott
machst dich
ganz klein

damit du
uns nahe bist
damit du
in uns bist

du durchliebst
unsere Mauern
gibst dich uns
in unsere Hand

du hast dich
in meine Hand gegeben
ich halte dich
in meiner Hand

und in mir
ist unsagbar viel

Zärtlichkeit

Am dritten Tag fand in Kana in Galiläa eine Hochzeit statt und die Mutter Jesu war dabei. Auch Jesus und seine Jünger waren zur Hochzeit eingeladen. Als der Wein ausging, sagte die Mutter Jesu zu ihm: Sie haben keinen Wein mehr (Johannes 2,1–3).

Jesus und Maria und die Jünger bei einer Hochzeit? Mittendrin bei einem Fest? Mittendrin im Leben? Da kann man ja schon nachdenklich werden – wie schafft man das, dass Jesus und Maria und deren Freunde höchstpersönlich zu meinem Fest kommen, zu mir kommen? Was muss ich dafür tun? Denn das ist ja schließlich nicht selbstverständlich ... man weiß ja, dass so viel beschäftigte Leute oft wenig Zeit haben.

Jesus sagte zu den Dienern: Füllt die Krüge mit Wasser ... und bringt es dem, der für das Festmahl verantwortlich ist. Sie brachten es ihm. Er kostete das Wasser, das zu Wein geworden war (Johannes 2,7–9).

Andere mögen ein wenig praktischer denken: Wasser zu Wein? Wie geht das? Es wäre ja gar nicht so schlecht, wenn man hinter das Geheimnis käme, und es würde viel Geld sparen: Einfach den Wasserhahn aufdrehen, dieses irgendwie Geheimnisvolle tun – und man hätte den schönsten Cabernet Sauvignon oder einen badischen Spätburgunder, und vielleicht, zu späterer Uhrzeit, auch einen hervorragenden schottischen Whisky oder französischen Cognac ... Und manche mögen skeptisch und zweifelnd fragen: Das Wunder zu Kana – hat das überhaupt so stattgefunden? Alle diese Fragen sind berechtigt – und es gibt ein Wort, das eine Antwort auf alle diese Fragen ist: das Wort »Geheimnis«.

Dass Jesus und Maria und die Jünger zum Fest kommen, so wie Gott mitten hinein in unser Leben kommt – ja, das ist ein Geheimnis. Gott kommt uns entgegen, er kommt zu uns, er nimmt teil an unserem Leben. Er ist uns so nahe, dass er in unser Leben hineinkommt. Er gesellt sich dazu, er geht mit, er hält sich nicht vornehm heraus, er ist da und dabei – mitten in unserem Leben, bei Geburt und Tod, Hochzeit und Fest, und immer dann, wenn wir an unsere Grenzen kommen. Und es mag nicht von ungefähr kommen, dass diese Erzählung im Johannesevangelium das öffentliche Wirken Jesu einleitet – in dem Evangelium, in dem es gegen Ende, bei den Abschiedsreden Jesu heißt: *Ich nenne euch nicht mehr Knechte, vielmehr habe ich euch Freunde genannt.* Gott ist ein Freund der Menschen ... – und vielleicht könnten wir es endlich mal glauben.

Der, der ein Freund der Menschen ist, lässt uns nicht im Regen stehen. Er nimmt die Katastrophen nicht weg – der Wein geht aus! Er ist nicht die Glucke, die uns vor allen bösen Erfahrungen fernhalten will – es sind auch und gerade solche Grenzerfahrungen, die unser Menschsein ausmachen: Einsamkeit, Schmerz, Tod, Krankheit. Aber wir sind eingeladen, ihm gerade das zu geben: Das Wasser unseres Lebens, den Mangel, die Grenzen, das Scheitern – wenn wir es ihm bringen, kann er es verwandeln. Aus dem Wasser wird Wein, aus dem Mangel Fülle, aus der Grenze Weite, aus dem Scheitern Leben. Wenn wir ihm das wenige geben, was wir haben, was wir sind, kann er unsagbar viel daraus machen – aber ich muss hergeben, muss es ihm geben, damit er es verwandeln kann. Und das ist genau das, was wir in der Eucharistie feiern – er verwandelt das, was wir ihm bringen – unsere Not, unsere Schmerzen, unsere Begrenzungen, das wenige, was wir haben, was wir sind.

Wenn im Gottesdienst Brot und Wein zum Altar gebracht werden, wenn wir den Euro aus der Hosentasche hervorkramen und in den Klingelbeutel werfen, dann will all das eigentlich nur ein Zeichen dafür sein, dass wir selbst uns vor Gott bringen, dass wir das wenige geben, was wir haben, was wir sind – damit Gott es verwandelt.

Und genau in dem Sinn sind die Worte der Liturgie gemeint: *Geheimnis des Glaubens.* Eine solche Verwandlung ist ein Geheimnis.

Geheimnisse aber soll man bewohnen und nicht zu lösen versuchen. Piet van Breemen, ein holländischer Jesuit sagt es so:

Die Linie des Lebens Jesu: ein großes Geheimnis. Probleme gilt es zu lösen, soweit das möglich ist. Geheimnisse soll man ja nicht auflösen wollen, denn dann ginge etwas Kostbares verloren. Geheimnisse braucht man, um darin zu wohnen. Die Wurzel des Wortes »Geheimnis« ist ja »heim«. In Geheimnissen sind wir beheimatet. Ein armer Mensch, der keine Geheimnisse hat. Er ist auf eine tiefe Weise heimatlos.

Ob das alles wirklich so geschehen ist: damals, zu Kana? Ich weiß es nicht – und will es eigentlich auch gar nicht wissen. Es gibt eine Ebene, die unser Verstehen übersteigt, die sich unseren praktischen Erwägungen entzieht. Das ist genau das, was Saint-Exupéry den Kleinen Prinzen sagen lässt: Man sieht nur mit dem Herzen gut. Es gibt eine Ebene in unserem Leben, die objektive und geschichtliche Fakten übersteigt – und die trotzdem wahr ist. Liebe zum Beispiel – es gibt sie – und doch ist sie nicht zu beweisen.

Gott kommt in mein Leben, er ist Gast bei mir, er geht mit mir – und er ist bei mir, mitten im Leben. Er kommt mir entgegen, er hat mir seine Freundschaft verbindlich erklärt, er ist dabei. Das, was ich ihm gebe, kann er wandeln, verwandeln. Aber – ich muss es ihm geben, so wenig es auch sein mag, so viel Mangel auch da sein mag. Ich muss loslassen, damit er tätig werden kann. Und es mag sein, dass er gerade dort »tätig« wird, wo ich an die Grenzen meines Lebens stoße, an denen mir der Wein ausgeht, ich nicht mehr weiter weiß.

Das alles ist schon unsagbar viel – und ich bin dankbar dafür. Aber, ganz ehrlich gesagt, ein Nebensatz aus dem Evangelium hat mich fast am meisten überzeugt:

Jeder setzt zuerst den guten Wein vor, und erst, wenn die Gäste zu viel getrunken haben, den weniger guten. Du jedoch hast den guten Wein bis jetzt zurückgehalten. So tat Jesus sein erstes Zeichen (Johannes 2,10–11a).

Er speist die Hochzeitsgesellschaft nicht mit einem billigen Tafelwein ab, sondern er setzt ihnen einen Wein vor, der Qualität hat. Das spricht für Gott: Er weiß um Qualität. Er hat Geschmack. Er weiß, was gut ist.

Einem Gott, der keinen Geschmack hat, würde ich mich nicht anvertrauen wollen.

Und einem Gott, der nicht auch Geheimnis ist, eigentlich auch nicht ...

6.30 Uhr

der Wecker
gellt mich wach

zwischen Traum und Zeit
fühl ich mich dem Tag
    entgegen

schön war der Abend
kurz die Nacht

es schmeckt noch
nach

neuer Morgen
neuer Tag

und
plötzliches Erschrecken

Termine Menschen Jobs
entscheiden tun lassen sein

Leben in Überfülle
und irgendwie will ich nicht

schon wieder
immer noch

wieso eigentlich ich
und was soll das schon wieder

und ich
weiß keine Antwort

und ganz plötzlich
Glockengeläut

Erinnerung
Einladung

und
berg mich

schutzlos
hingegeben

in Kirchenraum
und Gebetszeit

in Ritual
und Liturgie

und rette mich
hinein

in die bergende Kraft
Eucharistie

Gebt ihr ihnen zu essen!
MARKUS 6,37

Die Situation kenn ich doch: Herr, schau, die Menschen sind hungrig und durstig, sie haben Sehnsucht und sind voller Fragen, sie sind verwirrt und durcheinander, ihnen ist kalt, und die Nacht bricht herein. Lass sie doch gehen, in die Stadt, in die Kirchen, in die Einkaufszentren, in die Reisebüros, damit sie kaufen können, was sie zum Leben brauchen.

Und er sagte: Gib du ihnen doch zum Essen, gib ihrer Sehnsucht einen Namen, finde mit ihnen Antworten, halte ihre Verwirrung und ihr Durcheinander aus!

Und ich sagte: Herr, ich habe viel zu wenig, um allen zu geben, was sie zum Leben brauchen, und ich bin doch selbst nur Sehnsucht und hab selbst so viele Fragen – und oft bin ich auch verwirrt und weiß nicht mehr weiter. Und er fragte: Was hast du? Geh und sieh nach! Und ich ging und sah nach. Und ich hatte zwei Antworten und fünf Ideen, einen Namen für die Sehnsucht und ein bisschen Hoffnung für die Verwirrung – und ich hatte Vertrauen trotz der hereinbrechenden Nacht. Als er sagte: Gib es mir!, zögerte ich einen Moment. Es war so wenig, was ich hatte, es würde ja doch nicht für alle reichen – und wenn ich das wenige hergebe, was habe ich dann selbst noch?

Aber – wenn ich meine zwei Antworten gebe, vielleicht bekommt ein anderer eine neue Idee, wenn ich meine Ideen sage, vielleicht kann jemand neu hoffen, wenn ich der Sehnsucht einen Namen gebe, vielleicht ahnt jemand wieder um sein Ziel. Wenn ich in die Verwirrung Hoffnung säe, vielleicht lächelt jemand dankbar. Und wenn ich der Nacht vertraue, vielleicht kann dann jemand neu glauben.

Durchkreuzt – verwandelt

Er sagte zu ihnen: Wie viele Brote habt ihr?
Geht hin und seht nach!
Sie sahen nach und berichteten:
Fünf Brote, und außerdem zwei Fische.

MARKUS 6,38

Fünf Brote, zwei Fische – was ist das für den Hunger, die Sehnsucht, die Fragen, die Verwirrung, die Nacht von so vielen?

Fünf Brote, zwei Fische – das wenige kann, im wahrsten Sinn des Wortes, unglaublich viel sein und werden, wenn ich es Ihm gebe, wenn ich es in Seinem Namen den Menschen gebe, wenn ich das, was ich den Menschen gebe, Ihm zur Verwandlung anvertraue.

Und vielleicht ist es sogar noch einfacher und selbstverständlicher: Gott ist die Liebe und liebt. Gott tut nichts anderes als lieben. Und ich bin, ich lebe mit dem, was ich habe, mit dem, was ich bin, weil Gott liebt, mich liebt. Das, was ich gebe, ist mir selbst geschenkt worden. Was ich habe, was ich kann, was ich bin, verdanke ich nicht meiner Leistung, sondern ist Gnade und Geschenk. Wer geliebt wird, wird liebend, und wer liebend ist, gibt sich her. Wer liebend ist, der hat keine Angst, zu kurz zu kommen, wenn er sich hergibt, der weiß sich in Gottes Liebe geborgen, von Ihm gehalten, von einer Liebe, die Ursprung allen Seins ist und die nicht aufhört zu lieben.

Wer Gott erkannt hat, weil er von Gott erkannt worden ist, der liebt, der gibt, der schenkt sich her mit allem, was er ist, hat und kann – und der fragt nicht, ob es viel oder wenig ist. Wem viel gegeben ist, der kann viel geben – wem wenig gegeben ist, der braucht das wenige nicht festzuhalten.

Zwei Antworten, fünf Ideen, einen Namen für die Sehnsucht, ein bisschen Hoffnung für die Verwirrung – und Vertrauen trotz der dunklen Nacht.

hier bin ich
Gott
du sprachst dein Wort
du hast mich gerufen
du hast mich bei meinem
Namen genannt
hier bin ich

Schritt für Schritt
auf dich zu gegangen
Vertrautes losgelassen
deiner Zusage vertraut
mich hingegeben
mich begeistern
entflammen lassen
hier bin ich
Herr
ich stehe
vor deinem Altar
und ich gebe mich
dir

ich lasse
und gebe mich
ich suche
und finde mich
ich sage »ja«
und
bin
Hingabe
ich werde
Brot und Wein
für dich
und die Menschen

ich geb mich dir

wandle du mich

Es geht darum, dieser Sehnsucht Gott in unserem Leben Raum, Zeit und einen Namen zu geben. Deshalb suchen wir Gott immer da, wo es um Leben und Tod geht, deshalb brauchen wir Gott mitten in unserem Alltag, deshalb brauchen wir Kirchen und Gottesdienste. Wohin sonst sollten wir auch gehen mit unserer Sehnsucht?

Immer dann und dort, wenn wir unsere Sehnsucht vor Gott bringen, mag es zwar keine direkten und konkreten Veränderungen geben – und doch gibt es Verwandlung. Beide Wörter hören sich ähnlich an – und doch liegen Welten dazwischen. Veränderungen wirken eher von außen nach innen, sind oft hart, manchmal sogar gewalttätig, wollen etwas mit Gewalt erzwingen. Wenn ich an mir etwas verändern will, dann liegt dem ein Bild zugrunde, dass etwas an mir, etwas in mir, nicht gut ist – und dass ich es deswegen verändern will und muss.

Verwandlung ist dagegen ein sanfter Prozess, der von innen nach außen wirkt. Ich kann nur verwandelt werden, ich kann mich nicht selbst verwandeln. Mein aktiver Teil bei der Verwandlung ist das »Zulassen« der Verwandlung – bei der Veränderung ist es das Machen. Verwandlung, das ist ein organischer Prozess, der etwas mit Wachsen zu tun hat.

Glaube will weniger unsere Veränderung als vielmehr unsere Verwandlung. Glaube will die Verwandlung unserer selbst, das Eigentliche in mir soll durchbrechen, soll wachsen. So, wie Gott mich geträumt hat, soll und darf ich werden. Dazu ist weniger mein Machen gefragt als vielmehr mein aktives Zulassen. Gott tut das Eigentliche an mir, wenn ich ihn in mein Leben hereinlasse. Ich kann und darf zu einer Idee Gottes werden.

Das ist das, was wir in der Eucharistie feiern – eben nicht unsere Veränderung, sondern unsere Wandlung, unsere Verwandlung. Wir bringen uns und unsere Sehnsucht vor Gott – und in dem Moment, wo wir uns ihm geben, kann er uns verwandeln, kann er von innen heraus in uns wirken. Und das ist die Einladung: Lasst uns ihm unsere Sehnsucht, unsere Trauer, unsere Hoffnung, unsere Angst, unsere Freude geben. Er wird sie verwandeln zu mehr Leben und zu mehr Lebendigkeit.

Das ist ein Geheimnis unseres Glaubens.

Der Auferstandene, der Garant für das neue Leben, trägt die Wundmale des Todes, ist vom Dunkel gezeichnet. Ja, mehr noch – die Wunden Christi werden gleichsam zum Erkennungszeichen für den Auferstandenen. Er zeigt seine Wunden, damit ihn die Jünger erkennen.

Der Gott, an den ich glaube, ist kein Gott, der sich davonstiehlt, keiner, der uns alleine im Dreck sitzen lässt – das ist einer, der sich aus Liebe zu uns selbst verwunden lässt. Der Gott, an den ich glaube, gibt sich selbst mitten in all unsere Menschlichkeit hinein, um mitten in meinem Dunkel, mitten in meiner Angst, mitten in meiner Einsamkeit zu sagen: Ich bin da, ich bin da, mit euch und für euch! Fürchte dich nicht!

Und weil der Auferstandene selbst diese Wundmale trägt, weil er damit das Dunkel, die Nacht, den Tod nicht leugnet – und zugleich Zeugnis davon ablegt, dass das Leben gewinnt, dass der Tod nur Übergang zu Auferstehung und neuer Sendung ist –, deshalb darf und kann auch ich meine Wunden und meine Verletzungen haben und von ihnen gezeichnet sein. Ich kann mich in die Dunkelheiten meines Lebens hineintrauen, weil ich weiß: Da geht Gott mit. Ich brauche mir nicht den Anschein des Heilseins zu geben, muss nicht gegen die Dunkelheit ankämpfen – meine Wunden, meine Verletzungen dürfen sein.

Durch seine Wunden sind wir geheilt – weil meine Wunden sein dürfen.

Mai

Lieben gegen den Tod

Gegenspieler

Tod ist Ende
Liebe Beginn
Kampf um das Leben

Anfang und Ende
Ende und Anfang
Rhythmus des Lebens

wer stirbt
setzt ein Ende
begräbt das Leben

wer liebt
beginnt immer wieder neu
Auferstehung

die Liebe
ist stärker
als der Tod

Vor einigen Tagen, als ich mit einer Bekannten bei einer Tasse Kaffee zusammensaß, fragte sie mich ziemlich direkt und aus heiterem Himmel: »Was ist für dich eigentlich ein ›guter Freund‹? Wodurch zeichnen sich die Freundschaften aus, die du als gute Freundschaften beschreiben würdest?« Ich musste einige Zeit überlegen, es ist gar nicht so leicht, das in Worte zu fassen ...

Ein guter Freund, das ist einer, der mir nahe ist, auch wenn ich ihn vielleicht lange Zeit nicht gesehen habe. Das ist einer, von dem ich weiß, dass er da ist, wenn ich ihn wirklich brauche. Das ist einer, dem ich mich zu den unmöglichsten Uhrzeiten mit den unmöglichsten Dingen zumuten kann – wenn es sein muss. Das ist einer, der mich versteht – auch wenn er nicht alles gut findet, was ich mache. Das ist einer, mit dem ich schweigen kann – und manchmal Pferde stehlen. Das ist einer, der mich tröstet, wenn ich mich selbst und das Leben nicht mehr verstehe, der mir aber auch seine Meinung sagt und mir den Kopf zurechtrückt, wenn es nötig ist. Das ist einer, der mir den Rücken freihält – und mir nicht in den Rücken fällt. Das ist einer, der mich beschenkt – und von dem ich mich beschenken lassen kann.

Gute Freunde in diesem Sinn, das werden immer nur einige wenige Menschen in meinem Leben sein – und ich bin sehr behutsam mit dem Wort »Freund«. Ich schenke es nicht leichtfertig her, genauso wie ich meine Freundschaft nicht leichtfertig herschenke. Zu kostbar ist mir dieses Geschenk ...

So oder so ähnlich habe ich in dem Gespräch eine Antwort probiert.

Lieben gegen den Tod

Mir gingen die Frage »Was ist für dich ein guter Freund?« und meine
tastenden Antwortversuche nicht mehr aus dem Kopf. Als ich mir in
der Vorbereitung auf Pfingsten, das Fest des Heiligen Geistes, die
»Heilig-Geist-Lieder« in unserem Gesangbuch noch mal anschaute,
dachte ich plötzlich: Eigentlich wird der Heilige Geist dort genauso
beschrieben, wie ich mir einen »guten Freund« vorstelle.

*Komm, Heiliger Geist, der Leben schafft, erfülle uns mit deiner Kraft! Tröster,
der die Herzen lenkt, Beistand, den der Vater schenkt, aus dir strömt Leben,
Licht und Glut, du gibst uns Schwachen Kraft und Mut, in der Unrast schenkst
du Ruh, hauchst in Hitze Kühlung zu.*

Der Heilige Geist als »guter Freund«, von Gott den Menschen an die
Seite gegeben? Warum eigentlich nicht? – Der Heilige Geist, das ist der,
der uns Menschen Mut macht, der uns durch seine Liebe, seine Zuwendung verwandelt, der das Gute und das Beste aus uns herauslockt.
Das ist der, dessen Nähe uns heil machen kann, der uns trösten kann.
Das ist aber auch etwas ganz Leises, Zartes, das geschützt werden will –
und das mich doch kraftvoll umspielt. Es ist die Kraft und die Liebe
Gottes, die mich umgibt – und in die ich mich hineinstellen darf.
   Der Heilige Geist – der gute Freund der Menschen. Der Freund, der
uns nahe ist, dem wir uns zumuten dürfen. Der Freund, der uns zärtlich
tröstet, wenn wir traurig sind – und der uns kraftvoll in den Wind stellt,
wenn wir aufgerüttelt werden müssen. Ein guter Freund halt – und
wahrscheinlich ist diese Beziehung genauso schwierig zu beschreiben,
wie eine gute Freundschaft zwischen Menschen.

Freund Gottes sein
Gottes Freund sein

das
zu Schützende
bergen

durch meine

Sorgfalt
Zartheit
Behutsamkeit

aber auch durch

meinen Zorn
meine Kraft
meine Entschiedenheit

und nicht zuletzt

durch
mein Gebet

Jede Freundschaft mit Menschen lässt mich etwas davon erahnen, wie Gott mir Freund sein will, mir Freund ist. Da ist einer, der mich meint, der sich mir zuwendet, der mich anschaut. Da ist einer, der mir nachgeht, der sich um mich sorgt, der mich im Blick hat. Da ist einer, auf den ich mich verlassen kann – bedingungslos. Da ist einer, der seine Liebe nicht an die Erfüllung von Erwartungen knüpft, einer, der mir den Rücken freihält, einer, der mein Leben mit mir teilt. Ja – so verstehe ich Freundschaft und so verstehe ich meinen Glauben an diesen Gott.

Und doch – es gibt auch dunkle Stunden in Freundschaften, dunkle Stunden in meiner Beziehung zu Gott: Dann, wenn ich den anderen nicht verstehe, mich vom anderen nicht verstanden fühle. Wenn mir der andere fremd wird, ich die Nähe nicht mehr spüre. Wenn einen manchmal der Alltag so fordert, dass keine Zeit mehr bleibt für das Gespräch miteinander. Wenn eine Bitte scheinbar ungehört im Nichts verhallt ... wenn ich mich frage: Wer bist du für mich? Wenn in mir die Angst wächst, den anderen zu verlieren ...

Freundschaft – das kann manchmal verdammt wehtun. Das kann gerade deshalb so wehtun, weil man sein Herz dem anderen gegenüber geöffnet hat, weil man sich verletzbar und verwundbar gemacht hat. Das kann gerade deshalb so wehtun, weil man den anderen mag. Und das ist mit Gott nicht anders als mit den Menschen ...

Jede echte Freundschaft ist auch eine Zumutung. Und auch das gilt für Gott und die Menschen.

Wem Gott seine Freundschaft anbietet, dem wird auch etwas zugemutet. »Ich nenne euch nicht mehr Knechte, vielmehr habe ich euch Freunde genannt!«, so heißt es in den Abschiedsreden Jesu im Johannesevangelium.

Das ist die Botschaft Gottes Mose gegenüber, dem er zumutet, sein Volk aus der Sklaverei in Ägypten in die Freiheit des Gelobten Landes zu führen – vierzig Jahre durch Wüste, Zweifel, Fragen, Anschuldigungen, Untreue hindurch. Da mutet sich Gott seinen Propheten zu – und lässt sie scheinbar Unmögliches verkünden. Und da mutet sich der Auferstandene seinen Jüngern zu: »Werft das Netz noch einmal aus!« Da mutet sich ein Gott den Menschen zu.

Wir können es uns aussuchen, wie wir mit diesen Zumutungen umgehen – ob wir Knecht oder Freund sein wollen. Der Knecht arbeitet gegen Lohn für den Herrn, mit Freunden feiert man Feste! Der Knecht erfüllt seine Pflicht, der Freund gibt sich hin. Der Knecht führt Befehle aus, der Freund sucht das Gespräch und ist notfalls auch zur Auseinandersetzung bereit. Der Knecht ist eine Tatsache, der Freund eine Zumutung, eine Zumutung, die über die Tatsachen hinausgeht. Eine Zumutung, die Visionen im Blick hat, sich nicht mit dem Gegebenen zufrieden gibt, die mehr will und mehr fordert – manchmal über das Menschenmögliche hinaus. Eine Zumutung, in der aber zugleich die Verheißung liegt: »Ich bin da!« Ich gehe mit euch, ich bin bei euch, alle Tage bis ans Ende der Welt!

Lieben gegen den Tod

ein Freund
das ist einer
der mit mir geht
und der mich einlädt
mit ihm
zu gehen

das ist einer
der um mich weiß
und der mich kennt
und der das nicht ausnützt

das ist einer
der mich mag
und der mich deshalb
schön findet

das ist einer
der keine falsche Rücksicht
nimmt
und sich doch
verantwortlich weiß

das ist einer
der sich gibt
und nicht fragt
ob es sich lohnt

das ist einer
der nehmen kann
ohne zahlen
zu müssen

das ist einer
der da ist
und nicht fragt
warum und wozu

das ist einer
der Freundschaft
als Geschenk Gottes
versteht

**Freundschafts
erklärung**

dir
braucht man
Freundschaft
nicht
zu erklären

mit dir
kann man
sie
ganz einfach
leben

auch
wenn es
manchmal
nicht so

ganz einfach

ist

Lieben gegen den Tod

Ich nehme das Herz von Stein aus eurer Brust
und gebe euch ein Herz von Fleisch.

EZECHIEL 36, 26b

Ein Herz aus Stein, das kann nichts fühlen, nichts empfinden. Das leidet zwar nicht – aber es kann auch nicht mehr lieben. Es kann nichts mehr geben, weil alles in ihm hart geworden ist. Da fließt nichts mehr, da wächst nichts mehr, da bewegt sich nichts mehr.

Das Herz aus Fleisch ist das Herz, das lieben kann, das empfindsam ist, das sich öffnet. Und das genau deswegen auch leiden kann – und leiden wird.

Lieben und leiden gehört zusammen – und eine der schönsten und zärtlichsten Liebeserklärungen in der deutschen Sprache ist: »Ich kann dich leiden!« Ich mag dich so sehr, dass ich bereit bin, das Leiden, das daraus entsteht, auch das Leiden an dir, in Kauf zu nehmen und auszuhalten.

Lieben ohne Leiden – das geht nicht. Und jeder, der wirklich liebt, wird genau daran auch leiden.

Wenn ich berührbar werde für das Leben und die Liebe, dann werde ich auch berührbar für den Tod und das Leiden, den Schmerz und das Dunkel.

Wenn ich mich jemandem gebe, dann kann ich mir nicht nur die Rosinen aus dem Sonntagskuchen herauspicken.

Liebe ist das Geheimnis,
das die Geborgenheit unsicher macht.

MARGIE

Unberechenbar

Liebende
treibt es um

voll Sehnen
suchen sie
das Unbenennbare

das Andere
in dem sie
sich finden

glauben dem Unmöglichen
geben sich her
öffnen ihr Herz

werden wach
vor Schmerz

Ich suchte ihn, ich fand ihn nicht.

Ich träum wolkenlos
bin vogelfrei
verletzbar wund
und du schweigst

die Rose schenk ich dir
Lust und Verlangen
ich zeig mich dir
und du nimmst mich nicht

und ich werde
hoffend wartend
schweige in mich hinein
und du findest das Wort nicht

und bin Rose und Träne
Ewigkeit und Augenblick
Sehnsucht und Verlangen
und du verweigerst dich

manchmal
Leere
abgrundtief

und doch
komm ich nicht los
von dir

Lieben gegen den Tod

Wer liebt, der leidet auch. Der leidet am Leid des anderen, der leidet an seiner eigenen Ohnmacht, dem anderen nicht helfen zu können, der mag daran leiden, dass seine Liebe einen anderen nicht erreicht, der leidet an sich selbst, weil er selbst so oft diesen Anspruch des Liebens verfehlt – oder die Liebe doch wieder mit einem »um zu« verknüpft hat. Jesus weiß, wovon er spricht, wenn er seinen Jüngern dieses Gebot gibt: »Liebet einander.« Kurz vorher hat er seinen Jüngern im Dienst der Liebe die Füße gewaschen, er ist im Innersten aufgewühlt, als er Judas als den entlarvt, der ihn verraten wird – und er weiß, dass er aus Liebe zu uns Menschen den Tod am Kreuz wird auf sich nehmen müssen. Die Liebe kennt die Hingabe und das Leiden.

Trotzdem – die Liebe nimmt sich nicht zurück aus Angst vor dem Leiden, sie riskiert sich, gibt sich. »Es ist, was es ist, sagt die Liebe« (Erich Fried). Die Liebe liebt – und nimmt das Leiden, das mit dieser Berührbarkeit verbunden ist, auf sich.

Liebe gibt – und wer liebt, gibt sich.

Entweder ganz oder gar nicht ...

Lieben gegen den Tod

Ich beschwöre euch, Jerusalems Töchter:
Wenn ihr meinen Geliebten findet,
sagt ihm, ich bin krank vor Liebe.
HOHESLIED 5,8

Wer einmal geliebt hat
der ist gezeichnet
verletzt sein Leben lang

wer einmal geliebt hat
wird immer sehnsüchtig bleiben
und suchen sein Leben lang

wer einmal geliebt hat
weiß wovon er spricht
und wovon er schweigt

wer einmal geliebt hat
der ist zu allem bereit
und hat das Abenteuer gelernt

wer einmal geliebt hat
der ist behutsam geworden
und verletzlich

wer einmal geliebt hat
der gibt alles hin
weil er alles bekommt

wer einmal geliebt hat
ist sehnsüchtig
nach dem Leben

Lieben gegen den Tod

Eine Zeit zu lieben

Liebe fragt nicht
ob gelegen
oder ungelegen
es ist Zeit

sie fragt nicht
nach Hoffnung
und Zukunft
es ist Zeit

sie fragt nicht
nach der Meinung
der anderen
es ist Zeit

sie kommt
mit Rosen
und Tränen
es ist Zeit

sie kommt
und du kannst dich
nicht wehren
es ist Zeit

es ist Zeit
dich der Liebe zu geben
Leben zu spüren
Liebe zu leben

Lieben gegen den Tod

Ein Lied der Liebe

ungewisses Sehnen
ein Hoffen
und Ahnen

suchen
sich öffnen
und riskieren

ganz plötzlich
ein Blitz
ein Schrei

erfasst sein
entflammt sein
und lichterloh brennen

ein letzter lichter Moment des Denkens
warum gerade ich und
wieso gerade jetzt

um dann nur noch zu sein
entflammt entbrannt
verwirrt und vollkommen durcheinander

und ganz leis
erklingt
dein Lied

in mir

Lieben gegen den Tod

Schön bist du, mein Geliebter, verlockend.
Frisches Grün ist unser Lager,
Zedern sind die Balken unseres Hauses,
Zypressen die Wände.
HOHESLIED 1,16–17

sanftes Hauchen
leises Raunen
zartes Schmeicheln
lindes Streicheln

unwiderstehlich
verzaubernd
anmutig
verführend

knospende Blüte am Zweig
lockender Ruf eines Vogels
schmale Sichel des Mondes
raunendes Flüstern des Windes

mich
ganz zart
berühren lassen
von dir

Lieben gegen den Tod

Liebe in ihrem eigentlichen Sinn ist absichtslos und zweckfrei. Sie will nicht die Stillung der eigenen Bedürfnisse, sondern will das Wohlergehen des anderen. Liebe will zum Leben und zur Lebendigkeit anstiften und den anderen zu seinem wahren Menschsein befreien – und ihn nicht zu dem umbiegen, wie ich ihn gerne hätte. Liebe hofft und vertraut, lässt los und birgt, schenkt her und lässt sich beschenken. Eine solche Liebe ist absichtslos, sie liebt nicht, um etwas zurückzubekommen, um selbst besser dazustehen, um etwas zu erreichen. Sie verführt und manipuliert nicht, sie gebraucht und verzweckt den anderen nicht. Sie macht frei und fesselt nicht.

Bei der Liebe gilt das marktwirtschaftliche Gesetz nicht: Geb ich dir, dann gibst du mir. Ich gebe, weil ich geben will – und nicht, weil ich etwas zurückbekommen möchte. Dort, wo Liebe an Forderungen und Erwartungen geknüpft wird, ist es keine Liebe und muss unter dem Namen auch scheitern.

Liebe ist kein Machen und Tun, sondern ist eine Haltung, eine Einstellung. »Liebe« ist eigentlich ein »liebend-sein«, das das Beste für den anderen will. Und eine solche Liebe erfüllt sich in der Hingabe und nicht dadurch, dass ich auf meine Kosten komme.

Liebt einander – das heißt berührbar werden für den anderen und den anderen berühren auf die Gefahr hin, dass ich verletzt werden kann. Das heißt, meine Mauern einzureißen – und die Mauern der anderen wegzulieben. Das ist Hingabe, ohne eine Gegenleistung zu erwarten.

Diejenige, die uns das vorgelebt hat, was »lieben« heißt, ist Maria. Und so mag es auch nicht von ungefähr kommen, dass der Monat Mai, der »Monat der Liebenden«, zugleich der »Marienmonat« ist.

Maria hat im Laufe der Geschichte viele Beinamen bekommen: Mutter Gottes, Pforte des Himmels, Hilfe der Christen, Königin aller Heiligen, Kelch der Hingabe, Morgenstern, Mutter der Barmherzigkeit, geheimnisvolle Rose, Heil der Kranken, Zuflucht der Sünder, Trost der Betrübten ...

In diesen Namen, die wir Menschen Maria verliehen haben, spiegelt sich auch immer etwas von unserer Situation, von unseren Hoffnungen, von unseren Träumen wider – möge Maria unsere Hilfe, unsere Zuflucht, unser Trost sein.

Manchmal tut es gut, sich an Maria zu wenden, an Maria, die Mensch und Frau und Mutter war – manchmal ist es ein bisschen leichter, sich an sie zu wenden als an den großen und allmächtigen Gott, der sich unserem Verstehen und Begreifen entzieht: Warum lässt Gott all das Leid zu? Warum gerade ich?

Auch Maria wird oft genug diesen Gott nicht verstanden haben, oft genug hat sie ihren eigenen Sohn nicht verstanden, stand wohl fassungslos vor dem, was ihr da geschieht. »Wie soll das geschehen?« – »Musstest du uns das antun?« – »Meine Stunde ist noch nicht gekommen!« – »Wer sind meine Brüder und Schwestern?« – und schließlich die Stunde, als Jesus am Kreuz stirbt, brutal hingerichtet – da mag sie auch Gott und die Welt nicht mehr verstanden haben. Aber – sie bleibt dabei ...

Lieben gegen den Tod

Maria: die so vieles nicht versteht, die ihre Fragen gehabt hat, vielleicht auch ihre Zweifel, die so vieles erlebt hat, was sich ihrem Begreifen entzieht – genau hier spiegelt Maria wiederum genau unsere Situation wider.

Ja, oft genug verstehe ich Gott nicht, ich begreife ihn nicht, ich erlebe ihn als dunkel und geheimnisvoll und fern.

Gott entzieht sich unserem Begreifen – und muss sich unserem Begreifen entziehen, wenn er denn wirklich Gott ist. Was wäre das für ein Gott, den ich verstehen und begreifen könnte? Ein Gott, den ich verstehe, den ich begreife, der müsste in mein Denken hineinpassen – und so ein Gott wäre kleiner als ich. Und was wäre das für ein Gott, der kleiner ist als ich? Gerade die Tatsache, dass Gott mein Denken übersteigt, dass er für mich nicht fassbar ist, ist ein sicherer Beweis dafür, dass er Gott ist. Als Gott anerkennen kann ich den, der größer ist als ich. Seine Unbegreiflichkeit ist ein Wesensmerkmal Gottes.

Und gilt das nicht auch für die Liebe zu einem Menschen? Dass er, sie sich oft genug meinem Verstehen entzieht? Dass ich ihn, sie nicht begreife? Dass da ein Geheimnis ist, dass ich nicht auflösen kann und darf? Dass es da etwas ganz Eigenes, ja Intimes gibt, in das auch ich nicht gewaltsam vordringen darf? Ja – dass es vielleicht sogar angesagt ist, das Anders-Sein des Anderen zu schützen? Die Momente der Fremdheit auszuhalten?

Maria versteht Gott, versteht ihren eigenen Sohn oft genug nicht – und geht doch diesen Weg. Sie glaubt Gott, und sie glaubt an Gott. Sie vertraut ihrem Sohn – auch wenn sich das Erleben ihrem Begreifen entzieht. Sie gibt sich hin, stellt sich in den Dienst, auch wenn sie nur ahnen mag und eben nicht weiß. Sie ist bereit – auch wenn nicht alle Fragen beantwortet sind und beantwortet werden können. Sie sagt »Ja« und stellt sich zur Verfügung – allen Fragen und Zweifeln zum Trotz. Sie wartet nicht ab, bis sie alles verstanden hat, um sich in Dienst nehmen zu lassen, sie will nicht erst alles erklärt haben – sie sagt ihr »Ja«.

Sie glaubt – auch wenn sie vieles nicht weiß, nicht versteht. Aber sie scheint um die Grenze des »Erklärbaren« zu wissen, sie scheint darum zu wissen, dass es eine Grenze gibt, über die hinaus man sich dem Unbegreiflichen geben muss, ganz einfach deshalb, weil es größer ist als wir. Und weil sich dieses Unbegreifbare gerade deshalb allen Fragen entzieht, die es in unseren menschlichen Denkhorizont hineinholen wollen.

Maria – das ist nicht nur die erhabene Gottesmutter und die Himmelskönigin – das ist auch die Frau und die Mutter und das Mädchen, das nicht versteht, was Gott da mit ihr macht und was er mit ihr vorhat – und die trotz allem Fragen glaubt und sich hingibt.

Das ist die Frau, die liebt ...

Maria, die Nicht-Verstehende, wird für mich zur Schwester, zu derjenigen, von der ich lernen kann, was »lieben« heißt – Gott und die Menschen.

Man muss nicht unbedingt immer alles erst verstehen, um »Ja« zu sagen. Man kann und darf dem Geheimnis auch Raum geben. Wenn ich mich erst dann geben würde, wenn ich alles verstanden hätte, dann würde ich mich wohl nie hingeben. Lieben heißt auch: nicht zu warten, bis ich weiß – sondern meint manchmal auch ein Handeln auf ein Ahnen, auf eine Stimme des Herzens hin. Und »lieben« und »glauben« haben eine ganze Menge miteinander zu tun ...

Wie will ich jemanden lieben, dem ich nicht glaube? Und braucht Glaube nicht immer auch Liebe, Hingabe, Vertrauen?

Glauben heißt manchmal: Nichts zu verstehen und sich doch hinzugeben. Und manchmal heißt Glauben, etwas von der Größe des Lebens zu erahnen und sich mit hineinnehmen zu lassen – ohne dass man erklären könnte, was einem da grad geschieht. Und dann ist es wieder ein Fragen – und ein Verstummen ...

Und manchmal heißt Glauben ganz einfach »Ja« sagen ...

Das ist »Lieben« ...

Danach verließ sie der Engel.

LUKAS 1,38b

**Von allen guten
Geistern verlassen**

Und jetzt?
Fragen über Fragen
Josef
die Nachbarn

und stimmt das
alles überhaupt
und wenn
was dann

unglaublich genug
und da sitzt man nun
zwischen Zweifel und
Hoffnung
mit all dem Durcheinander

von allen guten
Geistern verlassen
und soll das erklären
was man selbst überhaupt
nicht versteht

überschattet
von der Kraft des Höchsten
bleibt manches
im Dunkeln

und wächst
verborgen
zum Lobgesang
und Jubel

von ihm
berührt
kommt manches
in Bewegung

Lieben gegen den Tod

Liebe ist Hingabe

Manchmal aber benutzen Menschen eine angebliche »Liebe« dazu, nicht etwas zu geben, sondern um vom anderen etwas zu bekommen. Ich umarme jemanden, weil ich in den Arm genommen werden möchte – und nicht weil es vielleicht dem anderen gut tut. Ich schenke jemandem etwas, weil ich insgeheim möchte, dass er mir dafür dankbar ist, dass er sich verpflichtet fühlt. Ich bete zu Gott, damit er meine Bitten erfüllt. Wenn ich mein Gebetspensum verrichte, dann muss Gott mich doch erhören, wenn ich dir einen Blumenstrauß mitbringe, dann ist alles vergeben und vergessen, wenn ich schon so viel Geld für dich ausgebe, dann kann ich doch wenigstens erwarten ...

Eine solche »Liebe« muss scheitern. Jedes Lieben in der Erwartung, etwas zu bekommen, sei es bewusst oder unbewusst, nimmt der Liebe ihre Keuschheit. Eine solche Liebe verführt, manipuliert, lullt ein, gebraucht und verzweckt den anderen. Es ist die sicher am meisten verbreitete falsche Version von Liebe – lieben, weil ich eigentlich etwas für mich will: Geb ich dir, gibst du mir. Aber dieses Gesetz gilt bei der Liebe nicht. Ich gebe, weil ich dir geben will – weil es mich drängt, liebend zu sein – ohne darauf zu schauen, was zurückkommt, was ich bekomme, ohne aus meiner Liebe irgendwelche Erwartungen oder Ansprüche abzuleiten. Ein wesentliches Merkmal der Liebe ist, dass sie befreiend ist und nicht einengend oder fordernd.

Liebe hat immer etwas mit Lust am Leben zu tun. Wer vorgibt zu lieben und am Leben keine Freude hat, der liebt nicht. Der mag vielleicht die Sicherheit in der Abhängigkeit suchen, die Geborgenheit in der Nähe – aber er liebt nicht. Liebe ist immer umfassend und nicht ausgrenzend. Man könnte fast sagen, dass es eine Grundhaltung ist, liebend zu sein. Und das gilt dann genauso für das Empfinden der Schönheit eines Sonnenunterganges wie für das Streicheln über das seidige Fell eines Pferdes, für das sanfte Liebkosen eines jungen Blattes am Efeu wie für das ehrfürchtige Staunen vor dem großen Kastanienbaum, für den Blick in das Gesicht des geliebten Menschen wie für die zupackende Hand der Krankenschwester beim Verbandswechsel. »Ich hab ein zärtliches Gefühl« (Hermann van Veen). Liebe ist Lust am Leben, ist Lust an der Schöpfung, ist Lust am eigenen Menschsein, ist Lust daran, im anderen sein Menschsein zu erleben und zu spüren.

Das ist »Leben in Fülle« (Johannes 10,10), das Jesus Christus selbst uns zugesagt hat. Und dazu sind wir eingeladen.

ins leben verliebt

ich bin verliebt in das irrsinnige Gefühl
das Leben zu spüren mich hinzugeben

mich hineinzugeben
mich nicht außen vor zu lassen

hier und jetzt
lebendig zu sein

Enttäuschungen und Sehnsucht
Trauer und Angst

Hoffnung und Freude
Schmerz und Lust

und Verletzung und Wut
und Kraft und Grenze

Leben und
Tod

aber mich
in all dem spüren

und sein
und werden

**lieben
gegen den tod**

von uns
gegangen

schmerzhaft
erlebt

erschrocken
innehalten

fragen entlarven
die antwort

das ende
zwingt zur suche

aus tod
wächst leben

geschenk derer
die gehen

uns
an das leben

zu
erinnern

Er sandte sie aus, jeweils zwei zusammen.

MARKUS 6,7

Irgendwann blieb ich mal an dieser Schriftstelle hängen. Und ich hab mich schon ein bisschen gewundert. Das ist doch seltsam – und irgendwie auch Verschwendung: Hätte Jesus die Jünger einzeln ausgesandt, hätten sie an zwölf Orte gehen können, so aber nur an sechs Orte. Und in der Lage, alleine zu gehen, wären sie sicher auch gewesen – immerhin: von Jesus selbst mit Vollmacht ausgestattet! Es wird berichtet, dass sie Menschen heilen und Dämonen austreiben. Hätten sie ihren Auftrag nicht viel effektiver alleine erfüllen können?

Ein solches Denken aber liegt Jesus mehr als fern. Er denkt nicht in den herkömmlichen Kategorien von Aufwand und Erfolg, es geht ihm nicht um die Menge, um die Leistung, um die Quantität. Er heilt nicht, damit ihm die Menschen anschließend nachfolgen, er führt keine Statistiken, er rechnet nicht auf – es geht ihm einfach um die Menschen und um das Leben.

Es geht ihm um die Menschen – und ich glaube, genau das ist der Schlüssel, warum Jesus seine Jünger zu zweit losschickt – allen Gesetzen der Rationalität und der Effektivität zum Trotz. Es geht ihm um die Menschen, zu denen er die Jünger hinschickt – aber es geht ihm auch um diejenigen, die er sendet. Er benutzt sie nicht einfach in seinem Interesse, er will, dass es auch ihnen gut geht. Deshalb sendet er die Jünger zu zweit aus ...

Zu zweit sein – Freundschaft, Partnerschaft, Ehe –, es gibt die verschiedensten Formen. Aber: nicht alleine sein. Und der Gott, an den ich glaube, ein Gott, der die Menschen liebt, weiß ganz genau: Es ist nicht gut, dass der Mensch allein sei.

Christ sein – ich glaube, das geht alleine gar nicht. Es braucht die anderen, die mit mir auf dem Weg sind, die mit mir ausgerichtet sind auf Gott. Es braucht die anderen, damit ich die Radikalität dieses Gottes aushalten kann, es braucht die anderen, damit ich mich senden lassen kann, mich in seinen Dienst stellen kann.

Es braucht die Freunde, die mir den Mut geben, die Nähe schenken, damit ich mich selbstlos und vorbehaltlos in den Dienst der Menschen stellen kann – und meinen Dienst nicht dazu missbrauche, Menschen deshalb zu helfen, um geliebt zu werden.

Es braucht die Freunde, damit ich selbst ein bisschen besser Mensch sein kann. Ich glaube, genau deshalb sendet Jesus die Jünger zu zweit aus – damit sie nicht verloren gehen angesichts der Größe ihrer Aufgabe, damit sie Mensch bleiben können trotz der Zumutung, in den Dienst genommen zu sein, damit sie selbst ein bisschen besser Mensch sein können – und den Menschen Mensch sein können.

Wer solche Freunde hat, kann sich auf den Weg machen – und wer sich auf den Weg macht, der bekommt solche Freunde zur Seite gestellt.

Entscheidend aber ist: Ich brauche nicht alleine zu gehen.

Lieben gegen den Tod

du

bist das Ziel
der Weg
die Kraft

dir

bin ich
geb ich mich
lass ich mich

und plötzlich

überfällt mich
das Leben
no chance
mitten drin
von überall her

kopfunter
lustüber

mich geben
ins Sein

und

leben
in
Fülle

Lieben gegen den Tod

Geborgenheit

du

der mich
gehen lässt

Sag uns Gutes zu

Segne du uns   segne du uns
Gott   Mutter
damit wir   damit wir
Mensch sein   uns in deinen Schutz
und werden können   stellen können

segne du uns   segne du uns
Herr   Freund
damit wir   damit wir
frei werden von all dem   uns riskieren können
was uns beherrscht   und vertrauen lernen

segne du uns   segne du uns
Vater   Geliebter
damit wir   damit wir
uns von dir   sehnsüchtig bleiben
herausfordern lassen   und die Liebe leben

Juni

In deine Hände geben

Überschrift einer kleinen Zeitungsnotiz: »Glaube heilt gebrochene Knochen«. In dem Artikel wurde von einer Untersuchung berichtet, bei der 200 Hüftgelenksoperierte daraufhin beobachtet wurden, ob ihr Glaube Auswirkungen auf ihre Gesundung habe. Und erstaunlicherweise konnte festgestellt werden: Die Menschen, die an Gott glauben, hatten eine 1,5 Tage kürzere Verweildauer im Krankenhaus als diejenigen, die nicht an Gott glauben.

Noch spannender fand ich das Ergebnis einer anderen Untersuchung: Wer regelmäßig am Gottesdienst teilnimmt, kann statistisch gesehen mit einer höheren Lebenserwartung rechnen. Das hat eine Studie aus den Vereinigten Staaten erwiesen. Regelmäßig, das bedeutet natürlich nicht nur einmal im Jahr, vielleicht an Weihnachten – obwohl auch das bei manchen ja durchaus eine gewisse Regelmäßigkeit sein kann. Regelmäßig heißt: Es ist die Regel, dass man am Gottesdienst teilnimmt, also jeden Sonntag und vielleicht auch noch ab und an unter der Woche. Wer dies tut, so die amerikanische Studie, wird durchschnittlich 82 Jahre alt – wem dagegen der Gottesdienst gleichgültig ist und nicht hingeht, kann nur mit einer durchschnittlichen Lebenserwartung von 75 Jahren rechnen. Sieben Jahre länger leben für eine Stunde am Sonntag? Gar nicht so schlecht ...

Ich weiß nicht, wie ernst diese amerikanische Studie zu nehmen ist – und es ist natürlich schon auch die Frage zu stellen, ob längeres Leben immer unbedingt mit Lebensqualität gekoppelt ist. Trotzdem: Ich glaube, an der Grundaussage ist was dran! Ich glaube daran, dass eine lebendige Beziehung zu Gott, die auch ihre gestaltete Form hat, also praktiziert wird, uns Menschen wirklich heil machen kann.

Der Glaube an Gott »erspart« uns Krankheit und Tod nicht, und er radiert nicht alles Unheile aus unserem Leben einfach weg – aber wer glaubt, der kann anders mit solchen Situationen umgehen. Gott will uns heilen – und er will unser Heil.

In deine Hände geben

Da brachte man einen Taubstummen zu Jesus und bat ihn, er möge ihn berühren (Markus 7,32) – Da ist ein kranker Mensch. Wir wissen nicht viel von ihm, nur dass er taub und stumm ist. Es waren wohl Freunde, die ihn zu Jesus brachten, die für ihn handelten, denn er selbst hatte ja nichts von Jesus hören können. Er konnte seine Wünsche nicht in Sprache bringen. Sie bringen ihn zu Jesus, weil sie sich etwas von ihm erhoffen, vielleicht auch, weil sie an seine Kraft glauben.

Er nahm ihn beiseite, von der Menge weg ... (Markus 7,33a) – Jesus wendet sich dem Kranken zu, direkt und sofort, nicht im Vorübergehen, nicht »mit links«. Er fühlt sich anscheinend nicht belästigt oder gestört – nein, er ist mit seiner ganzen Kraft da. Und er nimmt ihn beiseite – das, was zwischen ihm und dem Menschen geschieht, ist selten für die Öffentlichkeit bestimmt und braucht nicht an die große Glocke gehängt zu werden.

...legte ihm die Finger in die Ohren und berührte dann die Zunge des Mannes mit Speichel ... (Markus 7,33b) – Jesus berührt den Kranken, er wird im wahrsten Sinne des Wortes handgreiflich. Er legt den Finger dorthin, wo etwas bei diesem Menschen unheil, gestört ist, wo etwas krank ist, etwas blockiert ist. Und er wahrt dabei keinen hygienischen Sicherheitsabstand, er zieht sich nicht erst Plastikhandschuhe an, er bleibt nicht auf vornehmer Distanz. Er geht ganz nah heran – und der Kranke, und das ist sein Anteil, lässt ihn ganz nah herankommen, ja, er lässt sich berühren.

...und sagte zu dem Taubstummen: Effata!, das heißt: Öffne dich! Sogleich öffneten sich seine Ohren, seine Zunge wurde von ihrer Fessel befreit, und er konnte richtig reden (Markus 7,34b) – So paradox es sich anhören mag: Er spricht zu dem, der eigentlich gar nicht hören kann. Und doch kommt es bei ihm an und es geschieht etwas, da heilt etwas, da wird etwas geheilt. Er spricht eine Sprache, die das Herz aufschließt.

In deine Hände geben

Jesus mag ja damals den Taubstummen geheilt haben – aber hier und jetzt und überhaupt? Ich bin nicht taub und nicht stumm. Wirklich? Bin ich manchmal nicht auch taub für den Ruf Gottes, die Not eines Menschen, ja manchmal sogar für meine eigene, innere Stimme? Bin ich manchmal nicht auch stumm, unfähig, etwas, was mich beschäftigt, bedrückt in Worte zu fassen, in Sprache zu bringen? Ist nicht in mir auch etwas, das nicht heil ist, wo etwas blockiert ist, mich am Leben hindert?

Wie war das? Zu ihm hingehen, an seine Kraft glauben, sich berühren lassen an einem Ort, abseits von der Menschenmenge, abseits vom Alltagsbetrieb? Sich verwandeln, sich öffnen lassen? Und was ist diese Stunde Gottesdienst am Sonntag anderes als das? Zugegeben – es wird nicht immer und nicht jeden Sonntag so sein – mag sein, dass etwas, was den einen berührt, am anderen vollkommen vorbei geht – mag sein, dass es nur darum gehen mag, mit dieser Stunde am Sonntag zumindest einen Raum und eine Zeit zu schaffen, in der es immerhin möglich sein kann ... aber es ist zumindest diese Chance wert ...

Der Glaube an Gott ist deshalb heilsam, weil es mit Gott ein »Du« in meinem Leben gibt, dem ich all das geben darf, was mich belastet, was mich beschäftigt und bewegt. Ich darf es ihm bringen, damit er es annimmt, damit er es verwandelt.

Wir dürfen unser Leben in seine Hände legen.

In deine Hände geben

Die aber, die dem Herrn vertrauen,
laufen und werden nicht müde,
sie gehen und werden nicht matt.
JESAJA 40,31

Seltsam

ich nehme mir Zeit
und Kraft fürs Gebet

und habe mehr Kraft
und Zeit

ich richte mein Tun
auf dich hin aus

und mein Handeln
verändert sich

du dringst ein und nichts
ist mehr so wie es war

Wichtiges wird unwichtig
Unwichtiges wichtig

du stellst mein Leben
auf den Kopf

und ich
lasse mich

ich gebe mich
dir

In deine Hände geben

Einer von ihnen aber kehrte um,
als er sah, dass er geheilt war;
und er lobte Gott mit lauter Stimme.

LUKAS 17,15

Wer gesund ist, ist noch lange nicht heil

Eigentlich ist es ja schon eine seltsame Geschichte, die da im Lukasevangelium erzählt wird: Auf seinem Weg begegnet Jesus zehn Aussätzigen, die ihn um sein Erbarmen anrufen. Jesus schickt sie zu den Priestern und deutet damit Heilung an: Nach dem Gesetz mussten sich vom Aussatz Geheilte dem Priester zeigen, der dann sozusagen offiziell diese Heilung bestätigt und sie damit wieder in die soziale Gemeinschaft aufnimmt.

Und auf dem Weg dorthin geschieht es tatsächlich: Die zehn Aussätzigen werden rein. Jetzt aber wird es spannend: Neun von ihnen setzen ihren Weg fort, gemäß der Weisung Jesu und dem Gesetz folgend, einer aber kehrt um, lobt Gott und dankt Jesus. Und Jesus fragt ihn: Wo sind denn die anderen neun?

Komische Frage: Jesus selbst hat sie doch zu den Priestern geschickt!

Ein Auftrag, der jetzt umso mehr Gewicht bekommt, da er von dem kommt, der sie geheilt hat. Und der darüber hinaus natürlich auch ihren eigenen Interessen entspricht, nämlich als geheilt erklärt zu werden. Aber – Jesus fragt: Wo sind die anderen neun?

Ja – was denn jetzt? Soll ich nun seiner Weisung folgen oder nicht? Und es mag sich Ratlosigkeit einstellen, wenn man dieser Spannung ein wenig nachspürt.

Was hätte ich denn getan?

In deine Hände geben

Wie würde ich damit umgehen, dass es zwar eine Weisung gibt, aber die Situation, in die hinein diese Weisung gesprochen worden ist, sich inzwischen geändert hat, wie in der Geschichte von den zehn Aussätzigen?

Eine erste Antwort habe ich in einer kleinen Geschichte von Anthony de Mello gefunden. Er schreibt: »Es gab Regeln im Kloster, aber der Meister rief immer zur Vorsicht gegenüber der Tyrannei des Gesetzes auf. ›Gehorsam hält die Regeln ein‹, pflegte er zu sagen, ›Liebe weiß, wann sie zu brechen sind.‹«

Die neun waren dem Gesetz gehorsam, da gibt es überhaupt nichts dagegen zu sagen – und verpassen dabei vor lauter Gesetzesgehorsam, dass jetzt eigentlich anderes angesagt wäre. Nur einer lässt sich von seinem Herzen leiten und traut sich, in dieser Situation Gesetz und Weisung außer Acht zu lassen.

Ein zweiter Antwortversuch: Die Erzählung aus dem Evangelium weiß etwas von dem Unterschied zwischen »gesund« und »heil« sein. Und es mag auch kein Zufall sein, dass diese Geschichte lediglich im Lukasevangelium erzählt wird, von dem Evangelisten, der selbst Arzt gewesen sein soll.

»Gesund« zu sein, das ist eine körperliche, eine leibliche Dimension – »heil« zu sein, das ist eine seelische Dimension. Man kann »gesund« sein, ohne »heil« zu sein – und man kann »krank« sein und trotzdem »heil«.

Es gibt einen Unterschied zwischen »heil« und »gesund«. Wir kennen das Wort »heil« gut von der vertrauensvollen Kinderfrage her: »Kannst du das wieder heil machen?« – und irgendein kaputtes Spielzeug wird einem bittend entgegengestreckt. Es geht nicht darum, die Puppe oder das Spielzeugauto wieder »gesund« zu machen, sondern eben wieder »ganz« zu machen, »heil« zu machen. Heil zu sein, das hat etwas mit »ganz« sein zu tun, unversehrt zu sein. Und der *Heiland*, das ist einer, der heil macht, ganz macht, die Unversehrtheit wieder herstellt, der errettet und erlöst.

Die neun Aussätzigen, die zum Priester gehen, mögen gesund geworden sein, aber die wirklich heilende Dimension haben sie nicht verstanden und aufgenommen. Sie bleiben verfangen in Gesetz und Regel, bleiben verfangen in sich selbst, finden nicht zur Freiheit.

Der *eine*, der zurückkehrt, weiß um Gesetz und Regel, aber hat zugleich zu seiner Freiheit gefunden. Er ist »ganz« geworden, »heil« geworden, er hat zu sich gefunden, weil er zu Gott gefunden hat, der den Menschen zum Leben befreien will. Und er lässt sich zum Leben befreien. Er weiß darum, dass Gesetz und Weisung wichtig sind, aber dass es auch etwas gibt, das über Gesetz und Weisung steht – die Liebe und das Leben. Man muss Gott mehr gehorchen als den Menschen, der Glaubensgehorsam steht über dem Gesetzesgehorsam.

Die neun sind gesund geworden, *er* ist geheilt – und deshalb kann Jesus zu ihm sagen: »Dein Glaube hat dir geholfen. Steh auf und geh!« – ihm braucht er nicht mehr zu sagen, *wohin* er gehen soll. Die Freiheit des Glaubens, der Liebe, des Lebens findet den Weg. Er befolgt nicht irgendwelche Gesetze und Regeln, weil man es halt so tut, weil er Angst vor Strafe hat, weil er seine eigenen Interessen durchsetzen will – nein, er ist frei geworden für das Leben, die Liebe, dafür, selbstverantwortlich in der Situation über sein Handeln zu bestimmen. Gehorsam hält die Regeln ein, Liebe weiß, wann es angesagt ist, diese Regeln zu übersteigen.

In deine Hände geben

Glauben erschöpft sich nicht darin, irgendwelche Gesetze und Gebote zu befolgen – Glauben ist eine Lebenshaltung, die frei macht und dazu ermutigen will, in einem gewissen Geist zu handeln – und eben nicht nach den Buchstaben. Gesetze und Gebote wollen und können Hilfen sein, aber die beiden Wörter »Liebe« und »Leben« stehen über dem Wort »Gesetz«. Wenn ich wirklich liebend und lebendig bin, ergibt sich der Umgang mit Gesetz und Weisung von ganz alleine.

Wenn ich andere zu dieser Freiheit des Glaubens und damit zum Leben einladen will, dann kann und darf eine solche Einladung nicht aus Gesetzen, Geboten und Weisungen bestehen. Sie befreit zur Lebendigkeit und darf nicht zusätzliche Belastungen mit sich bringen, sie lässt etwas erahnen von dem Reichtum und der Fülle des Lebens, sie weckt die Sehnsucht nach dem Leben, nach dem, was hier und heute oft genug nicht ist.

Die entscheidende Frage dabei könnte heißen: Lebe ich so, dass andere neugierig werden, wie man denn so leben kann? Oder lebe ich so, dass es andere abschreckt und eben nicht mehr fasziniert? Bleibe ich verfangen in Recht und Gesetz und dem, was man halt tut? Oder atmet mein Leben die Freiheit Gottes?

Wer sich in dieser Weise auf Gott einlässt, wer bereit ist, sich von ihm berühren zu lassen, der ist auch immer dazu aufgefordert, Nachfolge Jesu anzutreten, und das heißt auch: heilend und heilsam für andere zu sein.

In deine Hände geben

Zum Aufbruch getrieben
– und noch nicht die Pauke in der Hand

es wird kommen der Tag
an dem du vertrieben wirst
aus dem Paradies deiner Kindheit
an dem die Bilder zerbrechen
denen du gefolgt bist
an dem du die Realität
erschreckend wahrnimmst
du dich der Wirklichkeit stellst

es wird kommen der Tag
an dem sich die Geborgenheit
als Gefängnis entlarvt
der Schutz als Versteck
eine Rolle als Täuschung
an dem du zurückgeworfen wirst auf dich
und nur auf dich

es wird kommen der Tag
an dem du »nein« sagst
und »nein« sagen musst
weil es nicht mehr anders geht
weil du dich sonst selbst verrätst
an dem du dich entscheidest
und diese Entscheidung lebst

In deine Hände geben

es wird kommen der Tag
an dem du dich löst
weil es nicht mehr passt
und nicht mehr stimmt
weil du deinen Weg gehst
und nicht den der anderen
und weil du endlich weißt
deren Weg ist nicht dein Weg

es wird kommen der Tag
an dem du dich frei machst
von Zwängen und Erwartungen und Bildern
an dem du aufbrichst
Neuem entgegengehst
Altes zurücklässt
dankbar für das was war
und doch dich verabschiedend
weil die Vergangenheit
nicht die Zukunft ist

es wird kommen der Tag

und es ist gut
dass dieser Tag kommt

und wenn der Tag kommt
an dem du dich entscheidest

vielleicht
wirst du an diesem Tag
sehr allein sein
und es wird wehtun
und es wird nicht leicht sein
weil du dich
lösen musst

und doch ist es gut
dass dieser Tag kommt

du nimmst Abschied
und damit kann Neues beginnen
du lässt dich berühren
und damit kann Heilung geschehen
du lässt dich enttäuschen
und damit kann die Wirklichkeit Raum bekommen
du lässt Bilder los
und damit können Träume neu wachsen

und es wird kommen der Tag
an dem du so frei bist
dass du dich neu
zusagen kannst
es wird kommen der Tag
an dem du dich neu binden kannst
weil du dich befreit hast
an dem du dich anders binden kannst
weil du dich gelöst hast

Jeder, der um meinetwillen und um des Evangeliums willen
Haus oder Brüder, Schwestern, Mutter,
Vater, Kinder oder Äcker verlassen hat,
wird das Hundertfache dafür empfangen.

MARKUS 10,29–30

der Tag
an dem du dich entscheidest
wird ein Tag sein
an dem du neu zur Welt kommst
weil man Vergangenes abschließt
und der Zukunft vertraut

und es ist der Tag
an dem du findest
was du nicht suchtest

und es ist der Tag
an dem Gott sagt:
wer loslässt
bekommt

und wer herschenkt
dem wird gegeben
hundertfach

In deine Hände geben

Ich glaube

dass Gott
das Leben will
und meine Lebendigkeit

dass Umbruch
Neubeginn ist
und Aufbruch
Verheißung

ich vertraue

den Fragen
der Suche
dem Weg

ich finde

Ankommen
im Vertriebensein

Heimat
in der Heimatlosigkeit

Nähe
in der Offenheit

ich lasse schmerzhaft los

und gewinne Leben

Wer sich selbst nichts gönnt, wem kann der Gutes tun?

JESUS SIRACH 14,5

Christ zu sein – das verbindet man gedanklich irgendwie mit: Tu dem anderen Gutes! Bring Opfer! Liebe deinen Nächsten! Da gilt es, Gesetze einzuhalten und Gebote zu befolgen – aber Lust und Spaß und Freude? Irgendwie – man kann den Philosophen Friedrich Nietzsche schon verstehen, wenn er sagt: »Bessere Lieder müssten sie mir singen, dass ich an ihren Erlöser glauben lerne. Erlöster müssten mir seine Jünger aussehen.«

Vor einiger Zeit habe ich zusammen mit einem Freund, der in einer Fortbildungsabteilung einer großen Versicherung arbeitet, einen Kurs für pastorale Mitarbeiter und Mitarbeiterinnen in der katholischen Kirche geleitet. Am Ende der Woche fragte ihn einer der Theologen: »Sie arbeiten doch mit Managern und Leuten aus der Wirtschaft – und jetzt mit uns. Haben Sie da einen Unterschied festgestellt?«

Der Freund überlegte kurz: »Ja«, sagte er dann, »in kirchlichen Kreisen herrscht oft so eine meditative Schwere!« Die Gruppe schaute ihn etwas irritiert an und war sich nicht so ganz sicher, ob das nun ein Kompliment oder eine Beleidigung war.

»Na ja«, führte er weiter aus, »jemand sagt was – und man bedenkt es. Und es wird tiefer und tiefer und schwerer und schwerer – und man traut sich gar nicht mehr, noch irgendwas zu sagen, weil man ja gar nicht weiß, ob man diesen Tiefen noch irgendwie gerecht werden kann. Eigentlich wünsche ich Ihnen ein Stück weit mehr Leichtigkeit. Wer wenn nicht Sie, die Sie sich auf Gott berufen, die ihren absoluten Bezugspunkt in Gott haben, könnte eigentlich alles andere relativ sehen?«

In deine Hände geben

Irgendwie eine ernste und gewichtige Sache – Gottesdienst, Kirche, Christsein –, und dementsprechend schaut man dann als Christ auch drein. Unser Glaube meint und will aber eigentlich was anderes – es soll und darf uns gut gehen, wir dürfen Freude und Spaß am Leben haben – und nicht umsonst heißt das Wort »Evangelium« übersetzt auch »Frohe Botschaft«. Wir dürfen unser Leben genießen, wir dürfen lebendig sein ohne »wenn« und »aber«, wir dürfen gerne leben – und wir können es, weil es Gott in unserem Leben gibt, weil wir von ihm zum Leben eingeladen worden sind, weil wir die Frohe Botschaft gehört haben!

Oft genug geht das in unserem Alltag unter. Da ist so viel, woran man denken muss, was es zu organisieren gilt, vom Wäschewaschen und Die-Kinder-zur-Schule-Bringen bis hin zum täglichen Mittagessen. Da fragt man sich, wie man es wohl finanziell schaffen soll, und man will ja auch nirgendwo anecken. Da gibt es auch die dunklen Zeiten in unserem Leben, wenn einer krank wird, wenn der Tod sich plötzlich ungefragt in unser Leben hineinstellt, wenn einem die Probleme über den Kopf wachsen.

Leben und Lebendigkeit, das ist nicht nur leicht und schön und nett und angenehm. Leben – das geht auch unter die Haut. Und da kann ich manchmal schon vergessen, dass es da eigentlich noch so etwas wie Gott in meinem Leben gibt – oder geben sollte. Und dann mag es durchaus sein, dass sich Freude und Dankbarkeit ganz leise und klammheimlich davonstehlen, weil all das Dunkel und das Schwere überhand nimmt.

Man nimmt sich selbst das Leben, weil das Unwichtige plötzlich wichtig wird – und sich das Wichtige irgendwie verliert.

Christsein ist eigentlich mehr: Das ist ein Menschsein mit Gott. Das nimmt die dunklen und schweren Zeiten nicht, das löst nicht automatisch alle Probleme und beantwortet auch nicht die Frage, wo man das notwendige Geld für die Winterjacken der Kinder hernimmt.

Aber es ändert die Perspektive – ich bin nicht allein, sondern da geht einer mit; da muss ich nicht erst was leisten, sondern ich bin schon geliebt; da gibt es das Dunkel, aber es gibt auch etwas, was das Dunkel und den Tod besiegt und übersteigt.

Christsein – das ist Menschsein mit Gott. Und es ist menschlich, dass wir das manchmal vergessen.

Deshalb hat Gott, um es mal ganz einfach zu sagen, den Sonntag erfunden. Er hat sechs Tage lang gearbeitet – und hat sich am siebten Tag das angeschaut, was er da geschaffen und geschafft hat. Und erst dieser Tag der Ruhe, des Anschauens, der Distanz zum Alltäglichen vollendet das Werk.

Der Sonntag ist der Tag, an dem ich mich daran erinnern darf und soll, dass wir deshalb Mensch sein können, weil es Gott in unserem Leben gibt. Das ist der Tag, der eben nicht Alltag ist, sondern an dem ich Abstand nehmen darf zu dem, was eben sonst alltäglich, also alle Tage ist. Das ist der Tag, der meinen Blickwinkel verändern kann, an dem ich mein Leben aus einer anderen Perspektive anschaue. Das ist der Tag, der mich dazu befreit, all das, was mich die Woche über besetzt hält, loszulassen, um neu das Eigentliche und Wesentliche wieder zu entdecken.

Der Sonntag ist die Unterbrechung der Routine, der Sonntag ist das ganz Andere. Und deshalb brauchen wir den Sonntag, damit wir uns erinnern, damit wir aussteigen aus der Spirale des Alltags, die uns einkreist und umkreist.

In deine Hände geben

Wir brauchen das Fest, damit wir im Alltag nicht vergessen, dass es da noch was anderes gibt. Wir brauchen das Fest, damit wir nicht vergessen, dass wir Menschen sind und keine Arbeitstiere. Und wir brauchen das Fest, um damit unserer Lebendigkeit und unserer Lebensfreude Ausdruck geben zu können.

Deshalb gibt es den Sonntag – und deshalb dürfen wir den Sonntag auch nicht hergeben. Wir brauchen ihn zum Leben. In dem Moment, wo wir den Sonntag zum Alltag machen, ebnen wir ihn ein. Er ist dann eben nicht mehr der siebte Tag, sondern ein Tag von sieben in der Woche.

Aber übersehen dürfen wir auch nicht, dass sich die Alltagswelt der Menschen geändert hat. Einer, der die Woche über am Schreibtisch gesessen ist, will am Sonntag das Andere, will sich bewegen, will raus. Einer, der die Woche über dauernd unterwegs war, will ein wenig Ruhe. Menschen suchen instinktiv den Kontrast, um damit ins Gleichgewicht zu kommen. Und das ist gut so. Aber eines sollte uns alle miteinander verbinden, egal, wie jeder von uns den Sonntag verbringen mag – der Sonntag ist der Tag, der sich vom Alltag unterscheidet, ja, der überhaupt erst den Alltag zum Alltag werden lässt.

Und übersehen dürfen wir auch nicht, das für viele Menschen der Sonntag oft genug ein Arbeitstag ist: die Pflegenden und die Ärzte in den Krankenhäusern, Polizei und Feuerwehr, die vielen Notdienste, die zur Verfügung stehen. Und das ist auch gut so. Wenn ein Haus brennt, jemand ernsthaft erkrankt ist, man sich bedroht fühlt, dann ist es gut zu wissen, dass auch am Sonntag jemand da ist, der sich darum kümmert. Der Sonntag will dem Menschen dienen, er ist für den Menschen da, nicht der Mensch dafür, dass irgendwelche Sonntagsgebote eingehalten werden. Der Sonntag will den Menschen zum Leben befreien – und deshalb darf man immer dann und dort kritisch anfragen, wenn er diese Aufgabe nicht erfüllt.

Herschenken können wir den Sonntag, wenn es denn sein muss, wenn es dem Menschen dient, wenn es wirklich notwendig ist. Aber *verkaufen* dürfen wir den Sonntag nicht, diesen Tag, der doch immer noch seine eigene Stimmung hat. »Der Tag gehört dem Herrn und nicht Hertie«.

Was Sie sich in Ihrem Alltag gönnen, was Sie sich selbst Gutes tun, das weiß ich nicht. Das Recht dazu hätten Sie. Konstantin Wecker sagt: »Wer nicht genießt, wird ungenießbar.« Wenn es mir gut geht, kann es den Menschen um mich herum gut gehen, wenn ich mit langem Gesicht herumlaufe, werde ich die Menschen um mich herum nicht gerade mit Lebendigkeit anstecken. Gott will, dass es uns gut geht, er hat uns Leben in Fülle zugesagt – und das gilt rund um die Uhr sieben Tage die Woche.

Zugegeben, manchmal ist es schwer, das im Alltag umzusetzen. Dann gönnen Sie sich aber wenigstens den Sonntag, gönnen Sie sich die Stunden mit sich selbst, Ihrer Familie, Ihren Freunden, mit Gott. Und lassen Sie sich am Sonntag daran erinnern, dass es das Leben wert ist, auch im Alltag gelebt zu werden, dass Gott will, dass es uns gut geht, nicht nur im Urlaub, nicht nur am Wochenende. Und eigentlich könnte man einfach sagen: Leben und Lebendigkeit – weniger gönnt man sich nicht. Und das eben nicht nur am Sonntag, sondern auch im Alltag, alle Tage. Der Sonntag ist der Tag, der uns daran erinnern will. Und wenn wir den Sonntag verkaufen, dann verkaufen wir diese Erinnerung.

In deine Hände geben

Lass dein Angesicht leuchten,
dann ist uns geholfen.

Tränenbrot

verschleiert
der Blick

der Schrei
verstummt

Hoffnungslosigkeit
lähmt

Trauer
überfällt mich

Einsamkeit
holt mich ein

Krankheit
verfolgt mich

wo bist du
Gott

und meine Sehnsucht wächst
ins Unendliche

find mich endlich
Gott

und ich will mich
finden lassen

von dir

In deine Hände geben

Sind Sie auch urlaubsreif?

Wenn Sie mich schon fragen – ja, ich bin urlaubsreif!! Die Arbeit der letzten Monate war anstrengend und hat viel Kraft gekostet. Jetzt bin ich »reif für die Insel«, reif für drei Wochen alleine unterwegs sein, für drei Wochen ohne Termine, ohne seelsorgliche Gespräche, ohne Pfarrbrief und Dienstplan. Meine Dienststelle hat die strikte Anweisung, mich im Urlaub über Handy nur dann anzurufen, wenn der Personalchef etwas von mir will.

Ja, ich bin urlaubsreif – aber bin ich auch »reif für den Urlaub«? Beides mag sich sehr ähnlich anhören – und doch ...

Es ist spannend, dass dieses kleine Wörtchen in der deutschen Sprache im doppelten Sinne verwendet wird. »Ich bin reif für die Insel« – damit will man eigentlich sagen, dass man grad von allem die Nase gestrichen voll hat. Nur weg, nur raus ...

Ursprünglich kommt das Wort aber aus der Natur. Wenn man von einer Frucht sagt, dass sie »reif« ist, dann meint man, dass man sie jetzt pflücken kann. Sie ist »ausgereift«, wächst nicht mehr weiter. Das Optimum ist erreicht. Eine gewisse »Reife« für etwas zu haben, bedeutet deshalb auch, dass man etwas kann, dass man etwas erreicht hat. In diesem Zusammenhang benutzen wir das Wort zum Beispiel bei der »Reifeprüfung« oder der »Lebensreife«.

Ja – ich bin »urlaubsreif – aber bin ich auch »reif für den Urlaub«? Habe ich auch die »Kunst des Urlaubmachens« gelernt?

In deine Hände geben

Wenn einer »reif für die Insel« ist, dann will er nur weg aus seinem Alltag, dann mag manchmal Urlaub auch eine Flucht aus dem Alltag sein.
Für drei Wochen alles vergessen, was einen die übrigen 49 Wochen belastet. Dann kommt man schnell in die Versuchung, in diese drei Wochen alles hineinzuprojizieren, was man in den anderen Wochen ver-
misst. Dann reduziert man das Leben auf diese Wochen des Urlaubs –
und will dann natürlich alles: Sonne, Strand und viel Vergnügen. Und
wird mit diesen Erwartungen oft genug enttäuscht ...

Die »Kunst des Urlaubmachens« aber ist eine andere – das ist eben
nicht die Flucht aus dem Alltag, ist nicht die Reduzierung von Leben
auf diese Wochen. Die Kunst, Urlaub zu machen, in einem solchen Sinne »reif« für den Urlaub zu sein, bedeutet, sehr bewusst im Urlaub ein
Gegengewicht zum Alltag zu setzen – ohne damit den Alltag zu entwer-
ten. Wenn ich in meinem Alltag viel mit Menschen zu tun habe, dann
suche ich im Urlaub bewusst das Alleinsein. Wenn ich viel alleine bin,
mag mir im Urlaub die Nähe von Menschen gut tun. Wenn ich sehr ver-
plant und nach Terminkalender lebe, dann brauche ich im Urlaub die
Spontaneität. Wenn ich viel unterwegs bin, tut es mir vielleicht gut, in
eine mir vertraute Landschaft heimzukommen. Wer eher geordnet lebt,
mag den Nervenkitzel brauchen, wer im Alltag genug Nervenkitzel hat,
mag die Langeweile suchen.

»Sage mir, wie du Urlaub machst – und ich sage dir etwas darüber,
wie du lebst!«

Wer gut Urlaub machen will, muss mit seinem Alltag versöhnt sein.
Und wer mit seinem Alltag und damit auch mit sich und Gott nicht versöhnt ist – für den könnten vielleicht diese Wochen genau die Chance
sein, mitten im Urlaub den Alltag in Blick zu nehmen ... um neu und
anders mit ihm umzugehen.

In deine Hände geben

Regenbogen

In deine Hände geben – das heißt auch, mich lösen von meinen scheinbaren Wichtigkeiten, von meinen geträumten Bildern, vielleicht auch von manchen Plänen und Hoffnungen. Mich in deine Hände geben, das heißt auch: Wenn ich seiner Zusage glaube, dann kann ich mich ihm auch anvertrauen.

Alles ist Gnade

Regenbögen
entziehen sich

wenn du sie
festhalten willst

du kannst ihnen nur
nachziehen

begleitet
von Regen und Sonne

voll Vertrauen
dass Er sich

dir

schenkt

In deine Hände geben – das gilt nicht nur für die Beziehung mit Gott, sondern auch für die Menschen. Wer liebt, muss freilassen, muss loslassen, darf nicht festhalten. Es gibt eine überbesorgte Liebe, die zugleich entmündigt, dem anderen sein Menschsein nimmt: Eltern, die ihren Kindern verbieten, sich abends mit Freunden zu treffen, Ehepaare, die nicht möchten, dass der Partner einige Tage alleine irgendwo Urlaub macht, die Freundin, die versucht, ihrem Partner alle Wünsche schon am Gesicht abzulesen, die Kinder, die ihre Eltern davon abbringen möchten, noch einmal in Urlaub zu fahren, weil ja doch irgendetwas passieren könnte. Und vielleicht ist dies die schlimmste Form der Liebe, wenn sie unter dem Deckmantel des Guten dem anderen seine Freiheit nimmt.

Liebe entmündigt nicht – sondern nimmt das Risiko des Lebens in Kauf. Wenn Liebe etwas mit dem Leben zu tun hat, dann gibt es keinen Garantieschein für Glück und Frohsinn, dann nimmt die Liebe auch das Wagnis und das Abenteuer in Kauf, um des geliebten Menschen willen.

Liebe greift zu, da, wo es notwendig ist – aber sie lässt auch gehen, da, wo es angesagt ist. Und ermuntert vielleicht sogar zum Losgehen – auch und gerade da, wo man vielleicht auf die Nase fallen kann. Das ist manchmal der viel schwerere Schritt: den anderen zu lassen aus Liebe heraus.

mit dir auf dem Weg

dir nahe sein
und mich doch nicht in dir verlieren

mich dir hingeben
aber mich nicht aufgeben

von dir gehalten sein
und dich doch nicht festhalten

dir verbunden sein
und doch Freiheit atmen

in dir geborgen sein
und doch auf dem Weg bleiben

zu dir gehören
aber dich nicht besitzen

dich lieben
und doch lassen

Weggefährte bei der Suche
auf Heimat hin

In deine Hände geben

dich
frei
geben

Liebe
und Freundschaft
haben nichts
mit Rechten und Pflichten
zu tun und nichts
mit einklagbaren Ansprüchen

Liebe und Freundschaft
meint den anderen
und will ihm gut
und missbraucht nicht
und verzweckt nicht
und vertraut und lässt

lässt los
hält nicht fest
schreibt nicht vor
und schreibt nicht fest
lässt den anderen
anders sein

und knüpft
Liebe und Freundschaft
nicht an Bedingung
oder Forderung
lässt sein und werden
und wachsen

**vielleicht
war es doch
die lerche**

der rosenzweig
in meinem herzen
konnte dir
der himmel nicht sein

so lasse ich dich

ziehen flieg
der freiheit entgegen

solltest du
ein nest brauchen
ruf an

vielleicht
bin ich daheim

In deine Hände geben

Ich bete für dich

heute habe ich
im Hohen Dom zu Paderborn
für dich
ein Licht entzündet

ich verbinde
einen Ort
der mir wichtig ist
mit dir

verbinde dich mit einer Pieta
einer Krypta
einem kleinen Jungen
in Stein gemeißelt

ich nehme dich mit
zu den Quellen der Pader
denke an dich
im rauen Wind auf dem Marktplatz

Paderborn habe ich
inzwischen verlassen
aber dort brennt
ein Licht für dich

Zusage

nicht
die Hand
auf dich
legen

dich
frei lassen
für
dich

jeden Tag
neu

Vorläufigkeit

Morgenlob

Den Tag beginnen
mit dem Lob deines Namens

den Morgen atmen
und mich neu verlieben

in das Geschenk dieses Tages
mich neu verlieren in dir

mich finden auf der Suche
und Frieden zieht ein

mein Tag ist dein
nichts wird geschehen
was du nicht willst

ich kann loslassen
vertraue mich
dir an

ich bin
dein

sei du
mit mir

Übergang

die Zeichen
mehren sich

das Boot
liegt schon am Ufer

Altes
trägt nicht mehr

weil Neues
wird

und ich
fange an

Abschied
zu nehmen

und wieder
brech ich auf

und lass
los

mit Protest
und unter Schmerzen

und einem ersten Ahnen
dass am anderen Ufer

andere Blumen
blühen

In deine Hände geben

Juli

Das Eine und das Andere

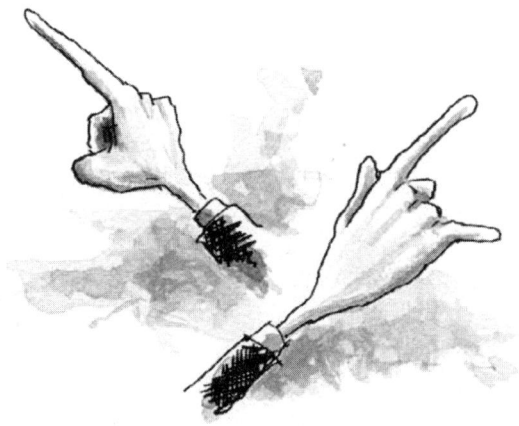

Grenzgänger

zwischen
hier und dort
da und dann

zerrissen
vom sein und werden
vom gestern und morgen

den Frieden gefunden
um ihn nur wieder
zu verlieren

mich verlieren
um wieder
im Frieden zu sein

den Boden verloren
und Grund gefunden
und Halt und Loslassen

hoch und tief
abgrundtief einsam
und gestillt geborgen

tief und hoch
den Gipfel erleben
um wieder abzusteigen

aufgehoben
herausgefordert werden
lebendig bleiben

Heimweh nach Afrika

ich habe Heimweh nach Afrika
habe Heimweh nach den endlosen Weiten
mit braungrünem Savannengras
habe Heimweh nach dem Licht der Abenddämmerung
wenn die Giraffen langsam zum Wasserloch ziehen
die Löwen auf ihre stille Jagd gehen
ein Elefant als dunkler Fels unter einem Baum döst
ich habe Heimweh nach dem schnellen Lauf der Antilopenherde
nach dem Röhren der Flusspferde in der Nacht
nach den Trommeln
die von fern herüberklingen
ich habe Heimweh nach der Musik
die so fremd und irgendwie doch vertraut ist
habe Heimweh nach der farbenprächtigen Lebendigkeit
der Plätze und Straßen
dem freundlichen Lächeln
den strahlenden Augen in einem dunklen Gesicht
ich habe Heimweh nach Afrika

jeder hat Heimweh nach Afrika
auch wenn er noch nie dort war
der Zauber die Sehnsucht
das Fremde das Geheimnis
kein Touristenprogramm
mein unentdeckter Kontinent
voll Zusagen und Gefahren
mit Erwartung und Hoffnung
Angst und Bangen
mich neu verweisen lassen
auf die Wurzeln des Seins
mich aussetzen riskieren
suchen
um zu finden
vielleicht
ich habe Heimweh nach Afrika

Das eine und das andere

und jeder von uns ist Afrika
ich selbst bin mein unentdeckter Kontinent
in mir begegne ich dem Fremden dem Anderen
das zugleich so vertraut zu sein scheint
in mir lebt das Ursprüngliche
und ich suche mich
voll Angst und Bangen
mit Träumen und Hoffnungen
voll Erwartung auf Leben
mit Sehnsucht nach Sein
und da ist ein Bild
ein Klang
da sind Wortfetzen
da sind Berührungen
und da ist die Sehnsucht
endlich heimzukommen

ich habe Heimweh nach Afrika

Das eine und das andere

Ausgespannt

fasziniert vom Geheimnis
und bedroht von der Angst
ahnend um Wandlung
und nicht wissen wohin
erfüllt von der Liebe
an Grenzen kommen
ein du ein wir
und doch allein
Fülle des Lebens
im Dunkel der Nacht
Brot und Wein
und unstillbare Sehnsucht
Hingabe wird
Zumutung
ein schrecklicher Engel
tröstend
kein wenn und aber
ganz oder gar nicht
ich glaube Gott
und bin doch so sehr Mensch
und habe Angst
und will nicht zurück

im Zeichen des Kreuzes
ausgespannt
zwischen Himmel und Erde
Gipfel und Abgrund
Hoffnung und Angst
Gewissheit und Zweifel
Zusage und Aufgabe
Kraft und Grenze

unsagbar stark
und

unsagbar berührbar

Das eine und das andere

Wohl dem, der Freude hat an der Weisung des Herrn.
Er ist wie ein Baum, an Wasserbächen gepflanzt,
der zur rechten Zeit seine Frucht bringt
und dessen Blätter nicht welken.
PSALM 1,1–3

Wurzeln und Wind

mich in die Erde
einwurzeln

mich gründen
in die Tiefe gehen

halten und
gehalten werden

Heimat
und Quelle

sein
und werden

den Himmel
umarmen

im Wind stehen
und weit sein

sehnsüchtig bereit
und offen

Blätter raunen
Äste tanzen

liebkost umspielt
zerzaust gepackt

Wurzeln und Wind
Tiefe und Weite
Heimat und Herausforderung

und der Weg
beginnt

Das eine und das andere ...

Lebendig sein – mich selbst spüren, mich bewegen, dem Leben begegnen in all seinen Höhen und Tiefen – und dabei etwas empfinden. Lebendig sein heißt nicht: Am Montag schon darauf zu warten, dass es Wochenende wird, darauf zu hoffen, dass es irgendwann, irgendwie besser und schöner wird, die Zeit zu verwarten, bis der Lottogewinn endlich kommt. Lebendig sein – das heißt leben hier und jetzt, mit allen Höhen und Tiefen, mich selbst spüren, andere wahrnehmen und reagieren, beweglich bleiben und sein. Christsein ist die Einladung zum Leben – oder, um einmal ein unverbrauchtes Wort ins Spiel zu bringen: Christsein ist die Einladung zur Lebendigkeit.

Lebendig sein, das ist nicht immer einfach – das kann wehtun. Lebendig sein, das heißt nicht unbedingt, glücklich zu sein. Lebendig sich selbst zu spüren – das heißt auch immer die Spannungen in sich selbst auszuhalten, die Spannungen, die sich nicht auflösen lassen. Und fast meine ich, es sind gerade diese unaufhebbaren Spannungen in mir, die mich auch lebendig machen. Da gibt es den Wunsch nach Nähe und zugleich den Wunsch nach Distanz. Ich will irgendwie im anderen aufgehen und doch meine Eigenständigkeit bewahren. Da gibt es die Spannung zwischen Kontinuität und Wechsel – man braucht das Vertraute und will doch das Neue. Da ist die Spannung zwischen Beten und Handeln: Wenn man mehr beten würde, sagen die einen, wenn man mehr zupacken würde, sagen die anderen ...

Aber ich kann nicht das eine gegen das andere ausspielen. Es gibt jeweils beides in meinem Leben – das eine und das andere – ich bin ausgespannt zwischen Leben und Tod, Himmel und Erde.

Sei stille in Jahwe.
PSALM 37,7a

Aufbruch

von dir
gestillt

zur Ruhe
gekommen

in dir
gefunden

verzaubert
von dir

Abschied genommen
vom Lauten

mich erinnern lassen
an das Sanfte

Fragen
statt Antworten

hören
statt reden

Aufbruch
statt Angekommensein

durch die Stille
stark werden

in der Schwäche
stark sein

Das eine und das andere

Ich hatte es übernommen, für das nächste Treffen einer Gruppe den Impuls zu gestalten. Irgendwann fiel es mir wieder ein, ich suchte ein wenig herum – und dachte dann: Ach, schau doch mal, welche Bibelstellen an diesem Tag zur Lesung vorgesehen sind. Und da hat es mich eiskalt erwischt ...

Denn unwiderruflich sind Gnade und Berufung, die Gott gewährt (Römer 11,29)

> denn
> unwiderruflich
> sind Gnade
> und Berufung
> die Gott
> gewährt

Ich gebe zu: Ich habe die Bibel in dem Moment an die Seite gelegt, nach dem Lesen dieses einen Verses. Mich hat es nicht mehr interessiert, wie die Stelle weitergeht, mich hat nicht interessiert, was vorn dran steht.

Da kam etwas in mir in Bewegung, da berührte mich etwas ganz tief.

Denn unwiderruflich sind Gnade und Berufung, die Gott gewährt ...

Ja, ich bin erschrocken: »Unwiderruflich sind Gnade und Berufung, die Gott gewährt.« Es hört sich so endgültig an, so unsagbar mächtig. Und es macht mir Angst.

Unwiderruflich – kein Weg führt heraus, du kannst doch nicht flüchten, vor diesem Gott kann man nicht flüchten. Der, auf den er die Hand legt, der ist sein – ohne Wenn und Aber. Der, den er will, den kriegt er. Und da ist es wieder dieses Gefühl, dieses Gefühl der Ohnmacht, das Gefühl, gegen diesen Gott keine Chance, aber wirklich keine Chance zu haben. Er ist ja doch stärker und größer und ewiger und endgültiger als ich ... Und die Gefahr ist groß, dass ich mich leicht resignierend nach hinten lehne und sag: »Ja, dann mach halt ...«

Es sind die dunklen Seiten von Berufung, die mir in diesem Moment in den Kopf kommen – dieses Gefühl, ausgeliefert zu sein an eine Macht, gegen die ich gar nicht ankomme, das Gefühl, dass ich gar keine Wahl habe, die Einsamkeit, die mit jeder Gottesbeziehung eben auch verbunden ist, das Leiden in den Zeiten, wo sich dieser Gott mir entzieht, auf den ich doch alles, mich, mein ganzes Leben gesetzt habe. Zölibat als Sakrament der Vorläufigkeit und Heimatlosigkeit, die Frage nach dem Sinn – und manchmal, am allerschlimmsten, die Frage nach Gott überhaupt.

Nicht ihr habt mich erwählt, sondern ich habe euch erwählt! (Johannes 15,16). Manchmal aber hab ich nicht die geringste Lust, schon wieder erwählt zu sein, mich schon wieder in Dienst nehmen lassen zu müssen, schon wieder mich und mein ganzes Leben hingeben zu müssen und zu sollen. Manchmal sehn ich mich danach, so einfach ganz normal zu leben, mit all den kleinen Wichtigkeiten, die andere Menschen auch haben. Und manchmal beneide ich die Menschen, für die 2 + 2 = 4 ist. Wenn man sich auf diesen Gott einlässt, kommt häufig genug 3 oder 7 oder 3883 heraus ...

»Gott ist nicht nett, Gott ist kein Onkel, Gott ist ein Erdbeben«, so sagt es Richard Rohr, ein amerikanischer Franziskaner.

Unwiderruflich sind Gnade und Berufung ...

Wieder lese ich die Zeile – und plötzlich ändert sich der Blickwinkel ...

Gnade und Berufung, von Gott gewährt – unwiderruflich ...

Ja, Berufung, das hat auch eine dunkle Seite und ist eben nicht nur der Vierfarbprospekt einer kirchlichen Stelle, die für Seelsorge-Berufe wirbt – aber zu all den dunklen Seiten gesellen sich plötzlich die hellen und lichten Momente – die Gespräche und Begegnungen mit Menschen, die sich in ihrer Not an mich wenden, die leuchtenden Augen eines Kranken, wenn ich ihn besuche und mit ihm bete, Beziehungen, die wachsen und entstehen, endlos lange Gespräche nach dem Gottesdienst auf dem Kirchenvorplatz, ein Ahnen von Heimat, der Weihrauch, der in großen Schwaden durch die lichterfüllte Kirche zieht, das Einsetzen der Orgel, das verbindende Schweigen, Freundschaft, das gute Gefühl, seine Aufgabe und seinen Ort gefunden zu haben – etwas tun zu dürfen, zu können, was Sinn macht, was Menschen leben hilft – aus einem Glauben heraus, der für mich Sinn macht ...

... und das ist auch Gnade ... Gnade Gottes – unwiderruflich gewährt

Berufung, das ist das eine – gerufen, um sich in Dienst nehmen zu lassen. Gnade, das ist das andere, das Geschenk eines solchen Weges, der, weiß Gott, nicht immer leicht ist – und doch irgendwie faszinierend. Und manchmal auch in allem und mit allem Leiden unsagbar schön ...

Unwiderruflich gewährt ....

Das eine und das andere

Gottes Gnade – unwiderruflich gewährt – das ist eigentlich ein Geschenk Gottes – auch wenn es eine Zumutung ist. Aber auch Zumutungen sind ja irgendwie schon wieder Freundschaftserklärungen ...

Und Geschenke wiederum bekommt man geschenkt – man muss sie ja nicht annehmen. Die Tatsache, dass Gott mir solch einen Weg meines Lebens schenkt, ist weder Garantie noch Verpflichtung, dass ich diesen Weg auch gehe ...

Aber – wenn man einmal diese Sehnsucht im Herzen hat, wenn man einmal erfolgreich infiziert worden ist, wenn man einmal geschmeckt hat, was mit diesem Geschenk möglich ist, dann hat man eigentlich gar keine Wahl mehr – und eigentlich will man auch gar nicht mehr wählen ... und selbst, wenn man wählen könnte oder wollte, so bleibt die Zusage doch bestehen, die uns Gottes Treue verspricht, durch alle Dunkelheiten und Gottesfernen hindurch:

Denn unwiderruflich sind Gnade und Berufung, die Gott gewährt (Römer 11, 29).

O Tiefe des Reichtums, der Weisheit und der Erkenntnis Gottes! Wie unergründlich sind seine Entscheidungen, wie unerforschlich seine Wege! Denn wer hat die Gedanken des Herrn erkannt? Oder wer ist sein Ratgeber gewesen? Wer hat ihm etwas gegeben, so dass Gott ihm etwas zurückgeben müsste? Denn aus ihm und durch ihn und auf ihn hin ist die ganze Schöpfung. Ihm sei Ehre in Ewigkeit! Amen (Römer 11,33–36).

Das eine und das andere

Gehört hat der Herr mein Flehen,
der Herr nimmt mein Beten an.

PSALM 6,10

Manchmal schmerzhaft

ich stelle mich
dir
und gebe zu
du bist größer als ich

ich vertraue mich
dir an
und hoffe
auf dein Verstehen

ich gestehe mir
meine Bedürftigkeit ein
und bitte dich
um deine Fülle

ich bekenne dir und mir
dass ich gefehlt habe
und bitte dich
um dein Vergeben

nimm mein Beten an
mein Vertrauen
meine Bedürftigkeit
meine Schuld

segne mich
auf dem Weg
zu mir
und dir

Wozu braucht eine Gemeinde eigentlich einen Pfarrer? Eine dumme Frage, werden Sie jetzt vielleicht denken – das ist doch völlig klar: Eine Gemeinde braucht einen Pfarrer, damit er den Gottesdienst leitet, die Kinder tauft, Gestorbene beerdigt, Paare traut … Aber – könnte es vielleicht sein, dass eine Gemeinde einen Priester darüber hinaus noch zu ein bisschen mehr und einem bisschen was anderem braucht als für die Predigt und die Spendung der Sakramente? Ich möchte Sie zu drei Antwortversuchen einladen.

Im Buch Exodus wird die Geschichte des israelitischen Volkes erzählt und ihres Anführers Mose, der zugleich Mittler zwischen Gott und den Menschen ist. Kein leichter Job – von Gott her mit Aufträgen versehen, das Volk unwillig, uneinsichtig, ja sogar störrisch. Gerade erst hat Gott seinen Bund mit ihnen geschlossen – und doch setzen sie auf das Goldene Kalb. Und wieder wird Mose von Gott gerufen – zweiter Versuch. Und Mose dolmetscht, vermittelt, versucht zu erklären, zu erbitten, erbettelt regelrecht die Gnade Gottes für dieses störrische Volk.

Das Volk – vielleicht wir? Das störrische Volk, dem Gott seinen Bund anbietet und die wir doch immer wieder dem »Goldenen Kalb« Geld, Macht, Erfolg, Leistung hinterher rennen? Der Priester als einer, der seine Gemeinde, die er anführt, der er vorsteht, vor Gott bringt, zu erklären versucht, für die Menschen bei Gott bittet, ja auch bettelt, damit Gott seine Gnade nicht zurücknimmt, sich nicht abwendet. Der Priester als Dolmetscher zwischen Gott und den Menschen, der den Menschen die Weisungen Gottes vermittelt und wiederum die Menschen liebend vor Gott bringt, sie seiner Liebe regelrecht entgegenhält? Der Priester als Grenzgänger zwischen Gott und den Menschen, als Mittler zwischen den Welten? Der Priester, der sich in aller damit verbundenen Einsamkeit Gott aussetzt, weil ihm die Menschen am Herzen liegen …

Der Priester als einer, der einsteht und hinsteht – vor Gott für die Menschen – und bei den Menschen zu Gott.

Ein zweiter Antwortversuch, wozu Menschen einen Priester brauchen ... Im Schlusswort des zweiten Korintherbriefes des Apostels Paulus heißt es: *Freut euch, kehrt zur Ordnung zurück, lasst euch ermahnen, seid eines Sinnes, und lebt in Frieden! Die Gnade Jesu sei mit euch allen!* Zuspruch und Ermahnung, Trost und Wunsch, Einladung und zugleich eigenes Glaubensbekenntnis ...

Der Priester als einer, der den Gemeinden Trost zuspricht, stellvertretend die Zusage gibt, der herausfordert, einlädt, erinnert, ermahnt – einer, der Teil der Gemeinde ist – und doch noch mal eigene Aufgaben hat, eine eigene Verantwortung. Einer, der sich dem Ganzen verpflichtet fühlt – keinen einzelnen Gruppen, einer, der sich hineingibt, aber sich dabei nicht aufgibt, einer, der mitgeht, die Langsamen im Blick hat, die Schnellen nicht einfach ziehen lässt. Der Priester als einer, der einlädt zur Lebendigkeit, der Gutes zusagt – und doch Leiter der Gemeinde bleibt.

»Der Kapitän gehört auf die Brücke – und nicht in den Maschinenraum«, so sagt es ein geflügeltes Wort aus dem Wirtschaftsbereich. Das soll keine Auf- oder Abwertung der verschiedenen Aufgaben sein – sie sind einfach verschieden. Der Kapitän braucht die Leute im Maschinenraum – und die wiederum brauchen den Kapitän.

Leitung wahrzunehmen, das ist in erster Linie ein Dienst an den anderen, damit sie frei für ihre Aufgaben werden. Dort, wo Leitung mit Macht und der Befriedigung der eigenen Bedürfnisse verbunden wird, kann das Miteinander nicht klappen – und wird zu einem Gegeneinander.

Der Priester ist Leiter der Gemeinde, um ihr zu dienen, nicht um sie zu beherrschen.

Und die Gemeinde braucht diesen Dienst des Priesters, der sie leitet.

Das eine und das andere

Und ein dritter Antwortversuch, wozu Menschen einen Priester brauchen ...

Im Johannesevangelium wird ein nächtliches Gespräch zwischen Jesus und Nikodemus, einem Pharisäer, überliefert. Nikodemus stellt viele Fragen – und Jesus stellt sich den Fragen, er deutet, erklärt, verweist.

Der Priester als einer, der Fragen aushält, vielleicht eine Antwort versucht, der sich dem Gespräch stellt, der aus seiner Lebens- und Glaubenserfahrung heraus sich ganz persönlich zur Verfügung stellt, der bei den Menschen ist, mitgeht – auch wenn die Wege scheinbar von Jerusalem wegführen. Und solche nächtlichen Gespräche gibt es auch heute sehr viele ...

Die Gemeinde braucht den Pfarrer, damit er predigt und die Sakramente spendet – und sie braucht den Priester, sie braucht das Priesterliche, damit einer mit ihnen Freude und Hoffnung, Sorge und Ängste teilt – und sie vor Gott bringt.

Die Anforderungen sind hoch – und gerade deshalb braucht der Pfarrer das Gebet der Gemeinde für ihn, gerade deshalb beten wir im Hochgebet für alle Priester und alle diejenigen, die in dieser Kirche einen Dienst übernommen haben. Priester zu sein ist kein Job, das geht nur ganz oder gar nicht, das geht nicht ein bisschen und manchmal – und von eins bis drei ist nicht unbedingt Mittagsschlaf angesagt. Wer sich dem Anspruch der Nachfolge stellt, der wird ganz eingefordert, ohne »wenn« und »aber«. Priester zu sein, das geht an die Wurzel menschlicher Existenz, das ist Hingabe im Dienst an Gott, der ein Dienst an den Menschen ist.

Dazu braucht die Gemeinde den Pfarrer.
Und wozu braucht der Pfarrer die Gemeinde?
Die Antwort ist ganz einfach: Für wen sonst sollte er denn Priester sein, wenn nicht für die Menschen in der Gemeinde?

Von Pfarrer und Gemeinde
(frei nach Khalil Gibran)

Deine Gemeinde ist nicht deine Gemeinde
auch wenn du jetzt mit ihr gehst
war sie vor dir und wird nach dir sein
sie ist ein Gedanke Gottes in ihr dienst du ihm
Gemeinde das sind Menschen
Schicksale Fragen Erfahrungen Arbeit und Alltag
und doch ist Gemeinde zugleich mehr
ein Leib viele Glieder in Gott verbunden
sich findend im Glauben mit Geschichte und Zukunft
und du bist eingeladen zur Gegenwart
auch wenn sie dich braucht darfst du sie nicht an dich fesseln
du sollst sie zur Freiheit ermutigen
ohne die Unverbindlichkeit zuzulassen
und wenn du entgegenstehen musst
dann sei es in Liebe und Ehrfurcht
sie ist nicht dazu da deine Vorstellungen zu erfüllen
und doch lädt sie dich ein zum Gestalten
sie wird es dir nicht immer einfach machen
und doch liegt jedem Streit ein Sehnen zugrunde
manchmal mag sie abweisend sein
und doch damit sagen: Find mich
manchmal mag sie nett tun
um dich zu verführen zu dem was du nicht willst
manchmal braucht sie dein Hinstehen um an dir zu wachsen
und manchmal deinen ersten Schritt damit Versöhnung wird
und ganz oft deine Zuversicht in Gott geborgen zu sein
und immer wieder die Erinnerung an das ganz große Geheimnis
deine Gemeinde ist nicht deine Gemeinde
und doch bist du verantwortlich
Gott selbst wird dich fragen

Das eine und das andere

und euer Pfarrer ist nicht euer Pfarrer
er ist euch gegeben aber nicht euer Eigentum
er macht einen Dienst ist aber nicht unbedingt zu Diensten
bei euch steht er für Kirche beim Bischof für die Gemeinde
vor Gott zu euch als Menschen
er ist Mensch nehmt ihn als Mensch auf
er ist Priester von Gott berufen und auserwählt
und er nimmt seine Aufgabe wahr
ihr könnt ihn herausfordern aber dürft ihn nicht missbrauchen
ihr könnt euch ihm anvertrauen ohne das Eigene aufzugeben
ihr könnt lassen im Wissen Gott geht mit
ihr könnt ihn in Anspruch nehmen aber ihn nicht vereinnahmen
er wird mit euch gehen an euch wachsen
mit euch feiern
und bleibt doch Priester
dem Geheimnis verpflichtet

Pfarrer und Gemeinde miteinander auf dem Weg
durch vieles verbunden und doch verschieden
Vereinnahmung ist nicht angesagt ganz im Gegenteil
im jeweiligen Anderssein den anderen darin unterstützen
er selbst zu sein
verbunden im Geheimnis unseres Glaubens

deine Gemeinde ist nicht deine Gemeinde
und euer Pfarrer ist nicht euer Pfarrer
aber dein Gott ist unser Gott
und unser Gott ist dein Gott

und miteinander
sind wir Gottes Volk

Das eine und das andere

In diesen Wochen findet wieder eine Völkerwanderung moderner Art statt: Urlaubszeit ist angesagt. Eine Autokarawane wälzt sich Stoßstange an Stoßstange Richtung Süden, eine andere in Richtung Norden, die Züge sind überfüllt, die halbe Nation packt Koffer ein und aus. Die andere halbe Nation schaut den Wegfahrenden ein bisschen neidisch hinterher und freut sich dann, leise seufzend, an den kleinen Dingen, die der Urlaub der anderen mit sich bringt: der morgendliche Stau auf dem Weg zur Arbeit ist erheblich kürzer, im Bus bekommt man einen Sitzplatz, Ansichtskarten machen die Post bunter, und als Dankeschön für das Füttern der Katze und das Gießen der Blumen bringt die Nachbarin einen flotten spanischen Strohhut mit oder einen guten französischen Rotwein.

In Urlaub zu fahren, den Alltag einmal hinter sich zu lassen, das gehört zu den angenehmen Dingen des Lebens. Trotzdem: Allein die Tatsache, dass jemand in Urlaub fahren kann, muss nicht unbedingt beneidenswert sein. Auch ein Urlaub kann missglücken, und Ferientage zu Hause können zu einem Erlebnis werden. Entscheidender als das, ob jemand in Urlaub fährt oder zu Hause bleibt, ist wohl die Frage, *wie* er das jeweils tut. Teresa von Ávila, die große Kirchenlehrerin des Mittelalters, hat einmal gesagt: »Wenn Rebhuhn, dann Rebhuhn; wenn Fasten, dann Fasten!«. Das, was ich tue, aus ganzem Herzen tun – Halbherzigkeit ist nicht gefragt. Und das gilt wohl auch in diesen Tagen.

Das will kein billiger Trost sein für diejenigen, die daheim bleiben müssen – und erst recht keine Vertröstung. Es ist eine Anstiftung zur Leidenschaftlichkeit, die auf die eine oder andere Weise gelebt sein will – aber die immer *jetzt* gelebt sein will.

Leidenschaftlich in Urlaub fahren: aus ganzem Herzen das Geschenk solcher Tage genießen. Abschalten, die Tür hinter sich zuschließen, den Alltag Alltag sein lassen, offen sein für das Fremde, eine neue Landschaft, andere Menschen, ungewohntes Essen, die Art und Weise, wie an anderen Orten, in anderen Ländern gelebt wird.

Genießen können, ohne dabei ein schlechtes Gewissen zu haben, ohne sich allzu viele Gedanken um Unerledigtes zu machen, das daheim auf dem Schreibtisch liegen geblieben ist, ohne an all das zu denken, was nach diesen Tagen wohl kommen mag. Das Schöne genießen können, das jetzt gerade in meinem Leben ist, im Heute leben. Wirklich Urlaub machen zu können, nicht nur den gewohnten Alltag unter etwas angenehmeren Bedingungen fortzusetzen, das ist wohl eine Kunst ganz eigener Art. Eigentlich bedeutet es, sich auf das Fremde und Neue so einlassen zu können, dass aus dieser Begegnung heraus ich mich verändern kann und sich damit auch mein Alltag verändert. Das aber geht nur, wenn ich diese Urlaubstage mit ganzem Herzen und leidenschaftlich erlebe.

Wenn Urlaub machen die Kunst ist, das Neue im Fremden zu suchen, so kann das Daheimbleiben in diesen Tagen die Kunst sein, das Neue im Vertrauten zu entdecken. Aus dem gewohnten Alltagstrott heraus kommen und dabei in der bekannten Umgebung zu bleiben – auch diese Begegnung kann mich und meinen Alltag verändern. Die Zeit und Kraft, die ich sonst dazu brauche, um meinen Alltag zu organisieren, habe ich auf einmal für mich, meinen Partner, die Familie, Freunde – und auch für die Landschaft, die Stadt, in der ich wohne. Ich kann Neues im Vertrauten entdecken, weil ich plötzlich Zeit zum Verweilen habe, Zeit für ein Gespräch, Zeit zum Aufräumen und Sortieren, zum Lesen, Nachspüren und neu entdecken. Aber auch dies will leidenschaftlich gelebt sein – ohne »wenn« und »aber«. Mit allen Sinnen, aus ganzem Herzen wahrnehmen, was im Moment zu leben ist – und dies leidenschaftlich tun.

Das eine und das andere

Leidenschaft – ein Wort, das es in unserem Leben und auch im christlichen Glauben eher schwer hat. Ihm hängt etwas Dunkel-dämonisches an – und ein leidenschaftlicher Mensch – wozu mag der wohl alles fähig sein!? Mag sein, dass bei diesem Wort unsere Fantasie mit uns durchgeht – romantische Liebesgeschichten aus dem vergangenen Jahrhundert fallen einem ein, geheimnisvolle Pistolenduelle im Morgengrauen zwischen Liebhaber und Ehemann, Drama, Tränen und Tragödien.

Das Wort »Leidenschaft« aber ist viel älter und hat durchaus auch eine religiöse Dimension.

»Mit leidenschaftlichem Eifer bin ich für den Herrn eingetreten«, so spricht der Prophet Elija. Die Psalmen sind Lieder und Gebete voller Leidenschaft und Sehnsucht. Jakobs Kampf mit Gott am Jabbok und sein Wort »Ich lasse dich nicht los, wenn du mich nicht segnest!«, die Briefe der Apostel an die jungen Gemeinden, die Worte Jesu an seine Jünger und Jüngerinnen sprechen eine leidenschaftliche Sprache. Wer Gott dient, ihm nachfolgen will, kann dies nur aus ganzem Herzen tun.

Wer sich auf diesen Gott einlässt, der lässt sich auf das Leben ein. Jetzt, in diesem Moment, findet das Leben statt, will gelebt sein. Das ist eine Absage an all diejenigen, die nur in der Vergangenheit leben oder das Leben auf irgendwann später verschieben.

Jetzt das leben, was gelebt sein will – ohne »wenn« und »aber«. Und es wird »Leben in Fülle« sein, wie Jesus es uns verheißen hat. Das aber ist kein netter Waldspaziergang mit freundlichen Menschen, schönen Blumen und breiten, schattigen Wegen. Leidenschaftliche Menschen sind sehnsüchtige Menschen, die sich ein Empfinden für Glück und Zärtlichkeit, aber auch für Schmerz und Tränen bewahrt haben. Leidenschaftlich zu leben, das bedeutet, auch leiden zu müssen, leiden an der eigenen, oft unerfüllbaren Sehnsucht nach diesem Gott, leiden an sich selbst und an den Mitmenschen, leiden an dem, was nicht ist.

Lebenserfahrene, weise Menschen wissen um beide Seiten des Lebens – sie wissen um den Rhythmus des Lebens, um Höhen und Tiefen, dunkle und helle Stunden, und darum, dass beides seinen Ort und seine Zeit hat. Auch darauf deutet das Wort von Teresa von Ávila hin: »Wenn Rebhuhn, dann Rebhuhn, wenn Fasten, dann Fasten!« Im Leben des Menschen gibt es beides: Zeiten des Rebhuhns und Zeiten des Fastens. Und beides will leidenschaftlich gelebt sein.

Das Wissen um einen solchen Rhythmus des Lebens kann eine gewisse Gelassenheit mit sich bringen. Mein Lachen kennt die Tränen, meine Narben erinnern an die Schmerzen, mein Mut weiß um die Angst, meine Träume erzählen von dem, was nicht ist. Das Gestern und das Morgen, das Dunkle und das Helle, das Schöne und das Schwere, im Heute leben – und das in einer Leidenschaftlichkeit, die aus der Gelassenheit kommt.

Das ist Lebenskunst und will gelernt sein. Jeder muss seinen eigenen Rhythmus des Lebens finden, seinen eigenen, ganz persönlichen Weg, mit Einsamkeit, Schmerz und Trauer, Glück, Sehnsucht und Erfülltsein zu leben, der Leidenschaft und der Gelassenheit sozusagen eine ganz persönliche Färbung zu geben. In einem solchen Sinn sich auf das Leben einzulassen, es in dieser Leidenschaftlichkeit zu leben und zu lieben, das kann nur dann gelingen, wenn ich mich getragen weiß von einem Gott, in dem all dies aufgehoben ist, der mich hält und schützt, konfrontiert und herausfordert, von einem Gott, der Leben in Fülle will.

Vielleicht können Ferien und Urlaubstage, sei es, dass man unterwegs ist, sei es, dass man zu Hause bleibt, Chance und Gelegenheit sein, sich in dieser Kunst des Lebens ein wenig einzuüben. Aus ganzem Herzen leben – Halbherzigkeit ist keine christliche Tugend.

Leidenschaftlich

Auf der Suche
nach dir

vierzig Tage
und
vierzig Nächte

und dann

zerreißen Träume
im Sturm

zerbrechen Bilder
im Beben

verbrennen Hoffnungen
im Feuer

erst jetzt
ist zarte Berührung
möglich

wächst leise
eine sanfte Kraft

und kann
dich
finden

in mir

»Pilgern«, das ist ein Wort, das heutzutage ein bisschen aus der Mode gekommen ist. Aber ich glaube, es ist nur das Wort, das nicht mehr so oft benutzt wird – die Menschen pilgern wie eh und je, wie in allen Kulturen und Religionen und zu allen Zeiten. Menschen brechen auf, machen sich auf die Suche nach dem, was Spuren von Sinn erkennen lässt, ein Ziel für das eigene Leben erahnen lässt, das erklären kann, warum das Leben so und nicht anders ist. Je nachdem, wo man das Ziel und den Sinn vermutet, mag der Weg sehr unterschiedliche Formen annehmen. Für die einen ist es der Urlaub im Süden, in den nach sinnentleerten Arbeitswochen alles an Sinn-Möglichkeiten hineinprojiziert wird, für andere ist es die Beziehung, Ehe oder Familie, die zum absoluten Lebenssinn erhoben werden, andere setzen aufs Aussteigen und den alternativen Bauernhof, manche auf Rausch und Drogen und wieder andere mögen sogar einen Sinn im Leiden entdecken, weil sie sich selbst erst im Schmerz spüren.

Pilgern heißt eigentlich, sich auf die Suche nach dem Sinn im eigenen Leben zu machen und hat deshalb etwas mit Unterwegssein, mit Suchen und Fragen zu tun – und wenig mit Angekommensein, mit Antworten und Schon-gefunden-Haben. Und das ist für die meisten Menschen aktuell – auch wenn es immer wieder manche geben mag, die schon fertig sind mit sich und der Welt, für die alles klar und eindeutig ist.

Aus meiner Sicht hat eine solche Suche immer etwas mit Gott zu tun, mag man es so sagen oder nicht, mag man Gott beim Namen nennen oder irgendeine Chiffre dafür wählen. Der, der sucht, fragt über seinen jetzigen Lebenshorizont hinaus, er will mehr, ihn treibt eine Sehnsucht auf etwas, was noch nicht ist – auch wenn er ihr keinen Namen geben kann.

Das eine und das andere

Die Sehnsucht des Menschen hat dazu geführt, dass immer wieder »Pilgerwege« entstanden sind und entstehen. Es gibt neuzeitliche Varianten, wie zum Beispiel den in die Türkei, in die Karibik oder auch nach Hamburg zum Besuch der entsprechenden Musicals – Orte, wo man einfach gewesen sein muss, wenn man mitreden will. Orte, von denen man sich irgendetwas erhofft.

Aber es gibt auch Wege der Sehnsucht, die schon seit langem von Menschen gegangen werden, und die durch unzählig viele Schritte von Pilgern geprägt wurden. Da gab es einen Ort, ein Ziel, ein Name, dem ein besonderer Ruf vorauseilte, der die Hoffnung weckte, der Sehnsucht Raum gab. Und Menschen sind diesem Ruf gefolgt, indem sie aufbrachen, Vertrautes aufgaben, sich auf Neues einließen. Sie haben sich auf den Weg zu einem Ziel gemacht, sind diese Wege gegangen – und haben sie gerade dadurch erst zu Wegen gemacht.

Ein Weg wird zum Weg, wenn ihn Menschen gehen. Ein unbegangener Weg verwuchert, wächst zu, gerät in Vergessenheit. Ein Weg wird erst, wenn viele Menschen häufig von einen Ort zu einem anderen gehen. Ein Einzelner, der »herumvagabundiert«, mag Fußstapfen hinterlassen, aber keinen Weg.

Und zugleich: Jeder Weg hat ein Ziel – jeder Weg führt irgendwo hin. Ich misstraue zunehmend der Aussage: Der Weg ist das Ziel. Der Weg mag wichtig sein – aber es ist eben nicht egal, wohin ich gehe, woraufhin ich meine Schritte ausrichte. Das Ziel ist nicht das Unterwegssein an sich. Das Unterwegssein ist notwendig, um das Ziel zu erreichen. Das Unterwegssein darf aber nicht wichtiger als das Ziel werden.

Es gibt Wege, die Jahrhunderte, wenn nicht Jahrtausende alt sind – und wenn sie sich nicht irgendwie »bewährt« hätten, gäbe es sie nicht mehr. Es scheint Orte und Wege zu geben, die alle Zeitströmungen überdauern – und gerade dadurch zeigen, dass es eben nicht egal ist, wohin man geht, wo man sich aufhält. Es gibt Orte und Wege, die in sich eine Kraft bergen.

Du, den meine Seele liebt, sag mir:
Wo weidest du die Herde? Wo lagerst du am Mittag?
Folge den Spuren der Schafe, weide deine Zicklein dort,
wo die Hirten lagern.

HOHES LIED 1,7–8

Abschied genommen
aufgebrochen

sehnsüchtig geworden
und du bist mein Suchen

sag wo weidest du deine Herde

losgegangen
und du bist der Weg

zu dir will ich kommen

bei dir will ich

dich hereingelassen
und du bist Nähe

sein

hingegeben
und du bist Erfüllung

ich gehe dir nach
folge der Liebe

ich suche den Traum
glaube an die Erfüllung

ich lass mich erschüttern
und hoffe auf Zukunft

Ich bin der gute Hirt.

JOHANNES 10,11

Manche Bilder aus der Bibel wollen sich uns heute nicht mehr so recht erschließen. Der gute Hirte, der für seine Schafe sorgt? Irgendwie: sich mit einem Schaf zu identifizieren, da sträuben sich doch ein wenig die Nackenhaare.

Das Schaf hat es heute nicht mehr allzu leicht. Wir verbinden damit ein dummes Herdentier, das blind einem Hirten folgt, der noch nicht mal beurteilen kann, ob das Gras auch wirklich gut schmeckt. Die Lämmer haben es da noch ein wenig leichter – sie sind immerhin possierlich anzusehen oder auf Speisekarten sehr willkommen. Aber ein Schaf? Das Tier hat seinen Ruf weg ... schade eigentlich ...

Als ich vor einigen Jahren in Nordspanien nach Santiago de Compostela unterwegs war, habe ich sehr viele Schafherden getroffen. Und unvergessen wird mir ein Abend in der Meseta bleiben, als eine Schafherde mit ihrem Hirten heim ins Dorf zog. Der Hirte sah so zerlumpt aus, dass man hier wahrscheinlich ganz schnell die Straßenseite gewechselt hätte – und seine Zähne hätten für einen Zahnarzt eine Woche Vollbeschäftigung bedeutet (wenn es denn eine Kasse gegeben hätte, die dafür bezahlt hätte). Ich hörte ein jämmerliches Blöken, und beim näheren Hinsehen entdeckte ich, dass er in einem alten Jute-Sack ein gerade eben geborenes Lamm auf der Schulter trug, das noch zu klein war, um mit der Herde Schritt zu halten. Ihm dicht auf dem Fuß lief das Mutterschaf – und zum ersten Mal in meinem Leben konnte ich mit dem Bild vom »Guten Hirten« etwas anfangen.

Die Schafe kennen den Hirten, sie hören auf ihn, er sorgt sich um sie, er bringt sie zu den Weidegründen, den Quellen. Er führt sie am Morgen hinaus und am Abend heim. Ich habe in diesen Wochen gelernt, dass Schafe nicht dumm sind. Sie wissen sehr genau, wer ihnen gut will, sie vertrauen sich an, folgen dem Hirten, lassen sich tragen, wenn sie nicht mehr können.

Das eine und das andere

Schafe wissen sehr genau, wer ihnen gut will.

Und wir? Der Alltag, die Gesellschaft, die Welt verführt uns – wir leben im Wahn des Machbaren, Leistung ist gefragt, Kontrolle, Sicherheit. Wissen ist Macht, Geld schafft Sicherheit, jeder ist sich selbst der Nächste. Wir ernennen uns selbst zum Hirt unseres Lebens – und geraten damit absolut in Stress, weil plötzlich wir machen und tun müssen. Gelassenheit und Vertrauen hingegen, das steht nicht so hoch im Kurs. Wissen wir wirklich noch, was uns gut tut – und wer uns gut tut?

Ein Schaf weiß, so wie die meisten anderen Tiere auch, wer es gut mit ihm meint – und dem folgt es, dem vertraut es.

Kein Geringerer als Gott selbst bietet sich uns als Hirt an, der für uns sorgt, uns auf die Weide führt, dem wir uns anvertrauen können, so dass wir uns nicht mehr ängstigen und sorgen müssen – und nicht mehr verloren gehen. Jesus Christus bezeichnet sich als den guten Hirten, der sein Leben für seine Schafe hingibt. Er selbst trägt uns auf seiner Schulter, wenn wir nicht mehr Schritt halten können, er wehrt all das ab, was uns bedrohen will.

Kennen wir diesen Hirten? Vertrauen wir ihm? Glauben wir, dass er uns gut will? Hören wir seine Stimme? Oder sind wir vielleicht doch schon zu Schafen geworden, die den Hirten nicht mehr kennen?

Vielleicht sind Schafe gar nicht so dumm, wie wir manchmal denken ...

Das eine und das andere

Über meinem Schreibtisch hängen einige Bilder, die mir sehr wichtig sind. Und sie hängen da, um mich zu erinnern – an für mich wichtige Orte, an Erfahrungen, an Menschen. Und manchmal, wenn ich an meinem Computer sitze und ich etwas schreiben soll und mir nichts einfallen will, dann fällt mein Blick auf diese Bilder ... und manchmal fangen sie zu sprechen an.

Eines dieser Bilder zeigt einen sehr guten Freund von mir, aber in einer ungewöhnlichen Perspektive. Der Kopf ist abgewandt, er hat die Hände in den Hosentaschen – aber die Mitte des Bildes wird von seinem Rücken eingenommen und dem Sweat-Shirt, auf dem einige mystische Zeichen und der Spruch: »Put a little bit of magic in your life« zu sehen sind – auf deutsch etwa: »Bring ein bisschen Zauber in dein Leben!« oder vielleicht auch: »Stell ein wenig vom Geheimnis in dein Leben!«

Wenn ich bewusst auf dieses Bild schaue, muss ich immer ein wenig schmunzeln. Ich mag diesen Freund sehr gerne, wir verstehen uns sehr gut – aber an ihm habe ich auch gelernt, das Anderssein des anderen zu respektieren, ihm seine »Geheimnisse« zu lassen – und mich immer wieder überraschen zu lassen. Mit ihm hat ein gewisser »Zauber«, ein »Geheimnis« Einzug in mein Leben gehalten.

Ich kenne ihn, glaube ich, ziemlich gut – und doch würde ich mich nicht trauen, irgendeine Handlung, eine Bemerkung vorherzusagen. Ich bin dabei zu lernen, keine Erwartungen mehr an ihn zu haben, sondern erwartend zu sein, keine Bedingungen mehr zu stellen, wie er sein oder werden soll, sondern ihn so zu lassen, wie er ist. Ich möchte unsere Freundschaft nicht »entzaubern«, ich möchte ihr das »Geheimnis« nicht nehmen. Das ist nicht immer leicht, zugegeben.

Aber ich glaube, dass ich an ihm etwas lerne, was im tiefsten Sinne mit Freundschaft zu tun hat: dem anderen den Raum zu geben, so zu leben, wie er leben möchte – auch wenn es anders sein mag, als ich es mir gedacht habe ... das Meine dazu zu tun, dass er in der Freiheit der »Kinder Gottes« leben kann.

Das eine und das andere

»Put a little bit of magic in your life!« – könnte es nicht sein, dass es genau das ist, was »glauben« meint? Entzaubere dir dein Leben nicht, sondern gib dem Geheimnis Raum. Glaub daran, auch wenn du es nicht ganz verstehst. Versuche nicht, das Rätsel aufzulösen, sondern werde Teil des Rätsels, werde Teil der Verwandlung. Lass den Zauber zu. Ja, lass dich verzaubern! Lass dich mitnehmen zum Leben und zur Lebendigkeit – ohne zu fragen, warum und wie das gehen kann.

Michael Ende sagt es so:

Verwandlungen
Die großen Geheimnisse sind keine Rätsel, für die es eine bestimmte Lösung gibt. Um in sie einzudringen, muss man sich von ihnen verwandeln lassen. Wer dazu nicht bereit oder nicht fähig ist, der wird ins Leere laufen. Aber der, dem es gelungen ist, vermag denen, die es nicht wollten oder konnten, niemals etwas zu verraten. Sie verstehen ihn nicht.
So schützen sich die Geheimnisse selbst.

Wir können und werden nicht verstehen, was Auferstehung und Wandlung meint – wir können uns nur hineingeben und es leben.

Wir werden unseren Gott nicht verstehen – und wir sollten nicht versuchen, sein Geheimnis lösen wollen. Vielleicht steht es einfach nur an, seinem Geheimnis in unserem Leben Raum zu geben – so wie wir einem guten Freund zugestehen, sein eigenes Leben zu leben.

Glauben, das kann man nicht verstehen – das kann man nur leben.

Put a little bit of magic in your life ...

Gott
der Herausforderung
und Geborgenheit ist

möge uns
auf unserem Weg
begleiten

er fordere uns heraus
wo wir geborgen sind
und

er berge uns
mitten in der
Herausforderung

so segne uns Gott
und diesen Tag

August

Auf der Spur des Lebens

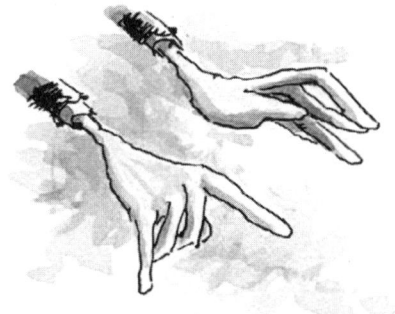

Diese Worte,
auf die ich dich heute verpflichte,
sollen auf deinem Herzen
geschrieben stehen.
DEUTERONOMIUM 6,6

ich stell mich

erfüllt
berührt
bewegt

hinstehen
einstehen
aufstehen

ruhe und antrieb
ruf und aufbruch
rede und antwort

mit ganzem herzen
mit ganzer seele
mit ganzer kraft

Hiermit lege ich dir heute
das Leben und das Glück,
den Tod und das Unglück vor.

DEUTERONOMIUM 30,15

Entschieden zur Lebendigkeit

Sich zu entscheiden – das ist nicht immer leicht. In dem Wort ist das alte deutsche Wort »scheiden« enthalten, das »spalten, trennen« bedeutet. Auch heute spricht man ja von »Ehescheidung«, also davon, dass eine Ehe getrennt wird. Und sich zu verabschieden, das bedeutet, von etwas wegzugehen. Und gerade das kann Entscheidungen manchmal so schwer machen: Indem man sich für etwas entscheidet, verabschiedet man sich von etwas anderem. Ich entscheide mich für einen bestimmten Beruf, und verabschiede mich damit vorerst von x anderen Möglichkeiten, mein Geld zu verdienen. Ich entscheide mich für eine Lebensform, für einen konkreten Partner und damit kommt anderes und kommen andere nicht mehr in Betracht. Man entscheidet sich, ein Haus zu bauen und verzichtet deshalb zum Beispiel darauf, in Urlaub zu fahren. Das sind große Entscheidungen, vor die wir in unserem Leben immer wieder gestellt sind.

Aber es gibt auch die kleinen, alltäglichen, die zwar nicht diese große Bedeutung haben, aber deshalb manchmal auch nicht leichter zu treffen sind: Gönn ich mir jetzt das Stück Sahnetorte, oder lass ich es lieber sein? Gehe ich heute Abend ins Kino, oder bleibe ich daheim? Gehe ich jetzt in den Gottesdienst, oder bleibe ich doch lieber im Bett?

Sich mit einer Entscheidung für etwas zugleich gegen etwas zu entscheiden, das macht es manchmal so schwer. Und das kann dann schon die Frage aufkommen lassen: Wie entscheide ich mich richtig? Und wonach entscheide ich mich?

Eine alte, weise gewordene Ordensfrau hat mir einmal gesagt: Wenn du vor einer Entscheidung stehst und nicht weißt, wie du dich entscheiden sollst, dann entscheide dich für das, was dich lebendiger macht!

Lebendiger – das finde ich ein spannendes Kriterium für eine Entscheidung.

Lebendiger – das heißt nicht unbedingt: einfacher, glücklicher, leichter, angenehmer. Das heißt, sich dem Leben zu stellen, sich durchaus auch herausfordern zu lassen, Neues zu wagen und zu probieren, sich von Altem zu verabschieden. Lebendiger – das ist all das, in dem und bei dem ich mich spüren kann, auch wenn es eben nicht nur schöne, nette und angenehme Gefühle sind. Lebendig – da tut sich was, da tut mir was gut, daran kann ich wachsen, mich weiter entwickeln. Da mach ich mich auf den Weg, da bin ich bereit, aufzubrechen, da komm ich ins Fragen und Suchen.

Der biblische Gegenbegriff zur Lebendigkeit ist der »Tod«. »Leben und Tod lege ich dir vor, du aber wähle das Leben«, so heißt es im Alten Testament – und Jesus sagt eindeutig: »Ich bin gekommen, dass sie das Leben haben und es in Fülle haben« oder auch »Lasst die Toten die Toten begraben!« Es ist damit nicht der körperliche Tod gemeint, sondern ein innerer Tod, ein seelisches Totsein. Es ist ein Sattsein, eine Selbstzufriedenheit, die keine Sehnsucht mehr kennt. Es ist ein Angekommensein, das sich eingerichtet hat, fertig ist mit sich und der Welt. Es ist der Zustand, wenn man auf alle Fragen des Lebens schon eine Antwort hat. Und eigentlich ist dann auch schon alles entschieden, man hat sich arrangiert und eingerichtet.

Gott aber lockt uns zum Leben heraus, will uns zum Leben verführen, zur Lebendigkeit einladen.

Ehrlich gesagt – ich wüsste keinen Grund, diese Einladung abzulehnen.

sich zu entscheiden
das steht heutzutage
nicht allzu hoch im Kurs
man legt sich nicht fest
man bindet sich nicht
man lässt sich lieber
alle Möglichkeiten offen
bleibt unverbindlich
offen für alles
wer weiß ob nicht vielleicht doch

wer sich entscheidet
sagt ja
zu einem Menschen
zu einem Glauben
zu einem Weg
und der ist bereit
diesen Weg zu gehen

wer sich entscheidet
der steht hin
der stellt sich
der traut sich zu sagen
das meine ich
und dich meine ich
das will ich
und dich will ich
der macht sich verbindlich
der gewinnt Profil
der beschreibt sich
der zieht Grenzen

Wozu bin ich auf der Welt?

Die einfachsten Fragen sind manchmal die interessantesten.

Es gab Zeiten in meinem Leben, da hätte ich auf diese Frage keine Antwort gewusst. Und es gab Zeiten und wird sie immer wieder geben, in der mir die Frage selbst gar nicht präsent ist, Zeiten, in denen ich mich im Selbstverständlichen, in der Arbeit, im Alltag verliere. Andererseits: Wenn meine einmal gefundene Antwort auf diese Frage stimmt, dann kann sie mich auch durch solche Zeiten hindurchtragen.

Auf meinem Lebensweg haben mich zwei Sätze entscheidend geprägt und sind zu *meiner* Antwort geworden: *Er hat mich gesandt, damit ich den Armen eine gute Nachricht bringe; damit ich den Gefangenen die Entlassung verkünde und den Blinden das Augenlicht; damit ich die Zerschlagenen in Freiheit setze und ein Gnadenjahr des Herrn ausrufe* (Lukas 4,18b.19). Ich werde zum Leben befreit, mir gehen die Augen auf, mir gilt die gute Botschaft, dass Gott meine Lebendigkeit will! Gott sagt sein unverwechselbares »Ja« zu mir, er meint mich, er will mich! Ich bin eingeladen zum Leben!

Der zweite Satz stammt aus einem Text von Werner Sprenger: *Es gibt einen Weg, den keiner geht, wenn du ihn nicht gehst!* – und seitdem begleitet mich immer wieder die Frage, ob ich den Weg gehe, den sonst keiner gehen kann.

Beide Sätze zusammen sind meine Antwort auf die Frage, die sich so einfach anhört. Eine Antwort, die für mich zum Lebensprogramm geworden ist: Lebendig sein ohne »wenn« und »aber«, mich spüren in allen Höhen und Tiefen, leben dürfen – und es aus ganzem Herzen tun. Und immer wieder neu meinen ganz eigenen Weg suchen, ihn manchmal finden und gehen – vielleicht.

ich halte mir
nicht alles offen
ich lege mich fest
ich bekenne mich zu dir
mit allen Konsequenzen

wer sich entscheidet
der sagt
hier bin ich zu Hause
und hier will ich zu Hause sein
bei dir will ich zu Hause sein
zu dir will ich gehören
mit dir will ich meinen Weg gehen

wer alles will
wird nirgendwo zu Hause sein
und unbehaust bleibt der
der sich nicht entscheiden will
entscheiden kann
wer zu Hause sein will
muss sich dafür auch entscheiden
für eine Adresse
eine Hausnummer
einen Menschen
für Gott

und wer sich
für das Zeichen des Kreuzes entscheidet
wird haben Heimat in Ewigkeit

Einladung

Tod
Tanz
und Traum

gelebt
und nicht
zu wenig

Mut
zum Träumen
gehabt

zum Glauben
an eine andere
Wirklichkeit

vom Leben berührt
manchmal
getanzt

schwerelos
durch Raum und Zeit
getragen gehalten

manchmal
Tod
am Ende sein

nicht mehr wollen
nicht mehr können
dunkel sein

um neu zu hören
neu zu werden
neu zu sein

Tod
Tanz
und Traum

Traum
Tanz
und Tod

Leben
hier
und jetzt

»Über den Wolken muss die Freiheit wohl grenzenlos sein ...« So besingt Reinhard Mey einen uralten Wunschtraum der Menschen: die grenzenlose Freiheit. Aber, mit Verlaub, hier irrt der Kollege – und der Wunsch nach der grenzenlosen Freiheit ist nicht nur schon deshalb richtig oder sinnvoll, weil er von vielen Menschen geteilt wird.

Die grenzenlose Freiheit, die gibt es nicht. Es gibt Bedingungen, in die wir hineingestellt sind – unsere Geschichte, unsere Möglichkeiten, Ort, Zeit und Raum. Natürlich stehen mir theoretisch alle Möglichkeiten offen, jeden Beruf zu ergreifen oder gar einen neuen zu erfinden. Aber ich muss Rücksicht nehmen auf meine Begabungen, auf die Notwendigkeit, Geld zu verdienen, auf das, was machbar ist. Und darüber hinaus gilt: Etwas, das keine Grenzen hat, verschwindet im Nichts. Der grenzenlose Horizont, das ist die Weite, in der man sich verliert. Selbst wenn ich die Freiheit hätte, alles zu tun – in dem Moment, *wenn* ich etwas tue, verliere ich diese Freiheit – gerade weil mein Tun anderes wieder ausschließt. Und wenn ich gar nichts tue, um ebendiese Freiheit nicht zu verlieren, dann ist und geschieht eben auch nichts. Was aber will ich dann mit dem Traum einer grenzenlosen Freiheit, der gar nicht lebbar ist?

Erst wenn ich von dieser angeblichen Grenzenlosigkeit Abschied nehme, kann etwas sein und werden. Und erst dann werde *ich* sein ...

Es gibt keine grenzenlose Freiheit – aber es gibt eine Freiheit der Entscheidung. Ich kann mich für das eine entscheiden – und damit gegen etwas anderes. Ich kann aus verschiedenen Möglichkeiten eine auswählen, auch wenn ich damit auf x andere Möglichkeiten verzichten muss. Ich kann etwas gewinnen, wenn ich anderes loslasse – wer nicht loslassen kann, wird gar nichts bekommen. Wer sich an der Wegkreuzung nicht entscheiden kann, welchen Weg er nehmen will, wird unschlüssig stehen bleiben – und gar keinen Weg gehen. Ich kann nicht alles haben – aber ich kann mich für das entscheiden, was ich gerne haben möchte.

Gott schenkt uns Menschen nicht die grenzenlose Freiheit, eben weil es die gar nicht gibt – aber er schenkt uns die Freiheit der Entscheidung. Er gibt uns die Macht, unsere Entscheidungen in Freiheit zu treffen. Wir sind keine Marionetten, die an irgendwelchen Fäden hängen, an denen der Puppenspieler Gott zieht. Unser Handeln und Tun ist nicht durch eine ferne Macht vorherbestimmt, sondern wir sind frei zur eigenen Entscheidung. Und diese Freiheit ist so groß, dass wir uns auch gegen Gott entscheiden dürfen und können.

Wer Jesus nachfolgen will, wird vor eine Entscheidung ganz eigener Art gestellt. Sich hineingeben ist angesagt, loslassen, sich Gott anvertrauen, Gottvertrauen. Wer alles haben will, wird am Ende nichts in den Händen halten, weil es ihm zwischen den Fingern zerrinnt. Wer sich für das eine, den Einen entscheidet, wird am Ende alles haben. Wer sich an Irdischem ausrichtet, wird Vergängliches bekommen – wer sich am Ewigen orientiert, der wird Ewiges bekommen. Und wer vor lauter Angst, sich »falsch« zu entscheiden, sich gar nicht entscheidet, der wird gar nichts bekommen.

Die Einladung Gottes lullt uns nicht in eine nette Glückseligkeit ein, sondern will uns zur Entscheidung herausfordern. Er verspricht uns nicht die grenzenlose Freiheit – aber die Freiheit zur Entscheidung.

mich für etwas entscheiden
weil sich einer
für mich entschieden hat

weil einer Mensch geworden ist
damit ich Mensch sein kann

weil einer mich liebt
damit ich lieben kann

weil einer sich hingibt
damit ich leben kann

weil sich einer gibt
in Brot und Wein

damit er in uns ist
damit er uns erfüllt

sich für den entscheiden
der mich meint
so wie ich bin

der mich will
so wie ich bin
der sein Ja sagt

und der es verbindlich meint
der sich festnageln lässt
und der meine Entscheidung will

Fangt uns die Füchse, die kleinen Füchse!
Sie verwüsten die Weinberge, unsre blühenden Reben.
HOHES LIED 2,15

und ganz entschieden
die Liebe schützen

mir die Liebe nicht
stehlen lassen
von denen
die nicht lieben können

mir meine Hoffnung nicht
nehmen lassen
von denen
die fertig sind mit dem Leben

mir die Kraft nicht
absprechen lassen
von denen
die sich nicht hingeben

liebend sein
verletzbar bleiben
das Leben riskieren
mich schutzlos hineingeben

und das
Recht des Menschen schützen
zu lieben
und geliebt zu werden

Auf der Spur des Lebens

Wer sich entscheidet, gewinnt Profil

Die Einhaltung der Gesetze und Gebote ist recht und gut – aber von denen, die Gott liebt, verlangt er noch ein kleines bisschen mehr: Entscheidung ist angesagt.

Ein Mann fragte Jesus: Was muss ich tun, um das ewige Leben zu gewinnen? Jesus antwortete: Du kennst doch die Gebote. Er erwiderte ihm: Meister, all diese Gebote habe ich von Jugend an befolgt. Da sah ihn Jesus an, und weil er ihn liebte, sagte er: Geh, verkaufe, was du hast, gib das Geld den Armen, dann komm und folge mir nach (nach Markus 10,17–21).

Jesus verlangt von dem jungen Mann eine Entscheidung, weil er ihn lieb hat, weil er ihm gut will. Sich zu entscheiden bringt Klarheit, Eindeutigkeit und Verbindlichkeit mit sich. Man legt sich fest – und das schafft Profil und erzeugt Identität. Man weiß, woran man ist – und was nicht mehr in Frage kommt. Der Weg zeichnet sich klarer ab, und damit wird es greifbarer. Zugleich aber gilt auch: Wer sich festlegt, wird nicht nur greifbarer, sondern auch angreifbarer.

Wer profiliert etwas vertritt, wird immer auf Widerspruch stoßen – wer sich zuckerwattenähnlich in der Weite aller Möglichkeiten verliert, mag scheinbar leichter, weil unangefochtener, durchs Leben kommen. Ob er deswegen zufriedener ist?

Wege, die zu gehen sind, Wege, auf denen ich vorwärts kommen will, bringen immer wieder Entscheidungen mit sich und brauchen immer wieder Entscheidungen. Und das gilt für Lebenswege genauso wie für Glaubenswege. Und die Entscheidungen wollen gelebt und umgesetzt sein, tagtäglich neu. Auch und gerade solche grundsätzlichen Entscheidungen wie die Bindung an einen Partner oder an das Priesteramt müssen immer wieder neu durchbuchstabiert werden.

Gesetze und Gebote wollen dabei helfen, die Entscheidungen für das Leben in die Lebenswirklichkeit umzusetzen. Sie sind in der Regel »zu Buchstaben geronnenes Lebenswissen« und haben sich zumindest soweit bewährt, dass man sie immerhin nicht abgeschafft hat. Sie wollen den Menschen insofern unterstützen, als sie »Standardsituationen« regeln wollen und eine Richtschnur vorgeben, damit man nicht in jeder Situation neu entscheiden muss, was jetzt zu tun oder zu lassen ist. Aber sie nehmen uns die wirklich wichtigen Entscheidungen nicht ab. Und es gibt Menschen, die sich zwar buchstabengetreu ans Gesetz halten – und genau dadurch das Leben, ihr Leben verfehlen. Sie standardisieren ihr Leben, vielleicht weil sie Angst davor haben, ihre je eigenen Entscheidungen zu treffen.

Die Gesetze und Gebote Gottes zu erfüllen, das mag wichtig und gut sein – aber das kann man auch, ohne sich entschieden zu haben. Man kann mitschwimmen im Strom – und hat doch keine Entscheidung getroffen. Man kann sich alle Möglichkeiten offen halten – und Gott als eine Art »letztendliche Lebensversicherung« betrachten, ohne im Alltag entsprechend zu leben.

Aber von denen, die Gott liebt, verlangt er mehr, eine Entscheidung. Da reicht es nicht aus, die Gebote und Gesetze zu erfüllen. Gott hat sich entschieden, er hat sich für uns entschieden, hat sich festgelegt und verbindlich gemacht. Seine Entscheidung für uns ist nicht an Bedingungen geknüpft, er liebt uns nicht erst, wenn ... und dann ...

Er macht seine Entscheidung, seine Zusage, sein Geschenk nicht abhängig von unserer Antwort – er schenkt sich absichtslos her. Aber er stellt uns vor die Entscheidung – in aller Freiheit. Es liegt an uns, wie wir darauf reagieren, ob wir »Ja« sagen oder vielleicht auch »Nein« – oder ob wir uns weiterhin ganz elegant drumherummogeln. Gott lässt uns diese Freiheit.

Auf der Spur des Lebens

Gott und Mensch
du und ich
zugegeben
solch eine Entscheidung macht
auch einsam
weil sie trennt
weil sie nein sagt
zu jemand anderem und etwas anderem
weil jedes Ja
zugleich ein Nein ist
weil manche den Kopf schütteln
weil manche nicht verstehen
weil manche nicht verstehen wollen

aber solch eine Entscheidung
verbindet auch
mit all denen
die sich dafür entschieden haben
du bist nicht allein
auf deinem Weg
auch wenn du ihn alleine gehen musst
Gott geht mit
und Menschen begleiten dich
und du gehst
deinen Weg
und nicht den
der anderen

und wenn du aufbrichst
wirst du schon angekommen sein
und du wirst zu Hause sein
und da wird Heimat sein

Maria Himmelfahrt

Eine, die sich entschieden hat, war Maria. Maria ist, ähnlich wie die Kräuter, die am 15. August vielerorts geweiht werden, ein Duft, ein Klang, ein Geschmack, ist Farbe, Geschenk Gottes, ist ein Gedicht, ein Lied, eine Melodie, ist eine Frau, die die Kraft Gottes in sich trägt, eine Kraft, die heil machen kann – und die deshalb selbst zur Kraft werden kann.

Manche alten Lieder und Gebete wissen noch etwas von dieser poetischen Kraft Marias, die nur unzureichend in Dogmen und Lehrsätzen ihren Niederschlag findet und finden kann: »Du geistliche Rose«, so heißt es in einem Lied, »du Wurzel, der das Heil entsprießt«, »es wird dich übertauen des Allerhöchsten Kraft«, »du edler Rosengart« – und nicht zuletzt meint auch das alte, bekannte Weihnachtslied »Es ist ein Ros entsprungen« Maria, die Jungfrau und Gottesmutter.

Damit wird noch einmal etwas deutlich von der Mittlerkraft Marias. Schöpfer und Ursprung ist und bleibt Gott, von ihm geht alles aus, alles ist in ihm, aus ihm ist alles geschaffen – aber in Maria wird etwas deutlich von dem, was Gott den Menschen geschenkt hat. In ihr leuchtet etwas auf vom Reich Gottes, von dem Heil, das Gott uns Menschen zugesagt hat. Weil sie ihre Entscheidung getroffen hat, ihr »Ja« gesagt hat, kann sie Gott und die Menschen verbinden.

Maria ist eine Pforte, wie sie manchmal in alten Gebeten auch beschrieben wird, zwischen Himmel und Erde, zwischen Gott und Mensch – und ist mit genau dieser Aufgabe wiederum Geschenk Gottes an uns Menschen.

Der Duft ist nicht die Blume selbst, aber er kann etwas von der Blume erzählen, der Geschmack ist nicht das Gericht selbst, aber er weiß etwas von dem Gericht, die heilende Wirkung ist nicht die Kraft selbst, aber kommt aus einer Kraft heraus. Der Klang und die Melodie sind nicht das Instrument, aber ohne Instrument kein Lied – und kein Lied ohne Instrument.

Wir sind eingeladen, Duft und Geschmack Gottes in dieser Welt zu sein, Klang und Melodie, Farbe und Gedicht, mit unserem Leben etwas von der Kraft Gottes zu erzählen. Dazu brauchen wir keine Theologen zu sein und keine Wissenschaftler – aber dazu müssen Christen in einem guten Sinne riechen, schmecken, hören, sehen und begreifen können.

Wenn ich mich für Gott entscheide, mag sein, dass ich dann einiges loslassen muss und sogar loslassen will – aber auch die Zusage ist gemacht: Das, was ihr hergebt, bekommt ihr hundertfach zurück. Das mag ein anderer Reichtum sein als der materielle. Das mag der Geist der Weisheit, der Klugheit und der Liebe sein.

Entscheidung ist angesagt. Gott mutet denjenigen, die er liebt, diese Entscheidung zu – in all unserer Freiheit. Es ist und bleibt unsere Entscheidung – aber:

Um Antwort wird gebeten!

**Das Segel ist
die Liebe**

ein Ahnen spüren
der Sehnsucht
Raum geben

meinen Namen hören
und plötzlich wissen
jetzt

ich geb
mich der Kraft

verlier mich
ans Unterwegssein

und find mich
auf hoher See

und
in den Wind gestellt

und werde unendlich
beheimatet

Auf der Spur des Lebens

berufen?

ich doch nicht
der pfarrer vielleicht
irgendwelche ordensleute
jemand der was von theologie versteht
berufen das sind doch nur die anderen
aber ich doch nicht

aber berufung wird nicht
mit großbuchstaben geschrieben

berufung ist nicht der und die
und dann und dort
berufung ist hier und jetzt
und du und ich
und wird eindeutig
klein geschrieben

berufung
das ist nicht mehr
und nicht weniger
als antwort geben auf einen ruf
antwort geben mit dem
was ich kann
mit dem was ich bin

das ist mit meinem leben
antwort geben
antwort sein

auf das was gott
von mir will

berufung
wird klein geschrieben

ein wort des trostes den trauernden sagen
brot und wein zum altar bringen
schon wieder mittagessen kochen
vor der kirche kehren
die leere coladose aufheben
an der käsetheke ein nettes wort finden
einen gottesdienst vorbereiten
im freundeskreis meine meinung vertreten
dem kranken ein kreuz auf die stirn zeichnen
dem enkelkind von gott erzählen
das pfarrblättchen falten
einen menschen beerdigen
wandlung möglich machen

berufung das ist nicht
der und die und dann und dort
sondern hier und jetzt
und du und ich

berufung
das ist meine antwort
auf gottes wort
auf das was gott

für mich
will

wenn ich mich dafür
entscheide

Ist Unentschiedenheit dem Herzen nah,
so muss der Seele daraus Bitternis erwachsen.
WOLFRAM VON ESCHENBACH, »PARZIVAL«

Es reicht

zu viel an Kraft für andere
zu viel an Zeit für anderes
zu viel an Gedanken für ...
nicht immer Wesentliches

es ist genug

versucht
verführt
verloren
verlassen

und
doch

geführt
gefunden
und bergend
aufgehoben

jetzt bin
ich dran

leben und
nicht gelebt werden

Kommt, fallet nieder und betet ihn an!
Beuget die Knie vor Jahwe, der uns schuf!
<small>PSALM 95,6</small>

Groß bist du, o mein Gott!
Wunderbar sind deine Werke
mächtig ist dein Tun
und ich werde des Staunens nicht müde
Sonne und Mond kennen ihren Weg
das Weizenkorn weiß um seine Gestalt
der Bach nimmt seinen Lauf
die Wolken ziehen dahin
Menschen lachen und weinen
tun und lassen
reden und hören
leben und sterben

ich bin lebendig
ich höre und schweige
ich berühre und werde berührt
ich sehe und staune und schmecke und liebe
du schenkst dich und traust mir
du lädst ein und gibst dich
bleibst Frage und Antwort
bist Zumutung und Herausforderung
dir
kann ich mich hingeben
vor dir
kann ich niederfallen

du bist mein

Gott

Jetzt

Um
wirklich
zu werden

braucht
eine
Vision

viele Träume
verrückte Ideen
und Beharrlichkeit

was leicht aussehen mag
ist Ergebnis harter Arbeit
vieler Gedanken

ist Frucht des Gebets
Tanz des Lassens
Zärtlichkeit des Seins

was
sich
ergibt

ist
weil es
war

und
weil es
sein wird

Zugegeben

ein bisschen
verblüfft
es mich schon

ein Ahnen
eine Sehnsucht
ein Traum

wird zur Idee
zur Vision
– und Wirklichkeit

und diese Wirklichkeit
heißt Abschied
und Aufbruch

ist Lassen
und
Geschenk

ist Dankbarkeit
und
Trauer

Zuversicht
und
Übergang

Grenze
und
Verheißung

ist Ende
und Anfang

und ich
irgendwo
dazwischen

dazwischen

den Weg
als Geschenk

erkennen

die Herausforderung
als Chance

leben

hier
und
jetzt

Wer siegt, dem werde ich einen weißen Stein geben,
und auf dem Stein steht ein neuer Name,
den nur der kennt, der ihn empfängt.
OFFENBARUNG 2,17

fragend

ob ich schon gesiegt habe
bezweifle ich Herr
ich spür mich eher
am Anfang eines Weges

voll Angst und Hoffnung
voll Zutrauen und Zumutung
was aber ist das für ein Weg
und ist es dein Weg

wo kommt die Kraft her
ist das dein Manna
wo kommt der Mut her
ist es Verzweiflung

ich ahne dich
was willst du von mir
ich bin bereit
was soll ich tun

du hast mich bei meinem Namen gerufen
und es klingt fremd und vertraut zugleich
sei du mein Weg
sei du mein Fragen

sei du mein Name

Zeige mir deinen Weg!
Ich will ihn gehen in Treue zu dir.
<small>PSALM 86,11</small>

Gehorsam

deinen Weg
gehen

nicht meinen
nicht den anderer

sondern
deinen Weg

den Weg
der zum Leben führt

ich weiß nicht
wie der nächste Schritt heißt

du musst mir helfen
zu dir rufe ich

dir gebe ich mich
du bist mein Grund

nun zeig mir bitte auch
wo es hingeht

Auf der Spur des Lebens

Niemand kann mir etwas entreißen.
Ich handle. Wer kann es rückgängig machen?

JESAJA 43,12d

gepackt
gefesselt
fasziniert
gebannt

bei meinem Namen gerufen
von dir herausgefordert
in dir gehalten
mich in dich hineinschmiegen

wer soll mich dir entreißen
wer mich dir entfremden
mir den Grund entziehen
die Haltung nehmen

wen du rufst
den hältst du fest
den lässt du nicht mehr los
der lässt dich nicht mehr los

dein Halt ist Geborgenheit
dein Ruf Zutrauen
dein Handeln Zukunft
deine Fessel Freiheit

wer kann es rückgängig machen?

ich habe keine Veranlassung dazu

Es gibt eine Mentalität des Denkens, des Seins, des Tuns, die sich erst mal vorsichtshalber absichert. Man schließt das Risiko aus, setzt auf das offiziell Vorgegebene, erfüllt Gesetz und Vorschrift. Man fegt am Samstag die Straße, bezahlt alle Rechnungen pünktlich, hält den jährlichen Vorsorgetermin beim Zahnarzt ein, studiert alle Sonderangebote sorgfältig. Nichts dagegen zu sagen, sollte man meinen. – Und doch setzt Jesus einen anderen Akzent.

Zwei Männer gingen zum Tempel hinauf, um zu beten. Der eine war ein Pharisäer, der andere ein Zöllner. Der Pharisäer stellt sich hin und sprach leise dieses Gebet: Gott, ich danke dir, dass ich nicht wie die anderen Menschen bin ... Ich faste zweimal in der Woche und gebe dem Tempel den zehnten Teil meines Einkommens. Der Zöllner aber blieb ganz hinten stehen ... und betete: Gott, sei mir Sünder gnädig (nach Lukas 18,9–14).

Irgendwie kommt der Pharisäer, der immer seine Pflichten erfüllt, in diesem Gleichnis nicht so besonders gut weg. Der andere aber, der Zöllner, der Sünder, er kehrt als Gerechter heim. Soll man das jetzt etwa als Lebensstil übernehmen?

Mir ist ein Spruch meines Vaters eingefallen (Manche Sprüche der Eltern prägen einen ja doch irgendwie und bleiben haften). Mein Vater war und ist das, was man einen guten Beamten, einen treuen Bürger nennt. Und doch gab es in seinem Leben einen Spruch, den er immer mal wieder zitierte: »Wer arbeitet, macht Fehler. Wer viel arbeitet, macht viel Fehler. Und wer keine Fehler macht, der ist ein fauler Hund!« Es mag das Drastische an diesem Satz gewesen sein, das sich mir als Kind so eingeprägt hat. Ich wage eine kühne Übersetzung: »Wer lebt, verfehlt sich. Wer viel lebt, mag sich viel verfehlen – und wer sich nie verfehlt, der hat nicht gelebt.«

Es gehört zur Lebendigkeit des Lebens, dass wir hinter eigenen und fremden Erwartungen zurückbleiben, dass wir immer wieder schuldig werden, dass wir nicht so sind, wie wir sein könnten. Es bleibt ein Mangel, ein Defizit, eine Sehnsucht nach Heilsein.

Es gibt Menschen, die sich ihrer selbst vollkommen gewiss sind und meinen, alles für ihr Seelenheil getan zu haben, so wie der Pharisäer im Gleichnis. Jetzt möge Gott, bitte schön, dieses Tun und Handeln auch entsprechend belohnen.

Und es gibt Menschen wie den Zöllner, die um all das wissen, was nicht so gelaufen ist, wie sie es sich vorgestellt haben. Die wissen um ihre eigene Unzulänglichkeit, um ihre Fehler. Der Zöllner flüchtet aber nicht vor Gott, sondern er stellt sich. Und das ist das viel Schwerere. Es ist leicht, vor Gott zu treten und zu sagen: »Ich habe alles erfüllt, was du mir aufgetragen hast!« – es ist schwer, vor Gott zu sagen: »Ich bin schuldig geblieben!«

Ich verstehe das Gleichnis vom Pharisäer und vom Zöllner als Einladung zum Leben. Wer lebt, macht Fehler. Wer Fehler macht, braucht die Vergebung unseres Gottes, der das Leben kennt. Und wer sich bewusst ist, dass er Fehler macht, der braucht sich nicht über die Fehler der anderen zu stellen.

Es geht nicht darum, Pflichten abzuhaken. Es geht darum, sich auf das Leben einzulassen, ohne »wenn« und »aber« – auf die Gefahr hin, sich dabei zu verfehlen.

Es geht auch nicht darum, Pflichten und Ordnungen außer Kraft zu setzen – sie sind notwendig, um das menschliche Miteinander zu regeln. Aber Pflicht und Ordnung dürfen nie über das Leben bestimmen, sie wollen Hilfe und Unterstützung sein. Dort, wo Gesetz und Ordnung und Pflicht zum Selbstzweck werden, statt dem Leben zu dienen, haben sie ihren Zweck verfehlt.

Die christliche Botschaft scheint mir eindeutig zu sein: Es geht nicht um ein Machen, es geht um ein Sein. Es geht nicht darum, möglichst viel zu tun, möglichst fehlerfrei vor diesem Gott dazustehen – es geht um eine Lebenshaltung, die nicht vor lauter Vollkommenheit das Leben ausblendet, sondern die sich in aller Lebendigkeit riskiert, und dabei zugleich in der Lage ist, ihre Fehler einzugestehen.

Ich habe gepflanzt, Apollos hat begossen,
Gott aber ließ wachsen.

let it go

wenn man daran glaubt
dass Gott wirkt

dann gibt es den Punkt
an dem man loslassen muss

dann gibt es die Zeit
in der man gehen lässt

dann gilt es
zu erkennen

wann meine Pläne nicht seine Pläne sind
wann ich Meines getan habe

und ihm
Seines nicht abnehmen darf

dann gilt es
wachsen zu lassen

und Gott nicht
im Weg zu stehen

Unsere Tage zu zählen, lehre uns!
Dann gewinnen wir ein weises Herz.
PSALM 90,12

Gott
du hast Zeit
und Raum geschaffen
stellst uns Menschen in diese Welt

jeder Morgen von dir geschenkt
vor uns ein neuer Tag
voll Bangen und Lust
Grenze und Möglichkeit

lass mich jeden Tag neu
in seiner Einmaligkeit erleben
achtsam sorgsam
für das Kleine sein

jeder Abend geschenkter Tag
vor uns die Nacht
lassen und spüren
sich ängstigen und ausruhen

lass mich jeden Abend neu
die Endlichkeit erahnen
mein Tun und Sein in deine Hände geben
lös mich aus meinen Verstrickungen

lass mich wachsam sein
für die Einmaligkeit meiner Tage
lehre mich jeden Tag zu zählen
lehre mich die Kostbarkeit meines Lebens

Auf der Spur des Lebens

September

Unterwegs bleiben

Anstelle von Heimat halte ich
die Verwandlungen der Welt.

NELLY SACHS

Unterwegs
bleiben

aus der
Heimat

ausgezogen geflüchtet
vertrieben

find ich
mich

in Wechsel
und Wandel

in Vorübergehen
und Vorläufigkeit

wird mir Heimatlosigkeit
Heimat

Für uns
stehen die Herbstzeitlosen auf
in den braunen Wiesen des Sommers,
und der Wald füllt sich
mit Brombeeren und Hagebutten –
HILDE DOMIN

Ermutigung

heimatlos
bewegt
aufgewühlt
umgetrieben
sehnsüchtig

sich beschenken lassen von
der Distel am Wegrand
dem Lachen des Kindes
dem Schrei des Falken
dem Rot der Hagebutten

einen Moment lang
Heimat finden

im Sein

Selig, ihr Armen,
denn euch gehört das Reich Gottes.

LUKAS 6,20b

Selig, die unterwegs sind

»Wenn man nur lange genug bei Gott rumhängt, dann färbt der Typ auch irgendwie ab!«, so bringt Richard Rohr, ein Franziskaner aus den Vereinigten Staaten, eine Lebenserfahrung ziemlich genau auf den Punkt. Ich kenne das gut, dass die Umgebung auf mich »abfärben« kann: Nach einigen Tagen Urlaub in Österreich sage ich plötzlich auch »Auf Wiederschaun«. Ein Telefongespräch mit einem ganz bestimmten Freund und prompt übernehme ich seinen Satz: »Das mach man!« Man erlebt dieses Phänomen, wenn Ehepartner oder Freunde lange Jahre zusammen waren – und manchmal ist auch zwischen Hund und Hundebesitzer oft eine ganz verblüffende Ähnlichkeit festzustellen.

Wenn man lange genug bei Gott rumhängt, färbt der Typ auch irgendwie ab. Und diejenigen, die Jesus nachfolgen, die mit ihm gehen, auf die müsste das, was sie sehen, hören, erleben, erfahren, eigentlich auch abfärben – und das ist heute nicht anders als vor zweitausend Jahren.

Und was da abfärben soll, das steht ziemlich eindeutig im Neuen Testament, zum Beispiel in der so genannten Feldrede Jesu, die Lukas aufgeschrieben hat: *Selig die Armen, selig die Weinenden, selig die Hungernden, selig die Ausgestoßenen.*

Das hört sich nicht so besonders attraktiv an – wenn man diese Aussagen mit den herkömmlichen Maßstäben und Gedanken besetzt. Aber sie machen einen überraschend neuen Sinn, wenn man einmal die Perspektive ändert.

Unterwegs bleiben

Dass bestimmte Wörter und Sätze ihren Sinn erst in einem gewissen Kontext erschließen, ist uns allen gut bekannt. Würde ich mich mit dem Satz »Der Friede sei mit dir!« von Kollegen und Kolleginnen am Arbeitsplatz verabschieden, so würde ich ziemlich verwundert angeschaut werden. Wenn ich im Gottesdienst den Friedensgruß mit den Worten weitergeben: »Der Friede sei mit dir!«, so klingt der Satz passend und vertraut.

Selig, die arm sind ... Vielleicht hilft auch bei den Seligpreisungen ein solcher Perspektivwechsel, ein Wechsel des Kontextes, indem wir fragen: Aus welcher Erfahrung heraus hat Jesus gesprochen?

Das Lukasevangelium wird von den Theologen oft auch als das »Evangelium des Weges« bezeichnet. Jesus zieht mit seinen Jüngern wandernd umher und sagt von sich selbst: *Die Füchse haben ihren Bau, die Vögel haben ihr Nest – aber der Menschensohn hat nichts, wo er sein Haupt hinlegen kann.* Jesus ist ein Wanderprediger, er ist unterwegs. Und die Erzählung vom Gang der beiden Jünger nach Emmaus ist die wohl bekannteste Weggeschichte.

Aus der Sicht eines Wanderers, einem, der unterwegs ist, ergeben die Seligpreisungen tatsächlich plötzlich einen neuen und überraschenden Sinn.

Selig, die arm sind ... Jeder Besitz bindet – und die Stoßseufzer bei bevorstehenden Umzügen sind gut bekannt: Wozu nur braucht man eigentlich all diesen Kram? Der Wanderer ist dankbar für wenig Gepäck, er sucht sich sehr sorgfältig aus, was er mitnimmt und was er zurücklässt. Wer an seinem Besitz, an seinem Reichtum hängt, dem fällt der Aufbruch schwerer als dem, der sich trennen kann, der loslassen kann.

Für den Wanderer gilt tatsächlich: Selig, der arm ist ...

Vielleicht gilt das auch für die anderen Seligpreisungen? Dass sie aus der Erfahrung des Unterwegsseins gesagt wurden?

Selig, die hungern – wer aufbricht, losgeht, den treibt eine Sehnsucht, der ist hungrig nach etwas, bei dem ist irgendwas unerfüllt, der ist ausgerichtet auf ein Ziel. Wer satt ist, der bleibt daheim und legt sich aufs Sofa zum Mittagsschlaf.

Selig, die weinen – wer unterwegs ist, bei dem kommt etwas in Bewegung, der wird berührbar, der lässt sich anrühren. Wer seine Sicherheiten aufgibt und aufbricht, in die Fremde geht, der lässt sich aufbrechen – und das kann ganz schön wehtun und da können die Tränen locker sitzen.

Selig, wenn euch die Menschen aus ihrer Gemeinschaft verstoßen – Menschen, die unterwegs sind, die nicht sesshaft sind, die waren schon immer ein bisschen suspekt und eine Anfrage für die anderen. Wer sich auf den Weg macht, schließt sich aus der Gemeinschaft derer aus, die zu Hause bleiben – und wird ausgeschlossen. Für diejenigen, die sich eingerichtet haben, sind all diejenigen eine Zumutung, die aufbrechen, den Alltag verlassen, die Sicherheiten aufgeben.

»Wenn man lange genug bei Gott rumhängt, dann färbt der Typ auch irgendwie ab«, so sagt es Richard Rohr. Wenn man sich auf einen einlässt, der von sich sagt: Ich bin der Weg, dann kann man nicht sitzen bleiben. Dann ist Aufbruch angesagt. Das kann ein innerer Aufbruch, ein inneres Losgehen sein, das können Wege sein, die mein Herz geht – das können aber auch ganz konkrete äußere Aufbrüche sein. Das heißt, sich einlassen auf Neues, Anderes, Ungewohntes – auf sein Wort hin. Wer sich an Gott festmacht, der kann losgehen. Der braucht kein Gepäck mehr, der weiß um die Sehnsucht, der kennt die Tränen und hat die Einsamkeit erfahren. Der weiß um das Eigentliche.

Christen sind Pilger und Pilgerinnen, die ihre Schritte auf Gott hin ausrichten, die sich auf den Weg machen hin zum himmlischen Jerusalem, die zueinander sagen:

Kommt, wir ziehen hinauf zum Berg des Herrn! (Jesaja 2,3).

Nirgendwo heimatlos

von Sehnsucht getrieben
streife ich unruhig umher
kein Ort ist mehr Heimat
das Brot stillt den Hunger nicht

irgendwo ankommen
nur um neu vertrieben zu werden
Augenblicke des Glücks
vom Wind verweht

und wieder die endlose Straße
Staub und Sand
und unverhofft geschenkt
ein Obdach für die Nacht

einen Moment lang
Freundschaft atmen
funkelnder Wein im Glas
Nähe und verstehendes Schweigen

und am Morgen neu aufbrechen
wieder loslassen
mit Tränen in den Augen
und doch voll Hoffnung

getrieben von
unendlicher Sehnsucht und
nirgendwo
heimatlos

Die Fahrenden Gottes müssen überall zu Hause sein, wo Gott ist,
und dort mehr zu Hause sein, wo Gott mehr ist.
Das bedeutet – so einfach es sich dahin schreibt –
viel Not, viel wundes Herz, viel Ehrlichkeit.

ALFRED DELP

Fahrendes Volk

wo bist du
Gott
und wo bist du
mehr?

ich streife umher
folge der Sehnsucht
lasse alles
und suche dich

Ungestilltes schmerzt
Ahnen lockt
Sehnen raunt
Enges träumt

ich zweifle
frage zögere
verdränge
ängstige mich

verletze mich
enttäusche mich
verliere mich
lasse mich

und doch

bleibe ich suchend
traue ich hoffend
frage ich glaubend
meine ich liebend

unterwegs sein
mit allem
trotz allem
gerade deswegen

unterwegs sein

Ein bisschen skeptisch habe ich heute Morgen wohl schon geschaut, als im Gottesdienst der Priester das Evangelium vorlas: Nehmt nichts mit auf den Weg, keine Vorratstasche, kein zweites Hemd, keinen Wanderstab! Steckt kein Gold und keine Kupfermünzen in euren Gürtel! – die Aussendung der Jünger.

In einer Ecke der Kirche steht mein Rucksack – sicher vierzehn Kilo schwer. Achtzehn Kilometer Einsamkeit in der Meseta liegen heute vor mir, der Hochfläche zwischen Burgos und Leon, auf meinem Weg nach Santiago. Bei solch einer Tagesetappe braucht man, je nach Wetter, durchaus zwei Liter Wasser, dazu der Proviant für tagsüber und abends. Das macht den Rucksack schwer. Und dann ein solches Evangelium! Na gut, ich werde achtzehn Kilometer lang Zeit haben, über diesen offensichtlichen Unterschied nachzudenken.

In manchen Pilgerbüchern wird die Meseta als »langweilig« und »öde« beschrieben. Mir aber gefällt diese Landschaft – in den letzten Tagen habe ich mich in Wind und Weite verloren, bin den Wolken hinterhergezogen.

Solch ein Meseta-Tag liegt nun heute wieder vor mir, ich bin allein auf alten Römerstraßen unterwegs, gehe durch endlose grüne Getreidefelder, in denen der Wind spielt, der rote Klatschmohn deutliche Punkte setzt, das blühende Unkraut am Wegrand durchaus vorgartengeeignet wäre. Selten ein Haus, ein Baum – schon auf Kilometer im Voraus zu sehen, nur Wind, Weite und Wolken. Und ich lasse mich hineinziehen in diese Weite, es geht mich, es weitet mich. Und ich ahne darum, dass ein solches Gehen, eine solche Weite auch süchtig machen kann.

Ich genieße das Alleinsein auf dieser Strecke – jedes Gespräch würde nur ablenken vom Sein, vom sich verbunden fühlen mit der unendlichen Weite, dem Weg, dem Wind. Auf dem Weg nach Santiago und in meinem Leben gibt es solche Etappen …

Den Kirchturm der kleinen Friedhofskirche von Calzadilla de la Cueza sehe ich schon lange am Horizont – schließlich bin ich auf der kleinen Anhöhe, von der aus der Weg 200 Meter hinunter ins Dorf führt. Ich nehme den Rucksack ab und setze mich darauf. Ich bin müde, dreckig, verschwitzt, sehne mich nach einem Bier, einer Dusche – und bleibe doch auf dieser Anhöhe, das heutige Ziel greifbar vor Augen, eine halbe Stunde sitzen. Ich kann die Weite und den Wind noch nicht verlassen, ich kann noch nicht ankommen. Es ist eine sehr dichte und intensive halbe Stunde dort oben auf dieser kleinen Anhöhe.

Die Schriftstelle von heute morgen hat mich den Tag begleitet: Nehmt nichts mit auf den Weg! Das ist ja schon herb – die Jünger folgen Jesus, weil sie in seiner Nähe sein wollen, weil sie das Gefühl haben, er tut ihnen gut, er hat eine wichtige Lebensbotschaft. Und er schickt sie weg – und sie lassen sich wegschicken. Und erschwerend dazu: Sie gehen ohne Absicherung – kein Geld, kein zweites Hemd, keine Vorratstasche. Sie sind nackt und bloß, angewiesen auf das, was andere ihnen geben, von dem sie leben können. Und noch nicht mal Erfolg wird prophezeit – Jesus sagt deutlich, es wird Häuser geben, in denen man sie nicht aufnehmen wird. Man ist fasziniert von jemandem, von einer Idee – und wird unversehens zum Mitarbeiter. Man will bleiben und wird doch geschickt. Nachgehen wird zum Losgehen. Man lässt sich drauf ein, ohne Wenn und Aber, man riskiert sich, investiert sich für eine Idee, eine Ahnung, eine Sehnsucht.

Ich bin ein bisschen nachdenklich an diesem Abend in der kleinen Pilgerherberge und spüre den Erfahrungen dieses Tages nach, die so unterschiedlich zu sein scheinen und vielleicht doch ganz viel miteinander zu tun haben mögen.

Darum hat auch Jesus, um durch sein eigenes Blut das Volk zu heiligen,
außerhalb des Tores gelitten. So lasst uns denn zu ihm hinausgehen
vor das Lager und seine Schmach tragen. Denn wir haben hier
keine bleibende Stadt, sondern wir suchen die zukünftige.

HEBRÄER 13,12-14

Vor der Stadt

Den Schutz der Mauern verlassen
die Sicherheit der Häuser aufgeben
Abschied nehmen von der Vertrautheit
von Ruhe Ordnung Bürgerpflicht

herausgerufen
auf den Weg geschickt
mit ihm sein
im nicht mehr und noch nicht

Weite Wüste freies Feld
verletzbar schutzlos
empfindsam berührbar
verwundert irritiert

ergriffen angerührt
von deiner Verbundenheit
bis in den Tod
draußen vor der Stadt

von deiner abgrundtiefen
Solidarität mit dem Dunkel
der Menschen in Leid und Not
draußen vor der Stadt

➤➤➤

du meinst mich
du willst mich
du rufst mich
du hast mich

und so gehe ich
verlass die Stadt
nehme Abschied lasse los
vertraue dir verlasse mich

setz mich dir aus
geb mich dir hin
halte dich aus
geb mich dir preis

Weite Wüste freies Feld
nicht mehr und noch nicht
Verletzung Verheißung
draußen vor der Stadt

Tod Tanz und Traum
hingebendes Vertrauen
abgrundtiefe Verbundenheit
bleibende Hoffnung

Niemandsland
Gottesland
draußen
vor der Stadt

Der 11. September – das ist ein Tag, der die Welt verändert hat. Man erinnert sich an die terroristischen Verbrechen in den Vereinigten Staaten – ein Ereignis, das uns alle in Angst und Schrecken versetzt hat, das uns ohnmächtig und sprachlos gemacht hat. Die Ungeheuerlichkeit und die Größe dieses Anschlages waren und sind neu für uns – Terror aber, oder wie es biblisch heißt: *das Böse*, war schon immer in der Welt. Neu ist, dass man heute live per Fernsehen zum Zuschauer wird.

Das, was den Menschen nicht in ihre Gedanken passte, verführte schon immer dazu, es auszumerzen, zu töten. Es waren Fanatiker, die diesen Anschlag verübt haben, bei dem Tausende Unschuldiger ihr Leben lassen mussten. Getroffen werden sollten die Ideen der Demokratie und der freien Wirtschaft und nicht zuletzt die USA. In Nordirland bekämpfen sich Protestanten und Katholiken. In der Türkei werden die Kurden verfolgt. Vor sechzig Jahren wollten die Nazis die Juden, die Roma und Sinti ausrotten – und als Reaktion wurden nur Wochen vor Kriegsende noch ganze deutsche Städte mit ihren Bewohnern regelrecht ausradiert, Dresden, Nürnberg – sinnlose Racheakte. Der Irak-Krieg gehört zur jüngsten unheilvollen Menschheitsgeschichte. Vor fünfhundert Jahren waren die Frauen verdächtig und dem Tod verfallen, die sich auf seltsame Heilkünste verstanden – und vor zweitausend Jahren wurden unschuldige Kinder erschlagen, weil ein neugeborener König der Juden die Regierenden in Angst und Schrecken versetzte. Und einer wurde dafür schon einmal ans Kreuz geschlagen, weil er eine andere Botschaft verkündete als die, die grad angenehm war.

Das Böse ist keine Erfindung des dritten Jahrtausends, das Böse ist in dieser Welt seit Anbeginn – weil Gott den Menschen die ungeheure Freiheit lässt, sich für oder gegen ihn zu entscheiden.

Immer dann und dort, wo das Böse scheinbar die Oberhand gewinnt, fühlen wir uns ohnmächtig und sprachlos, hilflos. Und gerade in solchen Momenten meines Lebens ist mir Maria sehr nahe, Maria, die Frau, die all dies in ihrem Leben auch ertragen und aushalten musste – und die daran doch nicht zerbrochen ist. Maria, die ihren Sohn in einem Stall zur Welt bringen musste, weil sie niemand aufnehmen wollte, Maria, die mit ihrem Sohn fliehen musste, weil die zerstörerischen Kräfte zu stark waren, Maria, die erleben musste, dass ihr Sohn seinen eigenen Weg ging, Maria, die schließlich unter dem Kreuz steht, der das Liebste und Wichtigste in ihrem Leben brutal genommen, ja getötet wird. Und sie weint – aber sie bleibt, sie hält aus, sie ist da.

Wenn ich mit dem Bösen, dem Dunklen im Leben konfrontiert bin, frage ich oft: Wo bist du, Gott? Wie kannst du so was zulassen? Und ich bekomme keine Antwort. Gott entzieht sich meinem Verstehen – und muss es vielleicht sogar, wenn er Gott sein will.

An solchen Tagen aber erlebe ich Maria an meiner Seite, mit aushaltend, mit tragend, mit weinend. Maria wird mir gerade in diesen Tagen zur Schwester im Glauben, weil sie ähnlich Unbegreifbares erlebt hat und doch treu geblieben ist. Maria wird mir zur Schwester, die meinen Schmerz und meine Ohnmacht verstehen kann – weil sie genau diesen Schmerz und diese Ohnmacht erlebt hat. Ein Gott, der sich meinem Begreifen entzieht – eine Frau, der ich mich anvertrauen kann. Eine Frau, die von Gott auserwählt wurde – und zugleich meine so ganz menschlichen Empfindungen und Gedanken versteht. Eine Frau, die den Terror, das Böse, am eigenen Leib erlebt hat. Eine Frau, eine Schwester im Glauben, die mir Vorbild sein kann – und die doch zugleich meinen Weg mit mir geht ...

Eine Frau, die den Schmerz und die Ohnmacht und die Tränen kennt – und doch in der Hoffnung lebt ...

und mitten
in all dies Dunkel
ein Licht
ein Ja
ein Du
einer
der sich hingibt
für mich
einer
der sich hergibt
für mich

in das Dunkel
ein Licht
in die Sprachlosigkeit
ein Wort
in die Hoffnungslosigkeit
ein Traum
in die Angst
eine Vergewisserung
in die Grübeleien
die Zusage
in die Verzweiflung
die Gewissheit

im Tod
das Leben

Fest der Kreuzerhöhung

Vor einiger Zeit habe ich mir einen kleinen Traum erfüllt – zusammen mit einer Freundin war ich endlich in Urphar. Urphar ist ein kleiner Ort in der Nähe von Wertheim am Main. Dort gibt es eine ganz alte Wehrkirche, deren Ursprünge auf das neunte Jahrhundert zurückgehen, eine der ältesten Kirchen in Deutschland. Irgendwann einmal hatte ich gehört, dass es dort einen lachenden Christus gebe – und seitdem wollte ich dorthin.

Die Kirche selbst ist sehenswert, ganz klein und alt und erstaunlich gut erhalten. Aber – so spannend und interessant die Kirchenführung auch war – mich interessierte vor allem, ob es diesen lachenden Christus wirklich gibt. Als wir uns schließlich dem Kruzifix über dem Altar näherten, war ich ein bisschen enttäuscht. Man konnte das Gesicht überhaupt nicht sehen! Und davon hatte ich jetzt Jahre lang geträumt?

Und trotzdem zog mich irgendwas zu dieser Gestalt am Kreuz. Und schließlich, fast wie unter einem Zwang, kniete ich mich hin und schaute diesem gekreuzigten Christus von unten ins Gesicht. Und dann wurde ich ganz stumm – denn dieser Christus lächelt tatsächlich. Er lacht nicht lauthals heraus, sondern er lächelt, ganz sanft und erfüllt und einladend und irgendwie liebkosend. Aber dieses Lächeln kann man nur sehen, wenn man sich unter das Kreuz stellt, ja, sich hinkniet und zu ihm hinaufschaut.

Und ich glaube, dass der unbekannte Künstler, der dieses Kruzifix im vierzehnten Jahrhundert geschaffen hat, etwas von dem Geheimnis verstanden hat: Wer den Gekreuzigten als den Erhöhten anerkennt, wer sich vor ihm niederkniet, der kann in seinem Lächeln die unermessliche Liebe erkennen, mit der er uns Menschen umgibt. Der spürt die Einladung zum Leben, die Verheißung des Trostes, die Geborgenheit der Heimat.

Ein bisschen merkwürdig ist das ja schon – da feiern Christen die Auferstehung Jesu, den Sieg des Lebens über den Tod als die zentrale Botschaft des Glaubens – aber wenn man nach dem Logo, dem Erkennungszeichen der Christen fragt, dann ist es das Kreuz, das Zeichen eines brutalen Todes. Hätte man nicht was Schöneres finden können? Die Sonne als Zeichen der Auferstehung vielleicht, oder den Regenbogen als Zeichen des Bundes zwischen Gott und den Menschen ...? Der Fisch, das geheime Erkennungszeichen der frühen Christen, lag lange Zeit gut im Rennen (Die Buchstaben des griechischen Wortes für Fisch, ICHTHYS, bilden die Anfangsbuchstaben eines Bekenntnisses: *Jesus Christus Gottes Sohn Retter*). Aber gewonnen, eindeutig gewonnen in der Konkurrenz um das »Markenzeichen« hat das Kreuz. Es steht auf Kirchen, für alle weit sichtbar, es hängt in Wohnungen, Menschen bekreuzigen sich, und Eltern zeichnen Kindern ein Kreuz auf die Stirn.

Das Kreuz als Erkennungszeichen der Christen. Das Kreuz, an dem Jesus Christus qualvoll stirbt, brutal an Händen und Füßen festgenagelt, das Gewicht des eigenen Körpers zieht nach unten, die Nägel schneiden ins Fleisch, unsagbarer Schmerz, ein Schrei, Blut und Schweiß – alles andere als ein ästhetisch schöner Anblick. Kein Wunder, dass manche Lehrer und manche Stadtverordnete ein solches Kreuz nicht im Klassenraum oder im Ratssaal haben wollen ...

Aber ist uns dieses Bild wirklich so fremd?

Immer wieder sehen wir im Fernsehen Bilder, die nicht viel anders aussehen als das Bild des gekreuzigten Christus: Frauen und Kinder, die
im Irak-Krieg erschossen wurden, weil man Angst vor Selbstmordat-
tentätern hatte – junge Männer, ganz gleich welcher Nationalität, die
ihr Leben eigentlich erst vor sich hatten, durch Bomben getötet – die
großen, dunklen Augen eines kleinen Kindes, das die Welt nicht mehr
versteht – verletzte Menschen in Krankenhäusern, in denen sie nicht
mehr behandelt werden können, weil die Krankenhäuser ausgeplün-
dert worden sind.

Und wahrscheinlich gibt es solche Bilder in diesem Moment hun-
derttausendfach auf dieser Welt, ohne dass das Fernsehen sie über-
trägt: Attentate und die Angespanntheit der Menschen in Israel und
Palästina, die Sorge von Frauen um ihre verschwundenen Männer in
manchen südamerikanischen Staaten, kriegerische Auseinandersetzungen in Afrika. Da liegt jemand auf der Isolierstation im Krankenhaus – SARS; da werden Eltern ihre beiden Kinder hinweggemordet; da
erfährt einer die Diagnose »HIV-positiv«, da hat ein Motorradfahrer die
Kurve falsch eingeschätzt.

Die Kreuze der Menschen heute bestehen nicht mehr aus zwei Balken und ein paar Hammerschlägen. Aber es gibt die Kreuze noch, sie
sind aus unserer Welt nicht verschwunden.

Gerade weil es die Kreuze im Leben der Menschen auch heute gibt – und weil auch vielleicht mir solche Situationen nicht erspart bleiben, brauche ich eine Religion, die das Kreuz kennt. Es gibt auf Erden nicht die endgültige Glückseligkeit – und wenn es das dann schon nicht gibt, dann möchte ich zumindest an einen Gott glauben können, der darum weiß und der weiß, wie sich das anfühlt.

Wenn ich verzweifelt, am Ende bin, nicht mehr weiter weiß – dann hilft mir das Bild eines Jesus Christus wenig, der glücklich und friedlich mit 75 Jahren lebenssatt in seinem Bett einschläft, so wie Buddha. Dann kann ich keine Sonne brauchen und keinen Regenbogen – und auch ein »Fisch« sagt dann erst mal ziemlich wenig aus. Dann tut es mir gut, um einen zu wissen, der weiß, was Schmerz ist, Verzweiflung, Gottverlassenheit.

Auch er wird mir meinen Schmerz nicht nehmen können; aber das kann keine Religion, und jeder, der das verspricht, lügt. Aber – wenn da einer mein Leiden mitleidet, meine Schmerzen mit aushält, meine Ohnmacht versteht, den Schrei hört, diesen Weg vorausgegangen ist und meinen Weg mit mir mitgeht – dann kann ich darauf hoffen, dass er mich auch auf dem Weg mitnimmt, den er weitergegangen ist: Der Weg durch den Tod hindurch hin zum Leben, hin zur Auferstehung.

Dass das Kreuz das Erkennungszeichen der Christen ist, hat nichts mit depressiven Stimmungen oder Todessehnsucht zu tun – ganz im Gegenteil. Es ist die realistische Sicht des Lebens, in dem es den Tod gibt – und aufgrund dessen das Leben erst leuchten kann. Es ist aber zugleich die Botschaft, dass es da einen gibt, der uns den Weg vorausgegangen ist – und der uns gezeigt hat, wie es weitergeht: Ja, es gibt den Tod – aber es gibt auch das Leben, das über den Tod hinausgeht.

Solange es Menschen gibt, die mit den Mitteln des dritten Jahrtausends gekreuzigt werden, braucht es den gekreuzigten Jesus – als Zeichen der Solidarität Gottes mit uns. Und vielleicht ist gerade das die befreiende Botschaft, dass sich sogar ein Gott nicht zu gut ist, das, was Menschen erleben müssen, auf sich zu nehmen. Auferstehung heißt nicht, dass es Tod und Leid nicht gibt. Auferstehung heißt: Leben gegen den Tod und lieben gegen den Tod – aus der Kraft dessen, der uns vorausgegangen ist.

Mag sein, dass das die Torheit des Kreuzes ist: In Jesus Christus macht sich Gott selbst klein und ohnmächtig – und wenn wir Nachfolge antreten wollen, dann sind auch wir aufgefordert, uns unter das Kreuz zu stellen. Dann und nur dann wird Jesus Christus für uns ein Gesicht bekommen.

Und es wird uns anlächeln.

manchmal
unsagbar
einsam

mitten in allem umtrieb
ein moment der leere
des verlorenseins

grau in grau
diffus
nicht greifbar

eine ungewisse angst
ein nichtkönnen
und keine lust mehr haben

letzte disziplinierungsversuche
vergebens
kämpfen zwecklos

sich
hineingeben
loslassen

und fallen
unendlich
tief fallen

und
in deiner hand
geborgen sein

Meine Gedanken sind nicht eure Gedanken,
und eure Wege sind nicht meine Wege.

Ganz anders
und doch

wer sich
auf den
Weg macht

der wird
ein bisschen
einsamer

und
der braucht
die Einsamkeit

um
das zu finden
was wesentlich ist

der braucht die Kargheit der Wüste
die Zeiten der Stille
das Dunkel der Nacht

um
zu erfahren
was wirklich ist

wer sich
auf den
Weg macht

der braucht das Suchen
die Mühe
das Fragen

der erlebt den Schmerz
erleidet die Einsamkeit
reibt sich wund an den Zumutungen

um sich doch nicht
dem Schmerz hinzugeben
im Leiden zu verharren

der wird empfindsamer
und sicherer zugleich
und der leidet lebt und liebt

und der bleibt auf dem Weg
und nimmt sich den Schmerz nicht
weil er ahnt

dass Empfindsamkeit gefragt ist
Schmerz und Trauer
Glück und Erfülltsein

der geht los
weil er das Leben will
ohne wenn und aber

Der Psalmen Nachtherbergen
für die Wegwunden
<small>NELLY SACHS</small>

Herberge

mich
hineingeben

in die alten Worte
den vertrauten Klang

ausruhen
vom Weg

die Wunden
verbinden

den Tag
loslassen

mich
zur Verfügung stellen

und den Segen
erbitten

und neu

aufbrechen

Wie man erfolgreich Probleme erzeugen kann ...

Im Allgemeinen steht ja das Wort »selbst gemacht« für eine ganz bestimmte Qualität eines Produktes. Man verbindet damit, dass es mit viel Liebe hergestellt wurde, dass es etwas Originelles ist – und nimmt dafür notfalls auch etwas »Unperfektheit« in Kauf. Auch im Kontext mit dem Wort »Problem« gibt es gelegentlich das Beiwort »selbst gemacht« – hier aber eher mit einem negativen Klang. Auch wenn diese Probleme oft mit sehr viel Liebe hergestellt sind ...

Seelsorgerinnen und Seelsorger begleiten Menschen, Kinder, Jugendliche, Erwachsene, zu Feiern ihres Lebens – Taufe, Kommunion, Firmung oder Konfirmation, Trauung ... Und hinterher wird gern die Frage gestellt: »Wie viel sind es denn bei euch noch?« Gemeint ist: Wie viele von den begleiteten Menschen nehmen am sonntäglichen Gottesdienst der Gemeinde teil? So eine Frage deutet zum Beispiel genau auf ein solch »selbst gemachtes« Problem hin – und ähnlich verräterisch ist auch der Stoßseufzer: »Ich werde nie fertig mit meiner Arbeit!«

Natürlich werden Seelsorger nie fertig mit ihrer Arbeit – und sollten sie das eines Tages sein, dann sind wir wahrscheinlich schon im Himmel angelangt, ohne es gemerkt zu haben. Solange wir auf Erden sind, werden Menschen der Sorge ihrer Seele bedürfen – und so lange wird mehr als genug zu tun sein. Solange unsere Kirchen auch aus ganz konkreten Gebäuden bestehen, werden Dachziegel herunterfallen, Wasserleitungen undicht sein und Heizungen ausfallen. Und wenn sich dort eine Ehe gerade wieder ein wenig stabilisiert hat, steht hier grad schon wieder der Nächste mit seinem Problem vor der Tür.

Glauben wir wirklich, jemals »fertig« zu sein?

Enttäuschungen erzählen oft etwas von »selbst gemachten« Problemen – ich bin von etwas anderem ausgegangen – und werde jetzt im wahrsten Sinne des Wortes »ent-täuscht«, einer Täuschung beraubt. Dass dies durchaus schmerzhaft sein kann – einverstanden.

Haben wir, wenn wir Menschen zu Feiern ihres Lebens begleiten, da wirklich mit offenen Karten gespielt? Ein bisschen provokativ gesagt: wir begleiten Menschen über einen gewissen Zeitraum, bereiten sie vor und feiern das in einem Gottesdienst – das war eigentlich der »Vertrag«. Aber haben wir nicht insgeheim doch gehofft, dass wir uns so toll und unwiderstehlich präsentieren, dass die Kinder oder Jugendlichen oder Eheleute anschließend, na ja wenigstens jeden zweiten Sonntag im Gottesdienst dabei sind? Und wenn sie es nicht sind, dann fassen wir es fast als eine persönliche Bankrotterklärung der geleisteten Arbeit auf.

Mag sein, dass ein Grundproblem darin liegt, dass wir immer noch in der Versuchung sind, linear zu denken. Wir sind an einem bestimmten Punkt und möchten an einen anderen Punkt kommen – und investieren viel Kraft und Zeit dafür. Da ist der Wunsch, anzukommen und einmal »fertig« zu sein mit dem, was zu tun ist. Und dann tut es weh, wenn man das Gefühl hat, dass man grad wieder von vorn anfangen kann.

Die Bilder der Bibel aber sind keine linearen Bilder, sondern zyklische. Säen, wachsen, reifen, ernten – und dann beginnt es von neuem. Hinausfahren und die Netze auswerfen – jeden Tag neu.

Hinausfahren und die Netze auswerfen – jeden Tag neu.

Mit einem Unterschied: Man fängt nicht da an, wo man gestern angefangen hat, sondern man fängt da an, wo man gestern aufgehört hat. Die Erfahrung dessen, was man getan hat, verändert mich und die Art und Weise, wie ich es tue – auch wenn es scheinbar das Gleiche ist, wie das, was ich gestern getan habe.

Man könnte sich eigentlich auch gleich mit dem »Vorläufigen« befreunden – um eben »nicht fertig« zu sein mit Gott und der Welt und den Menschen – mich selbst eingeschlossen.

immer wieder
anfangen

und doch
anders anfangen

immer wieder
sein

und doch
anders

sein

Und unser Lager ist frisches Grün,
Zedern sind das Gebälk unseres Hauses,
Zypressen unsere Wände.
HOHES LIED 1,16–17

von uns geträumt

ich möchte
mit dir
von dir
durch dich

vorläufig
ungeborgen
verletzbar
empfindsam

Schöpfung sein
inmitten der Schöpfung
Begegnung sein
inmitten der Begegnung

bergend
schützend
trauend
träumend

nicht Haus
noch Heim
nicht Schutz
noch Schild

lass mich
dich lieben

im Unterwegssein

**Lichtspur
der Engel**

einstimmen
ins Lob
voll Staunen
ob der Schöpfung

einschweigen
in die Stille
voll Ehrfurcht
ob des Lebens

einlieben
ins Sein
voll Liebe
ob des Geschaffenseins

einen Flügelschlag lang
ahnen
was Leben
ist

Angenommen, Maria wäre damals vor zweitausend Jahren so eine Art Pfarrgemeinderatsvorsitzende in Nazaret gewesen oder Gemeindereferentin oder Vorsitzende der Frauengemeinschaft, ob dann der Engel überhaupt eine Chance gehabt hätte?

Wohl kaum – Maria wäre mit Sicherheit gar nicht zu Hause gewesen, wenn er ihr die Geburt Jesu hätte verkünden wollen. Sie wäre bestimmt bei einer Sitzung gewesen oder auf Fortbildung oder ... jedenfalls nicht daheim. Und da es damals auch noch keine Handys gab, wäre es mit der Verkündigung wohl schwierig geworden. Und ob es uns dann heute als Christen überhaupt gäbe, das wäre fraglich: Jesus wäre vielleicht gar nicht zur Welt gekommen, weil der Engel Maria nie angetroffen hätte.

Das Bild mag sich ein wenig verrückt anhören; aber ich meine es durchaus sehr ernst: Wenn wir auf unser Leben schauen – hätte da der Engel eine Chance? Wären wir überhaupt irgendwo anzutreffen – oder sind wir so viel unterwegs, dass wir immer schon wieder an einem anderen Ort sind, bevor der Engel herausbekommen hat, wo wir denn jetzt nun gerade sind? Auf der Arbeit, im Supermarkt, in der Konferenz, beim Krimi, in der Schule, surfend durchs Internet oder voll Lust auf Neues im Urlaub unterwegs. Man muss nicht mal körperlich abwesend sein, um doch nicht da zu sein. Und selbst, wenn wir irgendwo wären, wäre es dann so still in uns und um uns herum, dass wir diese leise Stimme des Engels hören würden? Oder würde die Stimme übertönt von Fernsehen und Nachrichten, von lauter Musik und Werbung, zu vielen Worten und zu vielen Bildern?

Unterwegs bleiben

Hätte in meinem Leben der Engel eine Chance? Es ist heute nicht einfach, so zu leben, dass solche Wesen wie die Engel eine Chance hätten.

Und selbst wenn sich so ein Engel durch all die Computer und Zeitschriften, durch das Fernsehen und neuesten Automodelle zu uns durchkämpfen würde – ob wir ihn dann überhaupt noch erkennen würden? Glauben wir überhaupt noch an Engel? Oder haben wir sie sauber in irgendwelche kitschigen Verirrungen der letzten Jahrhunderte verwiesen? Schutzengel? Das waren doch die, die auf solch seltsamen Bildern kleine Kinder vor dem Sturz in den Abgrund bewahrten ...

Es ist, zugegeben, nicht besonders modern, als aufgeklärter Christ heute an Engel zu glauben – und nicht zuletzt deswegen wurden die Engel zunehmend zum Tabu-Thema auch in der Kirche. Aber irgendwie, die Sehnsucht der Menschen nach solchen Wesen scheint unausrottbar zu sein. Und so bedienen sich so ganz verschiedene Gruppen und Institutionen der Engel, um ihre je ganz eigenen Interessen durchzusetzen: im katholischen Bereich das »Engelwerk«, das Sonderlehren und -praktiken vertritt – die Werbung, die sich der Engel sehr gerne annimmt, wie religiöser Motive überhaupt – die Anthroposophie Rudolf Steiners, die den Engeln große Bedeutung zumisst. Und nicht zuletzt gab es auch in der Hoch-Zeit der Esoterik Strömungen, die ihnen einen hohen Stellenwert beimaßen.

Die Engel sind ein ganz altes Glaubensgut der drei großen monotheistischen Religionen, also des Islams, des Judentums und des Christentums – und eigentlich ist überhaupt nicht einzusehen, warum wir die Engel allen möglichen anderen überlassen sollten, ihnen aber bei uns selbst keinen Raum mehr geben.

Freilich werden wir uns von manchen Bildern lösen müssen, die wir herkömmlich mit den Engeln verbinden. Es ist nicht der nette Putten-engel mit blondlockigem Haar, der in der Klosterkirche zu Birnau den Honig schleckt – nicht die Art Engel, die vermarktet werden: nett, freundlich, harmlos.

Engel, das ist ein Wort, das ursprünglich aus dem Griechischen kommt und dann im Lateinischen zu *angelus* wird, das bedeutet »Bote«. Und damit lässt sich wohl ganz gut beschreiben, was die Aufgabe der Engel ist: Sie sind Boten zwischen Gott und den Menschen, zwischen Himmel und Erde. Aus der Liebe Gottes heraus sind sie den Menschen verbunden – und vertreten doch zugleich den Anspruch Gottes. Sie ver-binden diese beiden Sphären, ohne sie dabei aufzuheben. Sie nehmen dem Menschen das Handeln nicht ab, aber sie stehen ihm mit Rat und Tat zur Seite. Ein Engel ist einer, der mir den Rücken stärkt, der mir aber das Handeln nicht abnimmt. Ein Engel ist einer, der mich auf mei-nem Lebensweg begleitet, der mir aber das Selber-Gehen nicht erspart.

Die zahllosen Gasthäuser mit dem schönen Namen »Zum Engel« wol-len die Reisenden, diejenigen, die unterwegs sind, daran erinnern, dass sie von Engeln begleitet werden. Engel sind Mittler zwischen den Wel-ten – und immer dann und dort, wo diese andere Welt in unsere Welt hereinbricht, wir uns von dieser anderen Welt berühren lassen, könn-ten wir eigentlich von Engeln sprechen, die diese Begegnung, diese Be-rührung verkörpern. Mit den Engeln, diesen Boten Gottes in unsere Welt, haben wir ein Bild, mit dem wir unsere Erfahrungen mit dieser anderen Welt bruchstückhaft in Sprache fassen können. Damit aber müssen wir Abschied nehmen von unseren herkömmlichen Bildern von Engeln: »Es müssen nicht Männer mit Flügeln sein, die Engel« (Ru-dolf Otto Wiemer). Und deshalb ist durchaus eine Entscheidung ange-sagt – meine Entscheidung: Will ich dem Engel eine Chance in meinem Leben geben? Will ich wirklich, dass diese andere Welt meine Welt be-rührt, ja vielleicht sogar in sie einbricht?

Unterwegs bleiben

Oktober

Dem Reifen Entgegenwachsen

und ganz einfach
glücklich

ich bin
ich spür mich
fühl mich
lebendig

unter meinen Füßen
wächst der Boden
in meinen Händen
reift die Zukunft heran

Fäden
verweben sich
Wurzeln finden
Boden

und ich
bin
und
werde

Hingabe
wird zur Aufgabe
und Gabe
zum Auftrag

ganz einfach
glücklich

ein Traum
bekommt Gesicht
und spiegelt sich
in Gesichtern

Fragen
werden zur Antwort
und die Suche
beheimatet sich

Dem Reifen entgegenwachsen

Einladung

Deine Flügel umarmen mich
dein Klang umhüllt mich
dein Tanz lädt mich ein

ich gebe mich dir
stelle mich in den Rhythmus
wiege mich in der Bewegung

traue der Zusage
lass mich beflügeln
folge dir nach

tanze den Traum
glaube der Leichtigkeit
wage die Schritte

lasse alle Schwere los
gebe mich hin
werde ganz leicht

ich summe und singe
und tanze und pfeife
und lache und freu mich

und reihe mich ein
in den Chor derer
die Lebenslust sind

Ich habe euch erwählt und dazu bestimmt,
dass ihr Frucht bringt.

JOHANNES 15,16

Um heutzutage ein richtiger Apfel zu sein, da muss man schon ganz
schön was leisten. Die Zeiten sind vorbei, wo man so einfach vor sich
hin wachsen konnte, wie es einem gefiel – und eines schönen Tages
wurde man dann gepflückt. Heute ist man nur dann ein richtiger Apfel,
wenn man die richtige Leistung bringt, die europäische Norm erfüllt,
die eine Größe von 75 bis 85 Millimeter vorsieht, man hat gefälligst die
richtige Farbe aufzuweisen. Und – schön muss man sein. Wer diese
Norm nicht erfüllt, wird als Apfel nicht zum Verkauf zugelassen. Und
da steht man dann als Käufer im Lebensmittelgeschäft, tatsächlich –
ein Apfel sieht wie der andere aus, schön, nett – nur, schmecken tun sie
oft nicht mehr, diese DIN-Äpfel ...

Und es geht heute nicht nur den Äpfeln so. Überall in unserer Gesellschaft ist Leistung gefragt, geht es um die Erfüllung von Standards,
um die Einhaltung von Normen. Das Wort der »Qualitätssicherung« hat
Einzug gehalten – inzwischen sogar im sozialen Bereich und bei den
Pflegeberufen. Und weil das in unserer Gesellschaft so ist, dass man
Leistung bringen muss, wenn man es zu etwas bringen will, ist die Gefahr groß, dass wir manche biblische Texte mit dem falschen Ohr hören: Wehe, du bringst keine Leistung! Und weh dir, wenn du dem Herrn
nicht gibst, was er von dir fordert! Und dann kann schon ein schaler
Geschmack zurückbleiben – und gelinde Zweifel, ob das nun wirklich
eine erlösende Botschaft sein soll.

Die Bilder der Bibel aber sprechen von *Frucht bringen* und sind damit
der Natur entlehnt, Bilder, die deshalb den Zuhörern Jesu gut vertraut
waren, die noch mit der Natur lebten. Erst wir, in unserer heutigen
Gesellschaft, in unserer heutigen Zeit, hören das Wort »Frucht bringen« – und verstehen »Leistung«. Und genau das ist eine fatale Ver-
wechslung ...

Die Aufforderung Jesu, Frucht zu bringen, wird nur der richtig verstehen, der einen Blick in die Natur wirft.

Um Frucht zu bringen, bedarf es vorher einer langen Zeit des Wachsens und der Entwicklung. Und selbst wenn ein Baum so weit ist, dass er tragfähig ist, gibt es immer noch gute und schlechte Jahre, kann es zu viel oder zu wenig Regen, zu viel oder zu wenig Sonne geben, Frost kann die Blüten erfrieren lassen, Hagel die jungen Früchte zerschlagen. Es bedarf der Ruhezeiten, in denen sich die Kraft in den Wurzeln sammeln kann, um zu ihrer Zeit auszutreiben, zu blühen, Frucht anzusetzen, zu wachsen und zu reifen, schließlich Frucht zu bringen – und sich dann wieder in die eigenen Wurzeln zurückzuziehen. Es geht eben nicht darum, 365 Tage im Jahr zu blühen und, am besten noch gleichzeitig, Früchte hervorzubringen, eine schöner als die andere. Es geht nicht um eine standardisierte Leistung, sondern darum, sich in einen Rhythmus des Lebens hineinzugeben. Es geht nicht darum, DIN-Normen zu erfüllen, eine bestimmte Größe, eine bestimmte Farbe zu haben – und es geht eben nicht um makellose Schönheit. Es geht darum, die je eigene Frucht hervorzubringen, zu ihrer Zeit, in ihrer Art.

Und nur der ist ein guter Gärtner, ein guter Bauer, der dem, was da wächst, seine Liebe entgegenbringt und seine Arbeit. Man muss seinen Apfelbaum ein bisschen lieben, damit er Frucht bringt – und auch ein bisschen was dafür tun: gießen und beschneiden, veredeln und jäten ...

Frucht bringen muss der Baum aus sich heraus – das kann kein Gärtner »machen«, hier sind die Grenzen des besten Gärtners.

Dem Reifen entgegenwachsen

Dann hoffte er, dass der Weinberg süße Trauben brächte,
doch er brachte nur saure Beeren.

JESAJA 5,2C

Der Weinberg ist ein altes Bild für das Volk Israel – aber wir können es wohl getrost auf uns übertragen. Wir, Sie, du, ich sind wie ein Weinberg, den der Winzer mit so liebenden Augen anschaut – und was hat er nicht alles für diesen Weinberg getan, wie viel Liebe, wie viel Arbeit hineingesteckt: den Weinberg angelegt, gehegt, gepflegt, geschnitten, gejätet, den rauen Wind mit einer Mauer abgehalten, einen Wachturm mitten hineingebaut. Aber der Weinberg dankt all diese Mühe, diese Liebe schlecht. Und so kann das Bild vom Weinberg durchaus dazu einladen, sich selbstkritisch zu fragen: Was habe ich aus meinem Leben gemacht? Was habe ich aus dem gemacht, was mir geschenkt worden ist? Was habe ich aus dem gemacht, was in mir an Fähigkeiten und Talenten grundgelegt ist?

Vorsicht – auch hier gilt es, nicht ins Leistungsdenken zu verfallen, das uns so vertraut ist. Ich darf gute und schlechte Jahre haben, ich darf der Norm nicht entsprechen, ich darf Dellen davongetragen haben und braune Flecken, es darf Brachzeiten und Zeiten des Blühens geben – aber die Frage bleibt: Habe ich aus meinem Leben das gemacht, was unter den gegebenen Umständen mit den gegebenen Möglichkeiten möglich war? Wie bin ich mit dem Geschenk meines Lebens umgegangen?

Mir ist von Gott etwas anvertraut worden – Menschen, eine Aufgabe, Besitz, Macht ... Und auch hier die Frage: Wie bist du damit umgegangen? Hast du das, was dir anvertraut worden ist, zur Bereicherung deiner selbst genutzt – oder konntest du es dem geben, dem zurückgeben, von dem du es hattest? Hast du deine Macht für dich selbst genutzt – oder sie in den Dienst des Herrn gestellt? Warst du Diener – oder hast du dir angemaßt, selbst Herr sein zu wollen?

Ja – er wird dich, mich, uns fragen, was wir mit dem gemacht haben, was er uns gegeben hat, was er uns anvertraut hat. Da bin ich mir sicher.

Aber ich bin mir genauso sicher: Gott fordert nichts von uns, was er nicht längst in uns hineingelegt und hineingeliebt hätte – und Gott will nicht unsere Leistung, sondern er will die Frucht unseres Seins, unseres Seins in guten und schlechten Jahren, er will nicht unsere makellose Schönheit, sondern liebt uns mit unseren Dellen und braunen Flecken und all dem, womit wir eben nicht der DIN-Norm entsprechen.

Und genau das feiern wir an Erntedank. Ich bin mir sicher, dass wir nicht irgendwelchen DIN-Normen entsprechen müssen, sondern dass wir Geschmack haben dürfen an dieser Welt, Geschmack sein dürfen in dieser Welt, Salz sein dürfen und sollen – und dass all das, was uns geschenkt wird, zugleich Herausforderung ist, die Herausforderung zum Leben. Und manchmal sind es eben auch unbequeme Fragen, die zum Leben herausfordern.

Im Vertrauen auf das Entgegenkommen Gottes in mein Leben hinein
kann ich das Meine tun – und kann versuchen, andere zum Leben zu
befreien, ihnen die Augen zu öffnen für die Dinge, die sie nicht sehen;
sie zu beschenken – sie vielleicht ein wenig »heiler« zu machen. Und
vielleicht kommt daher auch mein Lebensmotto, der Satz, den ich gerne einmal auf meinem Totenbett sagen möchte: »Ich bekenne, ich habe
gelebt!« – ein Satz von Pablo Neruda, einem chilenischen Dichter.

Ich bekenne, ich habe gelebt – ich habe aus meinem Leben das gemacht,
was menschenmöglich ist: Ich habe geweint und gelacht, ich habe gespürt und gefühlt, ich habe getan und habe es sein lassen. *Ich bekenne,
ich habe gelebt.*

Ob ich dieses Programm in meinem Leben erreichen werde, das
muss ich dahin gestellt sein lassen – ich wünsche es mir – aber da ist
immerhin noch das Leben, das die besten Vorsätze durchkreuzen
kann ...

Er, der von sich sagt: »Er hat mich gesandt, damit ich den Armen eine
gute Nachricht bringe; damit ich den Gefangenen die Entlassung verkünde und den Blinden das Augenlicht; damit ich die Zerschlagenen in
Freiheit setze und ein Gnadenjahr des Herrn ausrufe« (Lukasevangelium 4,18–19) – der hat sein Programm erfüllt. Seine Antrittsrede, die zu
Beginn des Lukasevangeliums wiedergegeben ist, die hat er wahr gemacht: Er hat Blinde sehend gemacht, Kranke geheilt, Menschen wieder zum Leben zurückgeführt. Seine Botschaft gilt seit zweitausend
Jahren – und sie hat gewirkt.

»Ich bekenne, ich habe gelebt!« – ich kann und darf mich auf mein
Leben einlassen, weil da lange vor mir einer diese Zusage gemacht hat.
Ich kann und darf leben, weil Gott mit mir geht. Ich glaube daran – und
ich glaube daran, dass diese Zusage auch mir gilt.

Dem Reifen entgegenwachsen

Den Seinen gibt's der Herr im Schlaf.
PSALM 127,2

**Manchmal hilft es
schlafen zu gehen**

Nicht leisten müssen
und nicht perfekt sein

nicht wissen müssen
und nicht alles unter Kontrolle haben

nicht machen müssen
sondern zulassen

nicht wollen
sondern erwarten

nicht Mühe
sondern Geschenk

überraschend
unerwartet
ungewohnt

das Seine tun
aber sich dann auch in aller Ruhe
schlafen legen

und darauf vertrauen
dass du
das Notwendige schenkst

Am Gartenzaun

Heute Abend war ich verabredet – und stand wartend am Pfarrhaus (ein Pfarrhaus ist in aller Regel ein ganz guter Treffpunkt, wenn man sich mit jemandem verabredet). Plötzlich kam eine Radfahrerin an, bremste abrupt ab, als sie mich sah, sprang von ihrem Rad und sagte: »Das ist aber gut, dass ich Sie treffe!« Und dann fing sie an zu erzählen – und da ich Zeit hatte, weil ich ja sowieso wartete, konnte ich auch gut zuhören ...

Seit ich in zwei Gemeinden mitarbeite, beschleicht mich zunehmend die dumpfe Ahnung, das es in den seltensten Fällen die vereinbarten Beratungsgespräche in meinem Büro sind, in denen Seelsorge geschieht – wobei die Gespräche oft sehr gut und sehr tief sind, aber eben selten. Es sind solche kleinen, kurzen Gespräche wie heute Abend mit einer Frau, deren Namen ich noch nicht einmal weiß, es sind solche Gespräche wie an der Käsetheke, wo mir eine Frau fast im Nebensatz erzählt, dass ihr Mann jetzt Chemotherapie bekommt, es ist die kleine Begegnung am Sonntagnachmittag beim Spazierengehen, als ich Bettina treffe und frage, wie es ihrem Sohn inzwischen geht.

Seelsorge – das geschieht mitten im Alltag, manchmal fast im Vorübergehen, ohne dass es in irgendeiner Arbeitszeitabrechnung auftaucht. Das ist das kurze Zuhören, ein tröstender Satz, eine kleine Zusage, ein aufmunternder Blick, eine interessierte Nachfrage ...

Und es gibt überhaupt keinen Grund, Seelsorge auf das zu begrenzen, was irgendwelche hauptamtliche Mitarbeiter (hoffentlich!) professionell tun. Ich glaube, dass Seelsorge immer dann und dort geschieht, wo sich Menschen, die ihre Lebendigkeit und ihre Kraft aus dem Glauben heraus schöpfen, anderen Menschen zuwenden. Und es mag sein, dass dies viel häufiger am Gartenzaun und an der Käsetheke der Fall ist als in irgendeinem kirchlichen Raum ...

Denn es geht nicht darum, dass ihr in Not geratet,
indem ihr anderen helft; es geht um einen Ausgleich.

2 KORINTHER 8,13

Als diese Stelle aus dem zweiten Korintherbrief im Gottesdienst vorgelesen wurde, habe ich sie vollkommen neu gehört: Sie bezieht sich erst mal auf das Geld, das in der Gemeinde in Korinth für die Gemeinde in Jerusalem gespendet werden soll – aber als ich sie damals hörte, wurde mir klar, sie gilt grundsätzlich: Wenn wir Menschen dienen, sollen wir nicht unseren Mangel vergrößern, sondern von unserem Überfluss abgeben. Als ich nach dem Gottesdienst dann alleine zum Mittagessen ging, habe ich einfach nach einem Buch gegriffen, um mir die Wartezeit zu verkürzen – und fand dort folgenden Text:

Wenn du klug bist, mache dich zum Behälter und nicht zum Kanal. Denn ein Kanal nimmt auf und gibt fast zu gleicher Zeit wieder ab; ein Behälter aber wartet, bis er voll ist, und teilt dann ohne eigenen Verlust von der Überfülle mit. Kanäle haben wir heute leider Gottes in der Kirche viele, Behälter aber wenige. Diese Kanäle, die uns Ströme vom Himmel zufließen lassen, glühen so von Nächstenliebe, dass sie selber ausgießen möchten, ehe etwas in sie eingegossen wurde: sie sind geneigter zu reden als zu hören; bereit zu lehren, was sie nicht gelernt haben; voll der Sucht, über andere zu herrschen, ohne sich auf Selbstbeherrschung zu verstehen.

Achten wir wohl, wie viel wir erst in uns eingießen müssen, um wagen zu können, etwas auszugießen, wenn wir aus der Fülle, nicht aus dem Mangel spenden wollen.

Bernhard von Clairvaux, Cant. 18,3.6.

Wie will ich etwas weitergeben, wenn ich selbst ausgetrocknet bin?

Dem Reifen entgegenwachsen

Ich kann nur dann etwas abgeben, etwas weitergeben, wenn der
»Grundwasserspiegel« in mir stimmt. Mein Boden muss gesättigt sein,
damit ich selbst fruchtbar bin und von dem Wasser abgeben kann.

Aber es geht genau auch um das Weitergeben, ich darf nicht nur
zum Behälter werden – auch der Kanal ist wichtig. Behälter und Kanal –
und damit kommen wir eigentlich zu einem dritten Bild, dem Bild der
Quelle. Teresa von Ávila hat einmal sinngemäß so gesagt: Es geht nicht
darum, in Zisternen totes Wasser zu sammeln und zu horten, sondern
Quelle zu sein, in die lebendiges Wasser nachströmen kann, weil es ab-
fließt – und, so möchte ich ergänzen, die deshalb fließen kann, weil
der Grundwasserspiegel stimmt.

Wir selbst dürfen uns voll saugen mit dem Wasser des Lebens – und
dann, und erst dann, brauchen und können wir weitergeben von dem,
was wir empfangen haben. Es geht nicht darum, dass wir selbst ver-
dursten, weil wir das Wasser an andere weitergeben – aber es geht auch
nicht darum, dass wir das Wasser ganz allein für uns horten.

Deshalb – wir dürfen immer wieder einmal einen Gang herunter-
schalten, wir dürfen an uns selbst denken, wir dürfen Sorge dafür tragen, dass der Grundwasserspiegel in uns stimmt. Nur dann werden wir
auf Dauer das Wasser des Lebens an andere weitergeben können.

Dem Reifen entgegenwachsen

Ich werde für Israel da sein wie der Tau,
damit es aufblüht wie eine Lilie
und Wurzeln schlägt wie der Libanon.

HOSEA 14,6

und befeuchte
was verdorrt

in den dunklen Stunden der Nacht
wenn man nicht mehr weiter weiß
wenn man nicht mehr weiter will

wenn man sich ängstigt vor der Hitze des Tages
dem gleißenden Licht der unbarmherzigen Sonne

dem neuen Tag

in den dunklen Stunden
der Nacht
schenkt sich mir
das Leben

benetzt mich und
nährt mich
umkost mich und
liebt mich

dem neuen Tag entgegen

damit ich
dem Himmel entgegenblühe
wenn ich
in der Erde wurzle

Leben lebend gelebt

das Rot der Liebe das Gelb der Wärme
das Blau der Weite das Grün der Hoffnung

und das Schwarz der Schmerzen
das Grau der Einsamkeit

im Dunkel der Nacht
an den Grenzen meines Lebens

Leben lebend gelebt

schwarz und rot
und gelb und blau
und grün und

Leben lebend gelebt

es ist das Schwarz
das Blau Rot Gelb
leuchten lässt

es ist der Tod
der das Leben
zum Leben macht

es ist der Tod
der dem Leben
Farbe gibt

Auch wenn wir nicht wollen:
Gott reift.
RAINER MARIA RILKE

Gottesgeburt

wenn ich
zu mir komme

und das Außen
loslasse

wenn der Lärm
verebbt

und die Gedanken
ruhig werden

wenn ich aus dem Reden
ins Hören komme

aus dem Tun
ins Sein

wenn ich mich
stelle

und nicht länger
flüchte

dann erst
kann Gott

zur Welt
kommen

in mir

durch mich

zu den Menschen

werdend
bleiben

ich lebe
ich wachse

treibe Blätter
blühe Blüten

und manches
stirbt ab

manchmal
tut mir

mein Wachsen
weh

es ist Abschied
Aufbruch

Veränderung
Wechsel

notwendig
und angesagt

und doch
nicht immer leicht

weinen und lachen
nah beieinander

der Tod
rückt näher

das Leben
wird dichter

Dem Reifen entgegenwachsen

Meine Trainerin heißt »Jane«

Im Kollegenkreis gehört es zu den Standardfragen: »Welche Fortbildung machst du gerade?« Und es ist gut so – wer mit Menschen umgeht, für den muss es geradezu zum Berufsethos gehören, sich nicht auf dem einmal Gelernten auszuruhen, sondern sich auch weiterzubilden. Aber – es ist nicht immer leicht, den passenden Kurs, einen geeigneten Referenten oder Trainer, einen qualifizierten Veranstalter unter der Vielzahl an Angeboten herauszufinden. Ich habe mich gerade für einen Aufbaukurs angemeldet und dafür fünf Tage Urlaub beantragt.

Der Grundkurs im vergangenen Jahr war eine der spannendsten Fortbildungen meines beruflichen Lebens. Er dauerte fünf Tage, kostete 200 Euro Teilnehmergebühren und dazu noch 50 Euro an Verpflegung. Es gab allerdings keine Kursunterlagen und kein einziges Blatt Papier. Die Trainerin heißt »Jane« und ist fünfzehn Meter lang und vier Meter breit – und hat 160 Quadratmeter Segelfläche. Fachlich gesprochen handelt es sich bei »Jane« um einen Gaffelschoner, dessen Name »mecklenburg-vorpommerisch« ausgesprochen wird – so, wie er sich schreibt.

Mit »Jane«, sechs anderen Teilnehmern, Skipper und Bootsmann war ich fünf Tage auf der Ostsee unterwegs. Und seit diesen Tagen ahne ich etwas von den biblischen Erzählungen, die von Stürmen und Wellen und Wind erzählen ... und von dem »Schiff, das sich Gemeinde nennt« ...

Das Meer: Das ist die unendliche Weite von Wind und Wolken und Wasser, in die man sich verlieren kann. Es ist eine Weite, die eine Enge im Herzen nicht mehr zulässt. Es ist eine Grenzenlosigkeit, die die Größe ahnen lässt. Es ist eine Berührung mit der Schöpfung, die einen Ehrfurcht lehrt.

Dem Reifen entgegenwachsen

Auf dem Segelschiff »Jane« habe ich viel für das Leben in meinem Alltag gelernt. Auf der »Jane« muss man Hand anlegen. Es geht nur gemeinsam – und einer ist der Skipper. Er entscheidet – auf See gibt es Situationen, in denen man nicht erst eine Versammlung einberufen und demokratisch abstimmen kann. Dafür trägt er auch die Verantwortung. Die Verantwortung aber kann er nur wahrnehmen, wenn die anderen sie ihm geben.

Auf der »Jane« ist man aufs Wetter angewiesen – und wenn man sich fünf Stunden bei Windstärke acht gegen bis zu drei Meter hohe Wellen nach Rostock durchgekämpft hat – dann weiß man wieder, was Leben ist und worauf es ankommt. Dann ahnt man, dass Jona vielleicht gar nicht so seelenruhig geschlafen hat, sondern einfach seekrank war.

Man erfährt, wie man sich nach der Geborgenheit des Hafens sehnen kann – und doch schon wieder sehnsüchtig ist nach der Weite der Weite.

Und selbst, wenn man meint, jetzt sei man gerade gut angekommen, muss man hautnah lernen, dass man dann aufsitzt, wenn man zu wenig Tiefgang hat, wenn es zu seicht ist …

Ich jedenfalls habe in diesen Tagen viel für meinen Alltag gelernt – nicht dadurch, dass für viel Geld künstliche Situationen hergestellt und konstruiert wurden wie bei irgendwelchen modernen und teuren Teamtrainings, sondern einfach, indem ich mich in uralte Erlebniswelten der Menschen hineingewagt habe.

Die aber kann man nicht im Reisebüro kaufen oder von einem Veranstalter organisieren lassen. Die beste Fortbildung für das Leben ist das Leben – live!

Dem Reifen entgegenwachsen

Die einen leben, die anderen üben nur.
INGE MEYSEL IN DEM FILM
»DAS VERGESSENE LEBEN«

und in den Wanten
pfeift der Wind

aufgebrochen
auf einen Traum
eine Sehnsucht
ein Wort hin

Segel gesetzt
den sicheren Hafen verlassen
mich auf das Abenteuer
eingelassen

mich ausgesetzt
der Einsamkeit der Weite
der Enge der Begrenzung
der Gewalt der Natur

das Leben probiert
Grenzen erfahren
und manchmal überschritten
und doch

gelebt
und nicht zu wenig

Dem Reifen entgegenwachsen

»Schick keine Enten in die Adlerschule!«

Als ich einen der unzählig vielen Verlagsprospekte durchblätterte, die uns hier im Pfarrbüro erreichen, stieß ich auf die Ankündigung eines Buches mit dem netten Titel »Schick keine Enten in die Adlerschule!«. Ich stutzte einen Moment, schmunzelte und dachte: Wie wahr!

Es ist wohl einer der Grundfehler, den wir immer wieder machen. Da macht jemand seine Sache hervorragend – und dann fragen wir ihn für etwas ganz anderes an, und er versagt kläglich. Und alle Beteiligten sind enttäuscht – oder auf Neudeutsch gesagt: frustriert.

Aber: Eine Ente wird nie lernen, so zu fliegen wie ein Adler – und ein Adler wird nie lernen, so zu tauchen wie eine Ente. Und wir werden enttäuscht werden, wenn wir von der Ente Adlermäßiges erwarten – und umgekehrt. Oder wenn wir gar von einem erwarten, dass er alles kann.

Deshalb hat es gar keinen Zweck, eine Ente in die Adlerschule zu schicken und ihr etwas abzuverlangen, was sie gar nicht können kann. Die Unlust, der Ärger, das Versagen, das Scheitern sind damit schon vorprogrammiert.

Nicht jeder kann alles – und nicht jeder muss alles gut können. Es gibt Menschen, die sind eher handwerklich begabt, aber sie lesen nicht gerne Gedichte. Andere sind wahre Mathematik-Genies, können dafür aber keinen Nagel gerade in die Wand schlagen. Für Latein und Griechisch in der Schule muss man nicht unbedingt begabt sein, aber dafür kann man vielleicht Noten vom Blatt absingen.

Wenn man jemanden zu etwas zwingen will, für das er überhaupt nicht begabt ist, dann kann es keine Freude machen – für keinen der Beteiligten. Und wenn man das weiß, dann kann man ja auch danach handeln. Das ist dann die »Hohe Kunst« im Umgang mit Menschen, in Freundschaft und Partnerschaft, in der Erziehung, in der Führung von Mitarbeitern. Zu entdecken, was einer kann, zu spüren, wohin sich einer weiterentwickeln könnte, wozu man ihn herausfordern muss. Und genauso sich klar zu werden, womit man ihn überfordert, was nicht zu seinem Wesen passt, was er nicht kann.

Es könnte sein, dass unsere Aufgabe einfach darin liegt, aus den Enten bessere Enten und aus den Adlern bessere Adler zu machen. Denn das ist es, was wir brauchen: gute Enten und gute Adler – und nicht schlechte Adlerenten und Entenadler. Es geht darum, das je Eigene zu entdecken, in mir und im anderen – und das zu leben!

Wir leben manchmal in unterschiedlichen Welten – und das zu akzeptieren, wäre vielleicht ein guter Schritt in Richtung Frieden. Damit die Adler bessere Adler sein können und die Enten bessere Enten – und damit jeder dort zu Hause sein kann, wo er zu Hause ist.

Lebensstufe

Abschied

loslassen
einen Ort
einen Menschen
eine Hoffnung
einen Traum

loslassen
meine Bilder von dir
meine Bilder von mir
meine Bilder von Gott

loslassen
zerbrechen lassen
umbrechen lassen
aufbrechen lassen

Übergang

nicht mehr
und noch nicht
irgendwie dazwischen
Niemandsland

trauern um das Gewesene
weinen um das Verlorene
schreien nach Gerechtigkeit
mich aufbäumen im Schmerz

sprachlos werden
verstummen
harren
sein

Anfang

Wort
Licht
Hoffnung
Vertrauen

mich hineingeben
mich hingeben
mich lassen
und einfach nur sein

warten
wachsen
werdend
sein

mich versöhnen
mich annähern
mich probieren
mich suchen

mich spüren und
den nächsten Schritt wagen
mich riskieren
jetzt

um zu finden
was ich nicht suchte
um zu bekommen
womit ich nicht
gerechnet hatte

ja sagen
zum Dunkel
zu mir
zu Gott

Dem Reifen entgegenwachsen

Dem Reifen entgegenwachsen ...

In unserem menschlichen Leben wird das Reifen nie abgeschlossen sein, mag sein, dass wir sogar noch auf unserem Sterbebett einen entscheidenden Schritt, vielleicht den entscheidenden Schritt gehen.

Und menschliche Reife ist zugleich keine Frage des Alters, sondern vielmehr die Frage, ob ein Mensch, egal ob er sechs Jahre alt ist, siebzehn oder achtundsiebzig ist, bereit ist, sich dem Leben zu stellen, an den Herausforderungen zu wachsen und leben zu lernen.

»Jung sein, das ist keine Frage des Alters, sondern die Frage, ob man sich noch verlieben kann« – wenn man »verlieben« versteht als »sein ganzes Herz an etwas geben«, dann hat das wirklich nichts mit dem Geburtsjahrgang zu tun. Mag sein, dass uns da Kinder eher noch etwas voraus sind – die können das: ihr Herz ganz geben. Aber das können auch viele ältere Menschen, und manche junge sind dazu nicht in der Lage. Vielleicht ist dies eine Erklärung dafür, dass manche alte Menschen so unsagbar jung wirken – und manche junge Menschen schon so unsagbar alt. Man spürt, wer dem Leben offen gegenübersteht und wer eigentlich schon damit abgeschlossen hat.

Träumen, wünschen, sehnen, hoffen, das hat viel mit wachsen, reifen und lebendig sein zu tun. Und solange sich ein Mensch etwas wünschen kann, sich etwas erhofft, sich nach etwas sehnt, ist er lebendig – und in dem Moment, in dem er sich nach dem ausstreckt, wächst er auch. Wer bereit ist, sich auf Neues einzulassen, wer bereit ist, sich dem Leben zu stellen – der wächst dem Reifen entgegen.

Und der wächst vielleicht auch Gott entgegen?

Wir haben keine inneren Stimmen mehr,
wir wissen heute zuviel,
der Verstand tyrannisiert unser Leben.
ROBERT MUSIL, DER MANN OHNE EIGENSCHAFTEN

Den Weg des Herzens gehen ...

Wenn ich mich gestern Abend von meinem Verstand hätte »tyrannisie-ren« lassen, wäre ich schnurstracks aus dem Büro nach Hause gefahren, wo ganz viel liegt, was dringend zu erledigen ist – ein zu schreibender Artikel, an dem ich schon seit Tagen »rumkaue« und keinen Anfang finde, Rechnungen, Wäsche zum Waschen und ...

So aber klüngelte ich im Büro herum, bekam Lust, noch eine Kleinigkeit essen zu gehen – und noch mehr Lust, dies nicht alleine zu tun. Und so rief ich nach einigem Hin und Her einen Freund an – und dann saßen wir beim Griechen und hatten einen wunderschönen Abend miteinander.

Peter erzählte von den Zwängen und den Ordnungen, in die er sich hineingestellt fühlt und die unfrei machen und die Welt so klein. Und irgendwie – er beklagte sich.

Ich wurde nachdenklich: Ja, natürlich gibt es Zwänge und Ordnungen – aber liegt es nicht auch an mir, ob ich mich von ihnen gestalten lasse, statt sie zu gestalten?

Kinder brauchen Ordnungen und Verbindlichkeiten. Mit einem Kind kann ich nicht darüber diskutieren, ob und wann es trotz Rot über die Ampel gehen darf. Es hat sich an das Verbot zu halten – allein deswegen, weil ein Kind die Gefahren noch nicht abschätzen kann. Und dies gilt für viele kleine und große Dinge des Lebens, die ein Kind noch gar nicht wissen kann.

Eine Unzahl von äußeren »Stimmen« beeinflusst uns schon in den frühesten Jahren und prägt uns – die Zuwendung der Eltern, wenn wir etwas gut gemacht haben, der Streit mit den Geschwistern, wenn man über das Ziel hinausgeschossen ist, die zornige Stimme des Lehrers, die traurige der Tante ... Und natürlich all das, was mit dem Fernsehen und den anderen Medien tagtäglich über uns hereinströmt: Der Fußboden hat picobello sauber zu sein, die Wäsche frisch gewaschen und man selbst immer makellos adrett und nett anzusehen. Man zieht nur eine bestimmte Jeans an, kann nur die eine Nuss-Nougat-Creme auf dem Brot haben, und ohne Handy ist man sowieso schon mega-out.

Es sind »äußere Stimmen«, die wir als Kinder schon zu scheinbar »inneren Stimmen« machen – manche von ihnen dringend notwendig und hilfreich, andere, die das Leben eher verkomplizieren.

Problematisch wird es dann, wenn ich all das, was mich als Kind geprägt hat, auch als Erwachsener ungefragt übernehme, wenn die Erwartungen anderer und das Image der Werbung unbewusst zu meinen eigenen werden, wenn diese »äußeren Stimmen« mich unkontrolliert auch dann noch begleiten.

Dem Reifen entgegenwachsen

Irgendwann werde ich spüren, dass die äußeren Stimmen nicht das »Eigene« sind, dem ich mich da unterwerfe, sondern die Interessen anderer. Und dann kann zu Recht ein Gefühl entstehen, dass ich gelebt werde statt zu leben, dass ich unter Zwang und Druck stehe.

»Was du ererbt von deinen Vätern, erwirb es, um es zu besitzen«, so hat es, glaube ich, schon Goethe gesagt. Eine »innere Stimme«, die sich nur aus dem speist, was eigentlich »äußere Stimmen« von mir wollen, kann kein Leben hindurch tragen. Ich muss mich eines Tages hinsetzen und mir anschauen, was mir da in mein Gepäck eingepackt wurde und ob ich das wirklich weiterhin mittragen will.

Sonntagmorgens um sieben Uhr, wenn weder ein Auto noch ein Kind in Sicht sind, gehe ich trotz Rot über die Fußgängerampel – weil ich für mich das strikte Verbot aus meiner Kindheit übersetzt habe in mein heutiges Leben. Grundsätzlich erkenne ich es an – aber ich kann einschätzen, wann es Ausnahmen gibt.

Es gibt Ordnungen, die mich schon meine Eltern gelehrt haben – und die ich heute genauso lebe. Aber ich lebe sie, weil ich mich dafür entschieden habe, weil mir ihr Sinn einleuchtet – und nicht, weil ich es so gelernt habe.

Von anderen Ordnungen und Erwartungen habe ich mich durchaus gelöst, weil ich meine Entscheidung für mein Leben anders getroffen habe. Das Chaos in meinem Auto und in meinem Arbeitszimmer darf leben – auch wenn andere das unmöglich finden.

Es gibt eine »innere Stimme« in mir – und ich kann ihr dann gut folgen, wenn es nicht eine »fremde Stimme« ist, die ich aus lauter Unsicherheit in mein Leben hereingeholt habe. Es mag sein, dass sich, je mehr einer auf die Einhaltung von »Recht und Ordnung« pocht, umso mehr eigene Unsicherheit dahinter verbirgt, die dieses Korsett braucht, um sich selbst nicht zu verlieren.

Die »innere Stimme« in mir geht über das Wissen allein hinaus. Die Vorsilbe »ge«- bedeutet im Deutschen immer eine Verstärkung des darauf folgenden Verbes. Ich kann vieles »wissen« – ohne davon auch nur etwas in mein Leben umzusetzen: »Gewissen« – das heißt, etwas noch tiefer und intensiver wahrnehmen, als der Verstand allein es kann.

Die »innere Stimme« in mir braucht den Verstand, um die Dinge voneinander zu unterscheiden – aber viel mehr braucht sie noch das Herz, um in eine Tiefe hineinzuhören, in der das Leben lebt. Und dort ist die Freiheit und die Weite, selbst dann, wenn ich mich dafür entscheide, mich in gewisse Ordnungen hineinzustellen.

Vielleicht ist es ganz gut, dass ich mich ab und zu von meinem Verstand nicht »tyrannisieren« lasse ...

Er aber schritt mitten durch die Menge hindurch
und ging weg.

LUKAS 4,30

Gott den ganz Anderen sein lassen

Es ist eine dramatische Szene, in die das Lukasevangelium hineinführt: Jesus hat sein erstes öffentliches Auftreten in seiner Heimatstadt. Es hat sich herumgesprochen, dass er an anderen Orten in den Synagogen gelehrt hat und große Dinge getan hat. Und jetzt also ist Jesus in der Synagoge in Nazaret und hat gerade die Worte des Propheten Jesaja vorgelesen: *Der Geist des Herrn ruht auf mir, denn der Herr hat mich gesalbt. Er hat mich gesandt, damit ich den Armen eine gute Nachricht bringe; damit ich den Gefangenen die Entlassung verkünde und den Blinden das Augenlicht; damit ich die Zerschlagenen in Freiheit setze und ein Gnadenjahr des Herrn ausrufe.*

Gespannt werden die Zuhörer wohl gewesen sein, als Jesus beginnt, ihnen diese Worte auszulegen. Ein wenig Neugier, ein wenig Skepsis – schließlich, man kennt diesen Jesus jetzt schon seit dreißig Jahren, aber seit neuestem laufen die verrücktesten Geschichten über ihn herum. Was wohl an denen dran ist?

Jesus beginnt seine Auslegung mit den einfachen Worten: Heute hat sich das Schriftwort, das ihr eben gehört habt, erfüllt. Und seine Rede fasziniert die Menschen, sie können sich der Kraft, die von ihm ausgeht, nicht entziehen – und doch holt sie zugleich ihre Skepsis ein: Ist das nicht Josefs Sohn? Den kennen wir doch! Was maßt der sich eigentlich an?

Die Stimmung schlägt um – von der Erwartung, der Neugier, über das Staunen hin zur Abwehr. Und Jesus scheint diesen Umschwung zu spüren – und er reagiert darauf, indem er die Erwartung, die ihm entgegengebracht wird, beim Namen nennt: Tu die großen Dinge doch auch hier bei uns! Und indem er die Menschen daran erinnert, dass Gott nicht dazu da ist, um die Erwartungen der Menschen zu erfüllen.

Als Jesus den Menschen auf den Kopf zusagt, welche falschen Erwartungen sie an ihn haben, scheint es, als fühlten sich die Zuhörer ertappt. Der, den sie zu kennen meinen, erweist sich tatsächlich als ein ganz Anderer, der durchkreuzt ihre Erwartungen, der sagt nicht irgendwas Nettes, Schönes – sondern der wird unbequem, der wird selbst zur Anfrage.

Ihre Enttäuschung, ihre Verunsicherung schlägt in Aggression um – *das* wollten sie nicht von ihm hören. Und ihn, der dreißig Jahre unter ihnen gelebt hat, den sie von Kind auf kennen, der ist plötzlich fremd, wird zur Bedrohung – weg mit ihm! Und in ihrer Wut jagen sie ihn aus der Synagoge hinaus und treiben ihn durch die Stadt bis zum Abhang des Berges, wo sie ihn hinunterstürzen wollen.

Es ist eine dramatische Geschichte, in der sich bereits der kommende Weg Jesu abzeichnet: Sein Auftreten zieht an – da redet einer voll Macht, da stellt sich einer, da macht sich einer verbindlich. Aber die falschen Erwartungen werden enttäuscht. Die Heftigkeit der Reaktion seiner Zuhörer sagt zugleich etwas über die Kraft, die in Jesu Reden war. Jesus selbst wird so unbequem, dass man sich ihm nicht entziehen kann, sondern ihn vernichten muss, um der Anfrage an sich selbst zu entkommen. In Jerusalem wird es drei Jahre später heißen: Kreuzige ihn!

Gott ist der ganz Andere – und immer dann, wenn ich meine, ihn zu haben, treffe ich todsicher genau an ihm vorbei. Es bleibt nur eins – mich ihm hingeben, mich im Verlieren in ihm finden, mich dem Staunen hingeben – und Abschied nehmen von dem Gedanken: Den kenne ich doch schon.

Und er schritt durch die Menge hindurch und ging weg.

Kann ich Abschied nehmen von meinen Erwartungen an Gott, kann ich neu erwartend werden? Kann ich so sehr lieben, dass ich dem anderen vertraue, ohne dass er Bedingungen erfüllen muss? Kann ich mich ihm so geben, dass alles ganz anders sein darf, als ich es mir gedacht habe?

**Möge die Liebe
stark sein und wachsen**

Gott gib mir den Mut
die Hoffnung
die Kraft

in eine Welt der Gleichgültigkeit
der Verantwortungslosigkeit
der Trägheit
und der Unachtsamkeit

Liebe zu säen
Empfindsamkeit zu pflanzen
Zartheit zu behüten
Verstehen zu hegen

Brachliegendes zu bestellen
Darbendes zu bewässern
Überwucherndes zu beschneiden
Knospendes zu schützen

mache mich frei
von Hass und Gewalt
schenke mir Demut und Ehrfurcht
vor dem Leben

segne den Boden
segne die Saat
segne die Frucht
segne mein Tun

November

... und Heimkommen

Es gibt Menschen, die ihr Leben und ihren Glauben so gelebt haben, dass wir uns heute noch an sie erinnern. Da haben uns ganz konkrete Menschen »vorgemacht«, wie das gehen kann mit dem Leben. »Heilige sind Menschen, durch die es leichter wird, an Gott zu glauben«, so las ich einmal auf einem Kalenderblatt. Aber – wie wird man eigentlich heilig? Wie macht man das? Was macht einen Heiligen zu einem Heiligen? Ich glaube, es gibt ein Wort, das uns einen Zugang eröffnen kann: das Wort »Weisheit«.

Heilige, das sind Menschen, die weise sind.

Weise sein – das ist ein Wort, das fast in Vergessenheit geraten ist. Das Wort »wissen« dagegen hat Hochkonjunktur. »Wissen« – das meint, möglichst gut informiert zu sein, alles im Blick zu haben, immer auf neuestem technischen Stand zu sein. Und nicht von ungefähr kommt der Spruch »Wissen ist Macht«. All das hat mit »weise sein« nicht unbedingt etwas zu tun ...

Weise sein kann jemand, der nicht unbedingt viel »weiß«. Und weise zu sein, das ist mehr, viel mehr, als etwas zu wissen. Weise sein, das ist eine Fähigkeit des Herzens, das ist eine Art und Weise, das Leben zu leben, bei dem man Wesentliches von Unwichtigem unterscheiden kann, spürt, wenn der Zeitpunkt für etwas da ist, handelt, wenn es angesagt ist. Weise zu sein, das ist Lebenskunst. Und weise zu sein, das kann manchmal auch heißen, ein klein wenig töricht zu sein – allem besseren Wissen zum Trotz.

Allerseelen

Weise, das sind viele ältere Menschen – das Leben hat sie die Gelassenheit gelehrt. Sie haben ihre Erfahrungen mit dem Leben gemacht – und wissen, was wirklich wichtig ist. Sie haben die Geduld gelernt und die Toleranz. Sie brauchen sich niemandem mehr zu beweisen. Sie können es sich erlauben, ihr eigenes Leben zu leben, weil es eben nicht mehr um Konkurrenz und Leistung geht. Und nicht umsonst sind Großeltern bei den Enkeln oft ganz gut angesehen, weil sie ein gutes Gespür dafür haben, wann es Regeln einzuhalten gilt, aber auch, wann man Regeln auch mal außer Kraft setzen kann. Und mag sein, dass manche, die sich aufgrund ihres Alters auch mit dem Tod auseinander setzen, spüren, was wirklich zählt.

»Heilig« zu sein, das ist eine gewisse Art und Weise, das Leben zu leben.

Spüren, was wirklich wichtig ist – das könnte eine Beschreibung für Menschen sein, die als Heilige und Selige verehrt werden. Viele von ihnen haben nicht viel »gewusst«, waren vielleicht auch gar nicht so besonders intelligent – aber sie waren weise: die kleine Therese, Schwester Ulrika Nisch, Bruder Lorenz. Menschen wie du und ich – aber: ein bisschen gelassener dem Leben gegenüber, weil sie es aus Gott heraus lebten. Und es mag sein, dass es in dem Sinn viele Heilige gibt, deren Namen niemand mehr weiß – aber die es zu ihrer Zeit und in ihrem Raum Menschen leichter gemacht haben, an Gott zu glauben.

Das ist die Einladung für meinen Alltag: weise werden, sein, leben, mit dem Herzen hören und sehen. Und eigentlich ist jeder, der mir das vorlebt, mich zum Nachleben ermutigt, ein solcher Heiliger – mag es jetzt die heilige Lioba, eine Äbtissin aus Tauberbischofsheim, sein oder die Frau aus der Nachbarschaft, die seit zehn Jahren ihren Mann pflegt.

... und heimkommen

47

ein bisschen ruhiger
ein bisschen vertrauender
ein bisschen verständnisvoller

es muss nicht mehr alles sein
es muss nicht sofort sein
es muss nicht auf Ewigkeit sein

es kann heute sein
was gestern hätte sein sollen
und vielleicht morgen erst wird

und je älter man wird
umso deutlicher wird einem
was wirklich wichtig ist

es gibt ein Wissen
das man erst erlangen kann
das man erst dann leben kann

wenn eine Anzahl
von Jahren
hinter einem liegt

und man sich bewusst wird
dass die Zahl der Jahre vor einem
begrenzt ist

Ehrlich gesagt – ich mag den November. Ich weiß, dass ich mit dieser Meinung ziemlich alleine stehe, für die meisten Mitmenschen ist dieser Monat nur grau und trist und traurig. Und wer es sich zeitlich und finanziell leisten kann, entflicht der Nebelküche und tankt irgendwo im Süden ein paar Sonnenstrahlen.

Aber ich brauche diese Tage, an denen es manchmal so gar nicht richtig hell werden mag, diese Tage mit dem Schmuddelwetter, an denen einen schon der Blick aus dem Fenster leicht melancholisch werden lässt. Es ist die Zeit, in der die Vorfreude auf die Tage des Advents in mir zu wachsen beginnt, in der die Sehnsucht nach Licht und Wärme in mir neu lebendig wird – und es ist die Zeit, in der ruhig auch einmal ein wenig Traurigkeit in mir sein darf, diese Traurigkeit des zu Ende gehenden Herbstes. Es ist so eine Art »Pufferzeit« zwischen den letzten goldenen Herbsttagen und der Kaffeestunde am Adventskranz mit der ersten brennenden Kerze. Der November ist die Zeit des Übergangs, nicht mehr so richtig Herbst, aber auch noch kein Winter.

Es ist das »dazwischen« von Tod und Abschied einerseits und von Erwartung und Neubeginn andererseits.

Ich brauche die Erinnerung an meine Vorläufigkeit. Es ist der entscheidende Gegenpol zu meinem Drang nach Perfektionismus, nach Vollkommenheit. Die Erinnerung an das, was wirklich wichtig ist, relativiert all das, was ich hier tue. Und das kann auch entlasten.

Ich muss, kann und darf auch »lassen« – eben, weil nicht ich der »Vollender« der Welt bin, sondern Gott ist es. Nicht ich richte, sondern Gott richtet. Und bei ihm zählt der gute Wille, das Bemühen, das offene Herz. »Sie war stets bemüht« mag im Arbeitszeugnis eine vernichtende Beurteilung sein – Gott aber richtet nicht nach Leistung, sondern nach Liebe. *Ihr ist viel vergeben, denn sie hat viel geliebt! (Lukas 7,47).* Nicht ich »mache« das Reich Gottes, sondern Gott selbst hat es uns zugesagt.

Die Erinnerung in diesen novembrigen Tagen auch an die Vorläufigkeit meines Tuns ist für mich ein wichtiges Innehalten – und zugleich eine Besinnung auf Umkehr und Neuausrichtung hin. Der November ist wie kein anderer Monat eine Zeit, sich genau dies bewusst zu machen – wenn wir bereit sind, uns erinnern zu lassen, und eben nicht in die Geschäftigkeit des Alltags oder in die verlockenden Sonnenstrahlen des Südens zu flüchten.

Und, ganz ehrlich gesagt: Ich hätte nicht übel Lust, den November zum Monat des »Nicht-Perfektionismus« zu erklären ...

Vor einigen Jahren war ich sechs Wochen lang zu Fuß nach Santiago de Compostela unterwegs – sechs Wochen lang mit dem Rucksack quer durch Nordspanien, auf dem Weg zum legendären Grab des Apostels Jakobus ...

Ein wunderschöner Weg, nicht immer leicht zu gehen, es war nicht immer leicht, unterwegs zu sein – aber ich glaube, das Allerschwerste an dem Weg ist das Ankommen in Santiago und dann die Rückkehr in den Alltag.

Damals, kurz vor Santiago, habe ich gedacht: Wenn ich einmal, am Ende meines Lebens, bei meinem himmlischen Vater ankomme, heimkomme, dann möchte ich dort auch bleiben dürfen, dann will ich nicht noch einmal von vorn anfangen. Wenn ich dieses Ziel meines Lebens erreicht habe, möchte ich auch bleiben dürfen. Seit dem Zeitpunkt ist mir der Gedanke an Wiedergeburt und Reinkarnation ausgesprochen lästig und unangenehm – und seit der Zeit mag ich das Lied »Wir sind nur Gast auf Erden« noch mehr. Ja – wir sind Gast auf Erden, unsere eigentliche Heimat, unsere eigentliche Wohnstatt aber, die ist im Himmel. Und wenn wir eines Tages sterben, wenn wir zu unserem Gott gehen, dann dürfen wir heimkommen.

Ich möchte ans Ziel gelangen, versöhnt mit allem Ungelebtem, allen vertanen Chancen, aller Schuld. Ich habe keine Lust auf: Neues Spiel – neues Glück! Mir ist die Einmaligkeit meines Lebens wichtig – auch wenn es nicht vollkommen gewesen sein mag. Und noch mal ganz von vorn anfangen, ehrlich gesagt, reizt mich wenig an diesem Gedanken ...

Die Grenzen, die Gebrochenheit, die verpassten Möglichkeiten gehören genauso zu meinem einmaligen, individuellen Leben dazu wie all das Schöne, einzigartig Gelebte. Höhen und Tiefen ergeben Profil. Ein vollkommenes Leben wäre ein Leben, das danach strebt, so zu sein wie Gott – die alte Versuchung des Turmbau zu Babel.

Und ich halte es auch für unmenschlich: zu wissen, erst wenn ich das und das gelernt habe, darf ich den nächsten Schritt tun. Mir ist ein Glaube an einen Gott lieber, der sich erbarmt, der mich nicht »erst dann« liebt, der mir meine Fehler nachsieht, der mich in meiner Originalität geschaffen hat – und da gehören meine Macken und Unvollkommenheiten dazu.

Nicht an die Reinkarnation zu glauben macht mich »seinsbewusster« und damit lebendiger – eine verpasste Chance, verlorene Zeit, vertane Möglichkeiten sind nicht wiederholbar. Das macht Leben und Lebendigkeit so kostbar. Es gibt mir die »gute Spannung«, das zu tun, was jetzt zu tun ist. Und durch den Glauben an einen verzeihenden, sich erbarmenden Gott ist gewährleistet, dass die Spannung »gut« bleibt – und nicht in Leistungsdruck abrutscht. Meines tun – und zugleich auf Gott vertrauen ... die Mischung finde ich immer noch ganz gelungen.

Nichts spricht dagegen, dass wir unser Leben hier auf der Erde genießen dürfen und sollen und können – und ich lebe ausgesprochen gern. Wir dürfen hier zu Gast sein und unser Gastsein durchaus genießen – aber wir haben jetzt schon ein Wohnrecht im Himmel – und der Platz ist für uns schon vorbereitet: »Im Hause meines Vaters gibt es viele Wohnungen!«

Und es werden Wohnungen sein, für die wir weder Miete noch Kaution zahlen müssen, es gibt keine Kehrwoche und keine Schneeräumpflicht, und wir werden uns nicht mehr mit undichten Wasserleitungen und quietschenden Gartentoren befassen müssen.

Aber – wissen wir noch, was es heißt, daheim zu sein, an einem Ort zu wohnen? Können wir das überhaupt noch in unserer heutigen Zeit: heimkommen? Wir sind auf der ganzen oder zumindest der halben Welt zu Hause – und selbst wenn wir nicht persönlich da waren, so liefert uns das Fernsehen doch alle Bilder ins Haus. Die Skyline von New York ist uns so vertraut wie die Hauptstraße in Gaggenau. Freunde, vielleicht auch die Familie, wohnen in ganz Deutschland verstreut, wenn nicht sogar noch weiter weg. Ein Freund ist grad nach Mallorca gezogen, eine Bekannte will nach Südafrika, das Münzengemisch in der Schublade ist bunt – und wurde durch die Einführung des Euro nur ein bisschen eingedämmt.

Aber – wer überall zu Hause ist, der ist eigentlich nirgendwo daheim.

Mich hat ein Satz sehr berührt, den ich in einem Roman von Henning Mankell gelesen habe, in dem Buch »Der Chronist der Winde«. Es ist die zärtliche und doch zugleich unsagbar harte und brutale Lebensgeschichte eines zehnjährigen afrikanischen Straßenjungen – und an einer Stelle dieses Romans sagt Nelio, der Straßenjunge: »Die Menschen heute bauen keine Häuser mehr, sie bauen Verstecke!«

Die Menschen bauen keine Häuser mehr, sie bauen Verstecke. – Könnte es sein, dass auch wir ein Versteck aus unserem Leben gemacht haben? Ein Versteck vor den anderen Menschen, ein Versteck vor mir selbst, ein Versteck vielleicht auch vor Gott? Könnte es sein, dass wir deshalb überall zu Hause sind, weil wir uns gerade damit umso besser verstecken können?

Kann es sein, dass deshalb unsere Sehnsucht so groß geworden ist, dass wir die unmöglichsten Sachen probieren, um glücklich zu werden, das große Los zu ziehen, dorthin zu fahren, wo noch keiner von den Nachbarn war, das Auto zu fahren, das kein anderer fährt?

Heimkommen, endlich Heimat finden, zu Hause sein.
»Ich bin der Weg, die Wahrheit und das Leben!« – wer an ihn glaubt, braucht die Verstecke des Lebens nicht mehr. Mag sein, dass genau das die unendliche Sehnsucht unseres Lebens ist – keine Verstecke mehr zu brauchen.

Keine Verstecke mehr zu brauchen – wie das gehen kann? In der Gewissheit leben, dass wir von Gott geliebt sind, dankbar sein, den Mut
nicht verlieren, gütig sein, lieben und vergeben können, Lieder singen –
Gott und dem Leben. Und das, was ich tue, im Namen Gottes tun.

Kurz vor seinem Sterben erinnert sich Nelio, der zehnjährige Stra-
ßenjunge in Mankells »Chronist der Winde«, an seinen Vater. »Mein
Vater war ein sehr kluger Mann«, sagt Nelio. »Er lehrte mich, zu den
Sternen aufzuschauen, wenn das Leben schwer war. Wenn ich den
Blick dann wieder auf die Erde senkte, war das, was eben noch über-
mächtig war, auf einmal klein und einfach.«

Wenn wir zu den Sternen schauen, wenn wir auf Gott schauen,
wenn wir darauf vertrauen können, dass wir eines Tages zu ihm heimkommen werden und dürfen – dann brauchen wir hier keine Verstecke
mehr. Dann brauchen wir uns nicht mehr zu verstecken – vor keinem
anderen, nicht vor mir – und nicht vor Gott.

Dann können und dürfen wir heimkommen – und dürfen bleiben ...

»Sie wissen, dass Ihr Personalausweis demnächst abläuft?«, fragte mich die junge Frau auf der Post, als ich ein Einschreiben abholte. Ja – ich hatte es im Blick – aber ich fand es nett, dass sie mich daran erinnerte.

Schließlich – Ausweispapiere sind wichtig, zumal, wenn in einigen Wochen Urlaub ansteht und man noch nicht so richtig weiß, wo es denn hingehen soll. An manchen Grenzen wollen sie den Ausweis sehen, damit sie wissen, wer ich bin und wo ich herkomme. Und auch bei einem Unfall oder einer Verkehrskontrolle sind die »Papiere« gefragt. Damit weise ich mich aus – und wer schon einmal so ein Dokument verloren hat, kann ein Lied davon singen, welche Schwierigkeiten damit verbunden sein können.

Auch hier in Viernheim, wo ich lebe, wissen die Menschen ganz gern, mit wem sie es zu tun haben und wo einer herkommt. Aber hier ist weniger der Personalausweis interessant als vielmehr die Frage: »Wem ghöscht du?« und »Wu ghöscht du hi?« *(auf Hochdeutsch: »Wem gehörst du?« und: »Wo gehörst du hin?«)*. Und je nach Antwort kann das manchmal ganze Zeugnisse und Bescheinigungen ersetzen. Wenn man weiß, wo einer herkommt, wo einer hingehört, dann weiß man, woran man mit ihm ist.

Als ich diese Frage hier das erste Mal hörte, habe ich aufgehorcht. »Wem gehörst du?« Und dann bin ich ins Nachdenken gekommen: Ja – wem gehöre ich eigentlich?

Klar, ich gehöre zu meiner Familie und zu meinen Freunden – aber ihnen im eigentlichen Sinne »gehören«, das nun auch wieder nicht. Schließlich bin ich ein eigenständiger Mensch.

Aber wem gehöre ich dann? Gehöre ich mir?

... und heimkommen

Ob ich mir gehöre? Wieder zögere ich mit der Antwort. Natürlich »gehöre« ich auch mir – aber eben nicht nur. Ich stehe in einem Netz sozialer Beziehungen, von Verantwortung, von Rechten und Pflichten – ich kann nicht einfach tun und lassen, was mir gefällt. Mein Handeln und mein Nicht-Handeln hat immer auch auf andere Menschen Auswirkungen. Wenn ich sage »Ich gehöre mir«, mache ich es mir zu einfach und nehme die Realität nicht wahr.

Aber – »gehöre« ich dann überhaupt jemandem? Gehöre ich überhaupt irgendwohin? Welche »Papiere« zeige ich vor, wenn mich einer fragt, woher ich komme und zu wem ich gehöre?

Und – welche »Papiere« werde ich eines Tages an der Grenzstation »Tod« vorzeigen?

Es gibt einen Ausweis, der nicht abläuft, der mich nicht zu einer Nummer macht, der über alle menschlichen Grenzen hinaus gültig ist – und bei dem es vollkommen egal ist, ob das Passfoto geraten ist oder nicht. »Ich gehöre Gott« – da komm ich her, da gehör ich hin.

Wäre das vielleicht den Versuch einer Antwort wert?

Wer diese Antwort wagt, wer sich auf diese »Papiere« einlässt, dem ist Leben in Fülle zugesagt – nicht immer leicht, nicht immer glücklich – aber lebendig.

Aber der sei auch gewarnt. Dem könnte es so gehen wie der Frau aus Viernheim, die mir erzählte, wie sie sich vor etlichen Jahren bei einer Firma um eine Lehrstelle bewarb. Natürlich wurden ihr die obligatorischen Fragen gestellt: »Wem ghöscht du?« und »Wu ghöscht du hi?«. Und als sie wahrheitsgemäß antwortete, sagte der Lehrherr: »Dich nehm ich!«

Aber, wenn ich mir das recht überlege, so schlecht wäre das eigentlich auch nicht …

O Gott es war so viel
ich bin müde geworden
ich mag nicht mehr
und ich kann nicht mehr

ich will heim
will zu dir
will nichts mehr sehen
nichts mehr hören

für ein paar Tage nur ausschlafen
an nichts denken müssen
Zeit haben und sie verschwenden können
weit weg sein und für niemanden erreichbar

nur für dich

endlich wieder
für
dich

ich komme
ich lasse alles zurück
ich komme
zu dir

nimm mich einfach
in den Arm
und lass mich sein
bei dir

In den Nächten deine Treue,
am Morgen deine Huld
<small>PSALM 92,3</small>

Dankbar

am neuen Morgen

ziehenden Wolken nachschauen
und dem Flug der Stare
die Kirchturmuhr schlagen hören
und Türeklappern im Haus
den Hagebuttenzweig
zart berühren
und dem wilden Wein
Guten Morgen sagen
die Wärme des Holzes spüren
und die Sanftheit des Wassers

und ich spüre
staune
bin

und
traue deiner Treue
wenn mich
Dunkelheit umfängt

... und heimkommen

Heimkommen

Immer wieder höre ich die Frage: Wozu brauchen wir eigentlich Kirchen? Ist das nicht ein vollkommen überflüssiger Luxus in unserer heutigen Zeit? Ihre Instandhaltung kostet viel Geld, die Heizkosten gehen ins Immense – und das für vierzig, fünfzig Menschen bei einem Werktagsgottesdienst und für vielleicht dreihundert Menschen für eine Stunde am Sonntag? Sämtliche Profis in Sachen »Kosten-Nutzen-Rechnung« würden, auf unsere Kirchen hin angesprochen, erschüttert die Hände über dem Kopf zusammenschlagen – und dezent fragen, ob es denn nicht ein netter Saal, als Mehrzweckraum genutzt, auch tun würde ...

Ja, wozu brauchen wir eigentlich Kirchen, wenn sie uns nur viel Geld kosten – und doch fast keiner mehr reingeht? Wäre das Geld nicht viel sinnvoller angelegt, wenn man es in die Entwicklungshilfe geben würde, statt den Kirchturm zu sanieren? Und an manchen Orten hat man aus solchen Überlegungen durchaus schon Konsequenzen gezogen – und hat die Kirchen einfach verkauft – zur Nutzung als Theatersaal, als Museum, als Veranstaltungsort.

Was würde ich denn antworten auf die Frage, wozu ich unsere Kirchen brauche? Was würde mir fehlen, wenn ich diese Kirchtürme nicht mehr sehen würde, mitten in der Fußgängerzone nicht mehr auf ein »Gotteshaus«, einen Kirchenraum stoßen würde?

Etwas vertrauter mag uns da schon die Frage sein, die uns manchmal, mehr oder weniger direkt, gestellt wird – und die wir uns vielleicht manchmal sogar selbst stellen: Wozu brauchen wir eigentlich überhaupt Kirche? Ist es nicht doch ein bisschen überholt, ein bisschen antiquiert, am Sonntag zum Gottesdienst zu gehen, statt in aller Ruhe auszuschlafen, gemütlich zu frühstücken? Was soll so was wie Kirche heute in unserer Gesellschaft, die auf Spaß und Freude und Erlebnisse aus ist, möglichst viel, möglichst alles, möglichst schnell – und dann machen die da soviel Durcheinander um die Schwangerenkonfliktberatung, da erhebt ein alter Mann aus Rom mahnend den Zeigefinger, da fordert eine Institution, dass der Sonntag gefälligst Sonntag bleiben soll – die wollen einem doch nur den Spaß am Leben verderben! Und was soll das mit den Kirchensteuern – das Geld kann man ja nun wirklich auch anders ausgeben! – und was soll das alles mit Geboten und Fastenzeit und und und ... Das Leben ist schließlich kurz genug, um auf irgendwas Schönes verzichten zu wollen ...

Ja, was soll das eigentlich mit dieser Kirche? Zugegeben – auch die Frage wird selten ganz direkt gestellt, aber wenn, dann schwingt eine Stimmung mit, dass man sich selbst fast schon ein bisschen komisch vorkommt, sich als Christ zu bekennen – um dann mit einer hochgezogenen Augenbraue und einem leicht süffisanten Lächeln bedacht zu werden.

Ja – wozu brauche ich, wozu brauchen Sie Kirche?

Ehrlich gesagt – ich habe mich mit meiner Antwort lange Jahre schwer getan, wozu ich Kirche und Kirchen brauche. Vieles hat mich geärgert an dieser Kirche, an vielem habe ich gelitten, ich habe protestiert und gekämpft – und doch, irgendwas hat mich immer gehalten. Ich hätte nicht weggehen können, selbst wenn ich gewollt hätte.

Inzwischen kann ich das, was mir Kirchen und Kirche sind, mit einem Wort ausdrücken: Sie sind mir Heimat.

Heimat, das kann ein Ort sein, das können Menschen sein, das kann eine Verbundenheit sein, eine Idee, eine Vertrautheit, ein Miteinander.

Heimat – das sind für mich ganz konkrete Kirchenräume: die romanische Kirche in Rosheim im Elsass, der Limburger Dom, das Freiburger Münster, die kleine Kirche in Freimersheim, unsere Kirchen hier in Viernheim. In einer Kirche zu Hause zu sein, das geht nicht mit dem Kopf, das hat was mit Gefühl und Empfinden zu tun: das Licht, das auf eine Säule fällt und sie in hell und dunkel trennt, die brennenden Kerzen vor dem Marienaltar, das Farbenspiel in St. Michael, wenn die Sonne am Abend durch die Glasfenster scheint und die Engel im Altarraum bunt anzieht, Weihrauch, der in den Sonnenstrahlen dahinzieht. Es ist durchaus etwas sehr Sinnliches, was ich da spüre und empfinde – etwas, von dem ich mich ergreifen und berühren lasse – die Weite des Raumes, das Spiel des Lichts, der Gesang, die vertrauten Worte des Gottesdienstes. Dazu brauche ich einen Raum, der für nichts anderes als eben dafür da ist, in ihm und mit ihm Erfahrungen zu machen, ein Ort, der dem Gebet und der Begegnung des Menschen mit Gott vorbehalten ist. Dafür brauche ich einen Ort, der nicht dem »Kosten-Nutzen-Denken« als alleiniger Kategorie unterliegt, sondern der einfach sein darf, der in sich wichtig ist, der sich unterscheidet, der erinnern will an eine andere Welt.

Gott Raum geben

Orte gestalten
an denen man
mit Gott ist
an denen man
vor Gott sein kann

um ihm zu danken
ihn zu loben
sich ihm zu geben
als Antwort
auf sein »ja«

Gott und Mensch
du
und ich
ein heiliger Ort
eine heilige Zeit

um nicht unterzugehen
in den Banalitäten des Alltags
die Träume nicht zu verraten
der Sehnsucht Raum zu geben
den Horizont zu weiten
das Leben zu vertiefen

um zu leben
hier und jetzt
als Mensch

vor
Gott

im heiligen Raum
in heiliger Zeit

... und heimkommen

Und ich brauche Kirche als Heimat – ich brauche Menschen, die mit mir auf dem Weg sind, die genau wie ich so verrückt sind, auf diesen Gott zu setzen und eben nicht auf den Lottoschein, ich brauche die Verbundenheit mit Menschen, die eine Sehnsucht nach Leben umtreibt, die lebendig sein wollen – und die zugleich darum wissen, dass Lebendigsein auch immer das Vergehen mit einschließt, das Gehen in die falsche Richtung. Ich brauche die Idee von Kirche – und ich brauche die Institution Kirche, die mit ihren Strukturen auch Garant dafür ist, dass Glaube, dass Gott nicht in unsere Beliebigkeit gerät, ich brauche den Priester und die Bischöfe und auch den Papst, damit sie mich erinnern – daran erinnern, dass es mehr als das gibt, was unsere Gesellschaft uns vorgibt zu geben, dass Lebendigkeit mehr ist als die fröhliche Frühstücksmargarine, McDonald's und das Reihenhäuschen im Bannholzgraben.

Ich brauche die Kirche als Heimat. Und wenn ich immer wieder einmal auch an dieser Kirche leide, dann kommt es daher, weil ich sie liebe. Leiden kann ich nur an etwas, das mir wichtig ist – an etwas Unwichtigem leide ich nicht. Wer liebt, wirklich liebt, der wird verletzbar – weil ihm eben nicht egal ist, was der andere macht und tut. Aber wer wirklich liebt, der liebt so, dass er dieses Leiden am anderen aushält. Und genau das spiegelt sich in unserer deutschen Sprache wider, wenn wir sagen: Ich kann dich leiden – ich kann dich aushalten mit all dem, was an dir menschlich ist – weil ich dich liebe. Ich kann dich auch mit all dem »erleiden«, was eben nicht perfekt an dir ist – weil ich dich liebe.

Kirchen und Kirche als Heimat – das wäre meine Antwort auf die Frage, warum wir sie brauchen und warum wir weder unsere Kirchen noch unsere Kirche verkaufen dürfen – die Kirche nicht an die Welt – den Sonntag nicht an Karstadt – und unsere Kirchen nicht an irgendwelche Investmentgesellschaften.

Ich brauche Kirchen, die mir Heimat geben, Kirchen, in denen ich beten kann, Eucharistie mitfeiern kann, eine Kerze anzünden kann für einen Menschen, der mir nahe steht, in denen ich zur Ruhe kommen kann, sich der Alltagslärm gedämpfter anhört. Und ich brauche Kirche als Heimat, als etwas, in dem ich zu Hause bin, das mir vertraut ist, das mir Schutz und Geborgenheit schenkt, weil ich in ihr meinen Glauben leben darf, weil ich durch sie glauben lernen durfte. Kirche – das ist so ein bisschen wie die eigene Familie oder gute Freunde – man kennt sich, man ist vertraut miteinander, man streitet auch mal, man ist nicht unbedingt immer glücklich miteinander – aber man gehört halt zusammen. Und wenn es spitz auf knopf geht, dann steht man füreinander ein, ohne Wenn und Aber.

Ich brauche diese Heimat in Kirchen und in Kirche, um mich wirklich auf das Leben einlassen zu könne, Leben in Fülle zu riskieren, lebendig zu sein. Den Aufbruch hin zum Leben kann der wagen, der weiß, wo er zu Hause ist, wo seine Heimat ist. Die eigentliche Heimat von uns Christen ist Gott, ist unser Glaube – aber ich brauche Kirchen und Kirche, damit ich diese Heimat hier auf Erden auch leibhaftig erfahren und erahnen kann.

**heim
kommen**

fetzen von melodien
farben in einem bild
worte wohlvertraut

eine angelehnte tür
eine umarmung
ein blick

einen
moment
lang

sich verstanden fühlen
angenommen sein
geliebt werden

die ungeborgenheit vergessen
die erfüllung willkommen heißen
der hoffnung raum geben

heim
kommen

Kann ich wirklich irgendwo »fremd« sein, wenn mich der Glaube mit anderen Menschen verbindet?

Für mich ist dies eine der schönsten Erfahrungen, wenn ich im Urlaub im Ausland bin – ich gehe zu einer Eucharistiefeier, verstehe kein Wort – und weiß doch genau, an welcher Stelle wir gerade sind. Das ist Heimat mitten im Unterwegssein, mitten in der Fremde. Christsein verbindet – egal, wie alteingesessen man irgendwo ist oder wie neuzugezogen.

Christsein und Kirche – das ist eine andere Form von Heimat, die nicht an den gelb-schwarzen Ortseingangsschildern anfängt oder aufhört. Das ist eine Heimat, die weltumfassend ist, das ist etwas, was man in Südafrika genauso erleben kann wie in Frankreich – oder auch in Viernheim.

Und genau das meint eigentlich auch das alte Wort *katholisch* – nämlich »weltumfassend«. Dass dieses Wort im Glaubensbekenntnis ausdrücklich vorkommt, hat nichts mit der Konfession zu tun – das Glaubensbekenntnis in dieser Form ist erheblich älter als die Fragen, die durch Martin Luther aufgeworfen wurden. »Katholisch sein« heißt: Weltbürger sein, als Christ in dieser Welt zu Hause sein – egal, wo man ist.

Christen sind Menschen, die ihre eigentliche Heimat in Gott gefunden haben, der Heimat, aus der wir nie wieder aufbrechen müssen, dem himmlischen Jerusalem. Und die sich deshalb untereinander verbunden fühlen.

Dort, wo ich Menschen habe, die mit mir daran glauben, dort, wo ich Kirchen finde, in denen dieses Geheimnis gefeiert wird – dort bin ich eigentlich nicht fremd. Es mag neu und anders sein – und doch zugleich zutiefst vertraut. Und das ist ein Geschenk des Glaubens – mitten in all unserem Unterwegssein Heimat im Glauben, in Gott zu haben ...

... und heimkommen

**beim
Aufräumen
am Sonntagnachmittag**

wenn ich mal
nicht mehr sein werde

dann wirst du Fotos finden
mit Menschen die dir nichts sagen
ein gesticktes Buchzeichen
einen kleinen Keramikhasen mit Schlappohr
ein Ferientagebuch von 1967
Texte die du nicht kennst
eine Kinderzeichnung
aus irgendeinem Grund aufgehoben
einen Becher
der für dich
wie jeder andere ist

wenn ich mal
nicht mehr sein werde

wird nicht mehr sein
das Wissen das Gefühl

wie ich in diesen Menschen mal sehr verliebt war
warum ich das Buchzeichen bekam
die Geschichte des Schlappohr-Hasen
meine Kinderwelt mit 12
die Situation des Abends
an dem genau dieser Text geschrieben wurde
die Begegnung mit Johannes
der mir sein Bild geschenkt hat
der Becher
vor 25 Jahren in Irland gekauft

wenn ich gehe
dann wird all das mit mir gehen

zurück bleiben nur Zeichen
Gegenstände Überreste

und vielleicht
ist das auch ganz gut so

was wirklich wichtig ist
das werde ich

mitgenommen
haben

wenn ich
heimgehe

Ein seltsames Fest zum Abschluss des Kirchenjahres – Christus, der König, Christkönig – und ein Fest, das sich unserem Alltagsdenken doch ein wenig entzieht. Ein König – so was kommt in unserem Leben heute doch fast nicht mehr vor, wenn man mal von den buntfarbenen Reportagen im »Neuen Blatt« und der »Freizeitrevue« absieht. Aber auch da wirken die schwedischen und englischen Könige und Königinnen, Prinzen und Prinzessinnen irgendwie ein wenig deplatziert in unserer heutigen Zeit von Internet und Satelliten, von Gentechnik und Hochleistungssport – fast so, als wären sie aus einer anderen Zeit noch aus Versehen übrig geblieben. Könige – das erinnert irgendwie an Märchen und Geschichten aus alter Zeit – aber was haben wir denn damit noch zu tun?

Das Gefühl trügt uns nicht – das Bild des Königs ist ein altes, archaisches Bild, mit dem zugleich bestimmte Wertvorstellungen verbunden sind. Vielleicht tun wir uns deshalb auch ein wenig schwer mit dem Bild des »Königs«. Es mag nicht allein die Tatsache sein, dass das Königtum als Regierungsform seine Bedeutung verloren und der Demokratie Platz gemacht hat, sondern auch, dass bestimmte Werte, die damit verbunden waren, in unserer Zeit keinen Platz und keine Bedeutung mehr zu haben scheinen.

... und heimkommen

Im Grundgesetz der Bundesrepublik Deutschland steht zu lesen: »Die Würde des Menschen ist unantastbar.« Die Würde des Menschen – das ist eine unbedingte Achtung, die dem Menschen *als Menschen* entgegengebracht wird. Die Würde des Menschen – auch das ein Wort, das das gleiche Schicksal ereilt hat wie das Bild des »Königs«: irgendwie verloren gegangen ...

Die Würde des Menschen – und in mir tauchen Bilder auf von Menschen, die mit einer Zeitung zugedeckt, auf einem Abluftschacht schlafen, von Kindern, die sich am Frankfurter Hauptbahnhof gegen Geld verkaufen, von der Arbeitskollegin, die durch Mobbing aus der Stelle herausgetrieben wird, von dem jungen Polen, der gegen einen Stundenlohn von fünf Euro hier schwerste Erntearbeit tut, von dem Asylbewerber, der in einem kargen Zimmer sein Leben fristet und einer ungewissen Zukunft entgegensieht.

Die Würde des Menschen hat es manchmal schwer in einer Zeit und in einer Gesellschaft, die auf Besitz, Geld, Macht, Ansehen, Jugendlichkeit setzt.

... und heimkommen

Aber wir brauchen den Schwarzen Peter nicht nur einer anonymen Gesellschaft zuzuweisen – es ist nicht nur das Andere, es sind nicht nur die anderen, die Menschen entwürdigen. Oft genug sind wir es selbst, die sauber unseren Part in dem Geschäft spielen. Wir entwürdigen Menschen, wenn wir ihnen elementare Lebensrechte verweigern, zum Beispiel das Recht auf Leben, das Recht auf Anerkennung, das Recht auf Selbstverwirklichung. Wir entwürdigen Menschen, wenn wir sie sozial verhungern lassen, wenn wir sie mit Liebesentzug bestrafen, wenn wir sie zur Erfüllung unserer eigenen Bedürfnisse benutzen, wenn wir sie missbrauchen, damit es uns selbst besser geht. Da ist das Kind, das keine Zuwendung bekommt, weil die Eltern so mit sich selbst beschäftigt sind, da sind die altgewordenen Eltern, die so vergesslich geworden sind und manchmal nur noch lästig, da ist der Partner, mit dessen Sorgen ich mich nicht auseinander setzen will.

Und manchmal – da entwürdigen wir uns selbst. Da nehmen wir uns selbst die Würde, die eigentlich unserem Menschsein innewohnt. Da nehmen wir uns selbst nicht ernst, nehmen uns selbst nicht wichtig, empfinden uns als unwert, machen uns klein. Wir schauen ängstlich darauf, nirgendwo anzuecken, uns keine Missbilligung zuzuziehen, nehmen uns in einer Weise zurück, die uns selbst nicht mehr gerecht wird, glauben nicht mehr an uns selbst.

Ein Fest von der Würde des Menschen: das ist eigentlich das Fest vom »König Christus«. Der König, das ist in dem alten archaischen Bild der, der sich um die ihm anvertrauten Menschen sorgt und kümmert, der sie nicht entwürdigt, sondern sie in ihrem Sosein bestätigt, der ihnen nachgeht, ihre Fähigkeiten herausfordert, sie wertschätzt, Ja zu ihnen sagt. König zu sein, das ist in diesem alten Sinne immer eine Aufgabe, die mit Verantwortung für die ihm Anvertrauten verbunden ist, Missbrauch und Ausbeutung des Volkes stehen einem solchen König nicht an.

König und Volk – das ist immer ein Miteinander und kein Gegeneinander, ein König ohne Volk macht wenig Sinn – und ein Volk ohne jemandem, der es in einem positiven Sinne führt, kann schnell die Richtung verlieren, kann sich schnell in sich selbst verlieren.

Christus, der König – er tritt ein gegen die Entwürdigung des Menschen, er meint jeden Einzelnen von uns, er geht uns nach, er sorgt sich um uns. Er gibt keinen verloren, er gibt niemanden auf, er glaubt an jeden Einzelnen von uns. Er sagt »ja« zu mir, er meint mich – und er schenkt mir Würde, er schenkt mir mein Menschsein.

Das ist die Einladung – wir dürfen zu uns stehen, wir dürfen sein, wir haben eine Würde – weil er uns diese Würde gibt.

... und heimkommen

Die spannende Frage bleibt: Was mache ich aus einer solchen Zusage, dass Gott mir seine Würde schenkt? Ist die Art und Weise, wie ich lebe, einer solchen Würde würdig? Lebe ich als Tochter dieses Gottes, als Tochter des Königs, der das Leben will? Sind wir Königstöchter und Königssöhne?

Oscar Wilde bringt es auf den Punkt, wenn er sagt: »Jeder wird als König geboren, und die meisten sterben im Exil, wie die meisten Könige.«

Das ist die Einladung: Mir meiner Würde als Mensch bewusst sein, sie nicht verkaufen, sie nicht hergeben, mich nicht entwürdigen lassen – aus dem Vertrauen heraus, dass Gott mich trägt und hält. Königstochter, Königssohn zu sein, weil Christus, der König, uns liebt.

Eigentlich ist das gar kein schlechter Abschluss für ein Jahr – nach allem Auf und Ab des Lebens heimkommen dürfen zu dem, der ausdrücklich sagt, dass er für mich sorgt, mich in seinen Schutz hineinbegeben, bestätigt und angenommen zu sein in meiner Würde als Mensch. Heimkommen zu dem, der uns selbst zu Königen und Königinnen macht, weil er uns liebt – und weil uns seine Liebe diese Würde verleiht.

Die Einladung steht – oder möchten Sie etwa im Exil sterben?

... und heimkommen

Aufgrund des Glaubens wohnte er in Zelten,
denn er erwartete die Stadt mit den festen Grundmauern,
die Gott selbst geplant und gebaut hat.

HEBRÄER 11,9–10

in deinen Toren werd ich stehen

nicht sesshaft werden
nicht in die Geborgenheit fliehen
keine Mauern um mich herum errichten

erwartend bleiben
fremd in der Fremde sein
leben in aller Vorläufigkeit

der Zusage vertrauen
die Heimat suchen
das himmlische Jerusalem

glauben

... und heimkommen

Andreastag

Der Tag, der für mich ein Anfang ist, steht am Ende dieses Buches: Der Gedenktag des heiligen Apostels Andreas. Bis ins neunte Jahrhundert hinein endete das Kirchenjahr immer mit dem 30. November und dem Fest dieses Heiligen. Und mit dem 1. Dezember begann das neue Kirchenjahr. Und so endet und beginnt dieses Buch auch mit diesen beiden Daten.

Der Apostel Andreas steht an Übergängen, er ist der typische Vermittler zwischen dem einen und dem anderen. Er ist es, der Petrus auf Jesus verweist – und überlässt ihm neidlos dann die größere und machtvollere Rolle. Er ist es, der von dem kleinen Jungen mit den fünf Broten und zwei Fischen weiß – und Jesus darauf aufmerksam macht. Er bekommt mit, dass einige Griechen Jesus kennen lernen möchten – und stellt den Kontakt her. Er ist dort, wo das eine dem anderen begegnet. Und wohl deshalb steht auch gerade sein Kreuz, das Andreaskreuz, an Bahnübergängen.

Und er verbindet – Gott und den Menschen, Himmel und Erde! In der Sprache unserer heutigen Zeit heißt das: vernetzen. Und von Netzen haben Menschen wie Andreas, der ja selbst Fischer war, durchaus etwas verstanden. »Kommt und folgt mir nach! Ich werde euch zu Menschenfischern machen!« – das ist der Auftrag Jesu an Andreas. Man könnte es auch so sagen: »Verbündet Himmel und Erde, Gott und die Menschen wieder miteinander«.

Und das ist sein Auftrag an uns – Himmel und Erde, Gott und die Menschen miteinander zu verbünden: Damit wir jeden Tag ein wenig mehr leben ... mit seiner Zusage: »Seid gewiss, ich bin bei euch alle Tage bis ans Ende der Welt!«

Und ich glaube, mit dieser Zusage können wir getrost den Übergang wagen und das Neue beginnen.

Und vielleicht steht ja auch an diesem Übergang ein Andreaskreuz ...

... und heimkommen

Quellenverzeichnis

Die meisten Texte dieses Jahreslesebuches erscheinen zum ersten Mal in Buchform.
Die Texte vom 1. Dezember bis zum 6. Januar wurden als Adventskalender 2002
auf der Website www.scj.de der Ordensgemeinschaft der Herz-Jesu-Priester
(Dehonianer) veröffentlicht. Manche Texte gehen auf Beiträge für den »Anzeiger für
die Seelsorge. Zeitschrift für Pastoral und Gemeindepraxis«, Verlag Herder, sowie für
»KA + das zeichen. Religiöse Monatszeitschrift der Pallottiner« zurück. Einige Texte
sind aus Buchveröffentlichungen von Andrea Schwarz entnommen.

    Alle Beiträge wurden für dieses Jahreslesebuch grundlegend neu durchgesehen
und überarbeitet.

I   »Zumutungen. Gewagtes Leben«, 1988, 2. Aufl. 1992 (beim Verlag vergriffen) –
30.5., 26.6., 28.6.

II   »Singt das Lied der Erlösung«, 1990, 3. Aufl. 1994 (beim Verlag vergriffen) –
21.12., 18.1., 23.1. (der lyrische Text), 29.2.

III   »Ich bin Lust am Leben. Mit Widersprüchen leben, Spannungen aushalten«, 1992,
8. Aufl. 2001 – 22.2., 19.7., 20.7., 21.7., 22.7.

IV   »Wenn ich meinem Dunkel traue. Auf der Suche nach Weihnachten«, 1993,
Neuausgaben 1998/2001 – 12.12., 23.12., 27.12., 18.3., 30.3.

V   »Mit Leidenschaft und Gelassenheit«, 1994 (beim Verlag vergriffen) – 19.12. und 16.1.

VI   »Und alles lassen, weil Er mich nicht lässt. Lebenskultur aus dem Evangelium«
(zusammen mit Anselm Grün), 1995, Neuausgabe 2001 – 6.7., 23.7., 1.8., 21.8.,
14.10.

VII   »Mich zart berühren lassen von dir. Ein Hohes Lied der Liebe«, 1996, Neuausgabe
1999, 2. Aufl. 2000 – 11.5., 15.5., 16.5.

VIII   »Kleine Drachen sind eben so. Die Märchen vom Drachen Hab-mich-lieb und
seinen Freunden«, 1997, Sonderausgabe 2003 – 17.1.

IX   »Wenn Chaos Ordnung ist«, 1997, Neuausgabe 2003 – 7.1., 7.3., 16.3. (Gebet),
31.3., 29.6., 1.7., 10.9., 22.9., 21.10., 22.10., 23.10.

X   »Die Sehnsucht ist größer. Vom Weg nach Santiago de Compostela.
Ein geistliches Pilgertagebuch«, 1998, 4. Aufl. 2002 – 28.12., 24./25.7.

XI   »Entschieden zur Lebendigkeit«, 1999, 2. Aufl. 2000 – 9.12., 10.12., 16.12., 17.12.,
26.1., 2.2., 8.2., 9.2., 1.3., 2.3., 3.3., 1.4., 2.4., 3.4., 8.4., 9.4., 25.4., 26.4., 10.5., 12.5., 17.5.,

22.5., 5.6., 6.6., 7.6., 8.6., 13.6., 2.8., 3.8., 7.8., 18.8., 3.9., 4.9., 5.9., 27.9., 24.11., 25.11.,
26.11., 27.11., 28.11.

XII »Mit Handy, Jeans und Stundenbuch. Persönliche Erfahrungen aus dem
pastoralen Alltag« (zusammen mit Angelo Stipinovich), 2000 – 15.12., 31.12., 14.7.,
15.7., 16.7., 17.7., 18.7., 13.11., 17.11., 19.11., 20.11.

XIII »Und im Dunkeln strahlt ein Licht. Weihnachtsgedanken«, 2001, 2. Aufl. 2002 –
1.12., 2.12.

XIV »Wenn der Tod zum Leben wird. Neue Ideen für Gottesdienste und
Gemeindefeiern in der Fasten- und Osterzeit« (zusammen mit Angelo
Stipinovich), 2002 – 15.3., 5.7.

XV »Dem Leben entgegen. Gedanken auf dem Weg nach Ostern«, 2003 –
11.4., 12.4., 16.4.

Alle genannten Bücher sind erschienen im Verlag Herder Freiburg im Breisgau.

Außerdem:

»Wandel durch Licht und Zeit. Kirchenräume neu entdecken« (mit Texten von Andrea
Schwarz), Bonifatius Verlag, Paderborn 1999 (beim Verlag vergriffen) – 7.4., 27.4.

»Einblicke und Ausblicke. Menschen im Krankenhaus« (Texte von Andrea Schwarz),
Verlag Schnell & Steiner, Regensburg 1999 – 22.3., 24.3., 25.3.

Texte von anderen Autoren

Der Text von Sándor Márai am 29. Januar stammt aus: Sándor Márai, Himmel und
Erde © Piper Verlag GmbH, München 2001.

Der Text »Wir sind nur Gast auf Erden« von Georg Thurmair am 1. März ist im kath.
Gebet- und Gesangbuch »Gotteslob« Nr. 656 © Christophorus Verlag, Freiburg
im Breisgau.

Der Text »Verwandlungen« von Michael Ende am 30.Juli stammt aus: Michael Endes
Zettelkasten – Skizzen und Notizen © Piper Verlag GmbH, München 1994.

Der Text von Hilde Domin am 2. September stammt aus dem Gedicht
»Herbstzeitlosen«, aus: Hilde Domin, Nur eine Rose als Stütze © S. Fischer
Verlag GmbH, Frankfurt am Main 1959.

Die Bibelzitate folgen in der Regel der Einheitsübersetzung der Heiligen Schrift,
Katholische Bibelanstalt Stuttgart 1980.

398

Texte von Andrea Schwarz, nach Monaten geordnet

Die kursiven Ziffern sind Seitennachweise aus den angeführten Herder-Ausgaben; die römische Ziffer bezeichnet das Buch, die arabische die Seite(n).

DEZEMBER: **1.** XIII,4.19f.; **2.** XIII,4–6; **9.** XI,20f.; **10.** XI,25; **12.** IV,12; **15.** XII,26–28; **16.** XI,37; **17.** XI,23f.; **19.** V,26; **21.** II,64; **23.** IV,68; **27.** IV,114; **28.** X,179f.; **31.** XII,115.

JANUAR: **7.** IX,137; **16.** V,95; **17.** VIII,67f.; **18.** II,50f.; **23.** II,122; **26.** XI,90f.

FEBRUAR: **2.** XI,40–42; **9.** XI,110f.; **22.** III,14; **29.** II,14.

MÄRZ: **1.** XI,92; **2.** XI,92f.; **3.** XI,94f.; **7.** IX,108; **15.** XIV,86; **16.** IX,87; **18.** IV,113; **30.** IV,28; **31.** IX,94–96.

APRIL: **1.** XI,59; **2.** XI,60; **3.** XI,60f.; **8.** XI,52; **9.** XI,53f.; **11.** XV,26f.; **12.** XV,28; **16.** XV,30; **25.** XI,101; **26.** XI,102.

MAI: **10.** XI,69; **11.** VII,52; **12.** XI,67f.; **15.** VII,8; **16.** VII,14; **17.** XI,66–68; **22.** XI,35f.; **30.** I [44].

JUNI: **5.** XI,103; **6.** XI,103f.; **7.** XI,104f.; **8.** XI,105f.; **13.** XI,30; **26.** I [8]; **28.** I [20]; **29.** IX,41.

JULI: **1.** IX,70f.; **5.** XIV,125; **6.** VI,172f.; **14.** XII,31f.; **15.** XII,32; **16.** XII,32f.; **17.** XII,138f.; **18.** XII,139f.; **19.** III,61; **20.** III,61f.; **21.** III,62f.; **22.** III,63f.; **23.** VI,136; **24.** X,7f.; **25.** X,8f.

AUGUST: **1.** VI,237; **2.** XI,31; **3.** XI,32f.; **7.** XI,9f.; **21.** VI,41.

SEPTEMBER: **3.** XI,85; **4.** XI,86; **5.** XI,86f.; **10.** IX,91–93; **22.** IX,43; **27.** XI,34.

OKTOBER: **14.** VI,229; **21.** IX,134; **22.** IX,135; **23.** IX,135f.

NOVEMBER: **13.** XII,100f.; **17.** XII,16f.; **19.** XII,17f.; **20.** XII,18; **24.** XI,117; **25.** XI,117f.; **26.** XI,118f.; **27.** XI,119; **28.** XI,119f.

ANDREA SCHWARZ IM VERLAG HERDER

Ich mag Gänseblümchen – Unaufdringliche Gedanken
Jubiläumsausgabe, 112 Seiten, kartoniert
ISBN 978-3-451-28818-0

Der kleine Drache Hab-mich-lieb
Mit Illustrationen von Thomas Plaßmann
Geschenkausgabe, 112 Seiten, gebunden, durchgehend zweifarbig
ISBN 978-3-451-32004-0

Die Sehnsucht ist größer
Vom Weg nach Santiago de Compostela
Ein geistliches Pilgertagebuch
192 Seiten, Herder Spektrum Taschenbuch
ISBN 978-3-451-05756-4

Du Gott des Weges segne uns – Gebete und Meditationen
192 Seiten, Flexcover mit Leseband, durchgehend zweifarbig
ISBN 978-3-451-32099-6

Bleib dem Leben auf der Spur – Geschichten von unterwegs
192 Seiten, gebunden
ISBN 978-3-451-28830-2

Mitten im Leben – Momentaufnahmen aus der Seelsorge
192 Seiten, kartoniert, mit Cartoons von Thomas Plaßmann
ISBN 978-3-451-32143-6

HERDER